憲法思想研究回想

メタユリストに見えたもの

対談

菅野喜八郎
小針　司

はしがき

今は亡き小嶋和司博士と並んで私のもう一人の恩師、菅野喜八郎先生との対談の企画がもちあがり、結果的に浅学非才の私がお相手することとなったのは、ただただ菅野先生の学恩へいくばくかでも報いることになればとの思いからでした。

菅野先生との出会いは、今を去ること三十数年前に遡ります。私が大学二年生で、東北大学の川内にある教養部に学んでいた昭和四四（一九六九）年頃、先生はちょうど新潟大学から移ってこられたばかりで、四十歳前後の新進気鋭の憲法学者でした。私は先生の外書講読（独文）を受講し、ケルゼンの原書を読まされました。あるとき、先生の研究室をお訪ねし、「日本国憲法は大日本帝国憲法（俗称明治憲法）で規定する改正の限界を超えて制定されており、改正憲法とはいいがたく、したがって無効ではないか」という疑問をぶつけました。先生のお答えは「君の論法からすれば、前の憲法により合法性を与えられない憲法は全て無効ということになるが、ではしばしば革命により新たな憲法が制定されたフランスにおいて今現在有効とされる憲法とは一体何か」という趣旨のものでした。このお答えは私にとって意想外のことであり、しばし声も出ず茫然自失の状態でした。こうして、だいぶ異例な出会いとなってしまい、小針という変わった学生がいるということになったのでしょう。ある時、片平の学部で小嶋先生にお目にかかったおり、「小針というのは、君か。菅野先生から聞いている」とのことでした。そんなわけで、「法学部の鬼っ子」である私が大学院に入学し、それも憲法を専攻することとなり、お二人の先生のご指導を受けることになったわけですから、両先生にはとんだ災難だったのではないでしょうか。お気の毒なことで、という申し訳ない気持ちは今でもあります。したがって、この度の対談はせめてもの罪滅ぼしという意味もあったわけです。

これが今回の対談にまつわる私的事情とすれば、他方において別な事情も働いておりました。実は、この対談には私なりの学問的な思い入れがありました。それは、法学は確かに実践的、実用的な学問ではありますが、それだけで良いのか、ということです。実践、実用の背後には一般的にせよ特殊的にせよ、教養という広くて伸びやかな裾野がなければならないはずである、これがわたしの学問に対する持論であり、思い入れなのです。菅野先生の学問はお世辞にも華麗だとは言えません。けれども、どこかどっしりと東北の大地に根を張った骨太でたくましい学問であるように思います。上っ面のきらびやかさには欠けるが、内からひときわ光彩を放ついぶし銀のような学問がそこにはあります。一語一語にこだわり、学問の表現手段である概念一つ一つを大切にする姿勢は、どうも今の世から消え失せつつあるよう思われてなりません。「どうだっていいではないか、結果さえよければ」、思考過程を欠いた結果主義、これが学問のあるべき姿でしょうか。今日の学問状況の中で消えつつある、否、消されつつあると言ってもいい何か重要で大切なもの、それを菅野憲法学は今なお内に秘めているのではないか、そんな思いが私にはあります。先生のライフワークである憲法改正限界論や抵抗権論、しかもロックやホッブスの政治思想の探究を通じてなされる、こうした憲法学と法哲学の狭間にある問題の考究の中に、例えば、国際法上の自衛権をめぐる実定法上の根本問題解明のヒントといったものが潜んでいるように思われるのです。このような超俗的な菅野憲法学の真髄、そしてまた老境の域に達して語られる枯れた言説の中に、次世代の人々にも伝承すべき何ものかがあると確信しております。いささかおおげさですが、文化の伝承に加わってみたい、そんな欲求が私にはありました。

とはいえ、私は一介の憲法学徒にすぎませんし、先生とは全く畑違いの防衛法という分野に手を染めている人間です（菅野先生は「防衛法の第一人者」などと過大評価して下さるのですが、私としてはいささかも真に受けておりません。菅野先生はどうも弟子には甘すぎるところがあって、これが私からみると先生の難点です。私は、一学徒として小嶋博士に託された「軍制研究」をただひたすらコツコツ行っているにすぎず、それで良いと思っております）。はたして対談の任を務めることができるのか、大変不安であり、未だにミスキャストではなかったのか、との疑念は払拭できておりません。評価は読者の皆様に委ねますが、もし問題があれば、偏に私の至らなさからであります。菅野先生はあるときは傍観者として、またあるときは自説提言者として、さらには啓発者として、その姿形を変えながら立ち現れることでしょう。

この対談を通して、菅野先生の「かたち」を捉えていただければ幸いです。

おわりにあたり、信山社の村岡侖衛氏にこのような企画に参加させていただいたことにつき心から感謝申し上げるとともに、私へのいわれなき過大評価に基づく、その法外な要求に十分適切にお応えできなかったことに対し、ここに深くお詫び申し上げます。偏にわが身の非力さを恥じ入るばかりです。それにしても、楽しくもあり過酷でもあった対談でした。

平成十五年四月

「生者必滅会者定離」という言葉をそらんじながら

小針　司

憲法思想研究回想

目次

細目次

細目次

細目次

対談第三日目

対談第四日目

＊　対談中、略記して引用もしくは参照を求めた菅野喜八郎の著書の正式名称は次の通りです。

『国権』→『国権の限界問題』（木鐸社、昭和五三［一九七八］年）
『続・国権』→『続・国権の限界問題』（木鐸社、昭和六三［一九八八］年）
『論争』→『論争　憲法−法哲学』（木鐸社、平成六［一九九四］年）
『抵抗権論』→『抵抗権論とロック、ホッブズ』（信山社、平成一三［二〇〇一］年）

対談　第一日目

一　はじめに

［小針］　菅野先生、お元気そうで何よりです。今日から何回かにわたって菅野先生のお話を伺う機会を頂けるということでしたので、盛岡から出て参りました。

菅野先生には、東北大学および大学院でお教えを頂きました。たしか、菅野先生と私は二一離れていますね。私は菅野先生と小嶋和司先生に教えて頂いた頃のことを思い出しながら、現在、岩手県立大学総合政策学部で教える側に身を置いております。菅野先生と私と同じくらい歳の離れた若者たちを相手にしていますが、教える側に回って改めて学ばされることの多さに気が付きます。

そのような点も含めて、今日は菅野先生からお話を伺わせて頂こうと思っています。現在、国立大学では独立法人化など、大学のあり方の見直しがなされており、また、法学部においては法曹養成のための法科大学院の設置に伴う大きな動きの中にあり、ここ一〇年もしないうちに、大学の法学部は根本的に変化したものとなっている可能性が高いように思われます。

菅野先生は戦後直ぐに東北大学に入学されていらっしゃいます。当時から今日まででも社会の変化は大きいものがあり、その貴重な体験を語って頂くとともに、その変化を振り返りながら、来るべき新しい時代のあるべき姿を考える一助とさせていただければと思っています。きっとこれからの若い方たちへ適切なアドヴァイスにもなることと思われます。

それでは、どうぞ宜しくお願いします。

まず、菅野先生の生い立ちの頃からのことからお話しをしていただけませんでしょうか。

二　東北大学法文学部に入るまで

■旧制中学時代まで

[菅野]　私は、昭和三年（一九二八年）一〇月に仙台市で生まれました。生家は現在、中央通りといっている仙台市の中心の繁華街で、海産物商を営んでおりました。

当時、家を継ぐものとばかり思っていて、小学校を出たら仙台商業学校に入るつもりだったのですが、親戚の者がぜひ中学校を受けたほうがいいというので、昭和一六年、宮城県立仙台第一中学校、現在の仙台一高に入学しました。

宮城県立仙台第一中学校というのは非常に学科成績を重んずるところで（参照、井上ひさし『青葉繁れる』）、席順、コウモリ傘を掛ける場所、さらには靴を置く場所まで成績順。試験のたびごとにそれが変わるというぐらい、学科成績至上主義の学校だったのです。その仙台一中に一二歳のときに入校しました。

[小針]　当時はどんな時代だったのでしょうか。

[菅野]　その年、つまり昭和一六年は一二月に日米開戦となった年です。そのときの私の気持ちを思い出してみますと、頭の上に垂れこめていた暗雲がスカッと消えたような爽快な感じをもったというのが正直なところです。おそらく多くの国民もそういう感じをもったのではないかと思います。

中学では、一年と二年までは普通に授業が行われたのですが、三年生あたりから勤労動員であちこち引っぱり回され、四年生になると、朝早く家を出て夕方遅くまで、仙台市の郊外の苦竹《ニガタケ》の陸軍工廠で旋盤工として毎日働かされました。三年、四年は勤労動員でまともに勉強する気がなくなって、友だちの家から色々な本を借り出して読みました。

私の父は商人で、頭は論理的で切れる男なのですが、本をほとんど読まない人なものですから、家には本が殆ど無かったので、友だちの家から本を借りて読みました。

今でも記憶に残っているのは、訳も分からないで中学三年四年のときに木村泰賢の『原始仏教思想論』とか桑木厳翼の『哲学概論』等、また新潮社の世界文学全集、半分ぐらいは読んだのではないかと思います。ケルゼンが愛読したというハムズンの『飢え』などもこの全集に入っていて、読んだ記憶があります。一番面白かったのはアレクサンドル・デュマの『モンテクリスト伯』で、今でも繰り返し読んでいます。ユゴーの『レ・ミゼラブル』も印象に残っています。当時、『風とともに去りぬ』の翻訳が出たばかりで、これも面白く読んだし、パール・バックの『大地』なども読みました。

いわゆる勉強はほとんどしないまま三年、四年をすごしました。今から考えると、あのころは最も知識の吸収能力があった時期なので、そういう時期を小説を読んで過ごしたのは非常に惜しかったと思いますが、今さら悔やんでもしょうがありません。

［小針］　今では、とても考えられませんね。先生は随分ませた文学少年だったようですが、中学を卒業されてからどうされたのですか。

■海軍兵学校に入る

［菅野］　海軍兵学校に入りました。先ほども申しましたように、今の仙台一高、当時の仙台一中は学科成績をひどく重んずるところですので、在学中、軍関係の学校を志望しろという圧力を受けた覚えはあり

ません。特に学科成績のいい者に対しては、そういう圧力は一切加えない、成績が悪いと、予科練にいけとかそういう圧力があったようですが、私は幸い学科成績が悪くなかったので、軍関係の学校を受けろという圧力は一切なかったのです。しかし、当時、私は剣道部員で、眼鏡もかけていなかったし五体健全だったので、軍関係の学校を志望しないのは国民の義務に反するという考え方にとらわれまして、いわば時流に流されて海軍兵学校を受験したら、合格してしまったのです。

［小針］　海軍兵学校というのは広島県江田島にあったあの兵学校のことですか。

［菅野］　そうです。昭和二〇年の三月末、私は仙台駅を発って広島に向かいました。そのころは、日本が負けるということは口には出さなくても皆分かっていましたし、私もそう思っていました。ですから、竹槍を持って死ぬよりは機関銃をぶっぱなして死ぬほうが恰好いいんじゃないかと、そんなふうに自分を慰めて仙台を発って兵学校に入校したわけです。そのとき一六歳（この年に限り中学は四年で卒業でした）、今なら、高校一年生のころでしょうか。

入校して一カ月訓練を受けたのはいいのですが、運悪く、入ったときの成績が全国で二〇番以内に入っていたらしく、江田島の五〇二分隊の三号生徒（一年生）の班長をやらされました。責任が重いものですから、よけい上級生にぶん殴られる回数が多い。そんなせいもあって一カ月で肋膜炎《ロクマクエン》にかかり四〇度ぐらいの熱を出して、即刻、江田島の海軍病院に入院させられたのです。入院して一〇日もすると自覚症状はなくなったので、退院させてくれと軍医に頼んだのですが、いや、だめだといわれ、結局、終戦まで入院しました。

［小針］　お話を伺っていると、病院には随分行きとどいた配慮があったような感じですね。

それにしても闘って死んだ方がいいと思っていた身としては、随分あてがはずれたのではありませんか。

【菅野】　そうですね。一番困ったのは、時間を持て余したことです。備えつけの本はあったのですが、小さな本棚にいっぱいという程度で、最もやわらかいのが斎藤茂吉の『万葉秀歌』、これは昔の赤い表紙の岩波新書、いちばん固いのは佐藤通次の『皇道哲学』という本です。この『皇道哲学』まで読んでしまう。

今でもその冒頭の文章を覚えています。「デカルトは〝われ思う　故にわれ在り〟といった。これは大いなる誤りである。〝父母われを生み給う　故にわれ在り〟というのが皇道哲学の出発点だ」というのです。そんな本まで読んでしまって、今度は活字飢餓症に陥りました。行ったこともない神田の神保町をさまよって古本を探す、そんな夢をみるのです。

なんとか時間をつぶす方法はないかと思いまして、それには数学をやるのが一番いいのではないかというわけで、非常に薄いものですが出来の良い兵学校の微積分の教科書がありましたので、それを独習しました。鉛筆は支給されたのですが、どうしたことかノートは支給されない。仕方がないので薬紙をのばして計算用紙の代わりにして、ほぼ一カ月で微積分の教科書を独習しました。最後は「オイラーの定理を証明せよ」という問題だったのですが、これもきちんと証明できた覚えがあります。

あの頃は、今とちがって何も娯楽がないのです。しかも、病院で刺激がない。だからあれだけ熱中することができたのでしょう。また、今から思うと、あの頃がおそらく私の脳細胞が一番活発に働いていた時期ではないでしょうか。

【小針】　菅野先生の独学ぶりは大変なものですね。文学にも数学にも通じるなんてすごいものですね。「オイラーの定理」なんていわれても、オイラにはわかりませんというところですが、先生にとっての入院生活は大変貴重だったようですね。ところで入院されたあとはどうなったのですか。

■江田島での生活

【菅野】 昭和二〇年の八月六日ですが、広島に原爆が投下がされました。あのときは、既に朝飯をすませて自分の部屋に戻ってベッドでうつらうつらしていたのですが、急に赤い光が部屋に差し込んできて、しばらくしたら今度は爆風がやってきて、窓ガラスが破れたのです。「すわ、空襲」だというので、あわてて服に着替えゲートルを巻いて、防空壕に退避する、その途中、例のきのこ雲を見たのです。あれはなんだろう、陸軍が新兵器を開発して実験したのではないかなどと呑気なことをいっていたのですが、夕方になってアメリカ放送を傍受したらアトミック・ボムブを広島に投下したというので、ああ、原子爆弾が完成して実用化されたのかと初めて知りました。

原爆については日本も研究していて、その威力たるや絶大なものだという知識はもっていたのですが、それが実用化されるとまでは思っていなかったのです。これで、日本は完全に負けたのだなと、そのとき観念しました。

八月一四日ではないかと思うのですが、軍医の命令で山口県の小さな温泉に療養にいかされました。船に乗って本土に上陸して、広島駅で三時間か四時間、汽車の待ち合わせをしたのですが、そのとき、だいぶひどい負傷者を見ました。そこに三時間か四時間もいて、その上、水道の水をがぶがぶ飲んだりしたので、私自身もだいぶ放射能を浴びたのではないかと思います。

それからうまく汽車に乗って、小さな駅、その駅の名前も温泉の名前もすっかり忘れているのですが、その小さな駅で、八月一四日の段階で日本はポツダム宣言を受諾したというニュースを知りました。しかし、ポツダム宣言とは何かということは全然知らない。

海軍兵学校では、一年生を三号生徒、二年生を二号生徒、最上級生の三年生を一号生徒といっていて、一号生徒というのは教官よりもよほどこわいのです。ぶん殴るのはたいてい一号生徒ですから。おそるおそる、「ポツダム宣言とはなんでありますか」と質問をしたら、懇切丁寧に内容を教えてくれました。それで、初めてはっきり日本は破れたのだなということが分かりました。そのときの気持ちはどうだったかというと、「助かった、これで二度と踏めまいと思った仙台の土が踏める」というのが私の正直な気持ちでした。

トラックに乗り山奥の温泉に着き、そこで夕食を食べ風呂からあがったら、兵学校から電報がきて、すぐ戻ってこいというのです。そこでまた夜汽車に乗って広島駅を通過し、船に乗って江田島に戻りました。広島駅にも何分か停車しました。あちらこちらで火を焚いているのです。それは、おそらく夜になると夏でも寒いので暖をとるためと、それに死体を焼いていたのだろうと思うのですが、あちこちに青い燐が見える。だから広島市全体が墓場のような印象でした。

江田島に戻ってみたら、ドイツでもイタリアでも海軍兵学校の生徒はみんな銃殺刑に処されたそうだというデマが飛んで、一号生徒が騒いでいるのです。これはデマだろう、もう戦争は終わったのだから、いくらアメリカでも兵学校の生徒を銃殺するなどという馬鹿なことはしないだろう。仮に銃殺されるとしても一号生徒あたりから順々になるのだろうから、常日頃大言壮語している連中がどういう顔をして死んでいくのか、見る暇ぐらいはあるだろうと高を括っていましたが、これがデマだということはすぐ分かりました。

【小針】 菅野先生の世代は何らかの戦争の影響を強くもっていらっしゃると思っていましたが、被爆体験をお持ちとは。それは今日初めて伺いました。先生はその後広島から仙台に戻られたのですね。

■旧制二高に入る

［菅野］　それから仙台に戻りました。仙台の家は今の中央通り、昔の新伝馬町にあったのですが、仙台空襲は旧市街に集中して焼夷弾を落としています。これは明らかに民間人の殺傷を目的とするもので戦争犯罪なのです。幸い、父母は生き延びて吉岡という小さな町に疎開していたので、その町に行ったのです。

仙台に戻ってきて間もなく、旧制二高の試験があって、受験しました。そのときの試験は作文だけなのです。今度の戦争についての感想を、八〇〇字（？）以内にまとめて書けというのです。私は、字数制限を無視したうえに、満州を取ったぐらいでやめたほうがよかったというようなことを書いたものですから、もちろん落ちまして、今度は浪人で受験勉強せざるを得なくなりました。

英数国漢と作文が受験科目だったと思います。英語の受験参考書は、小野慶一郎の『英文解釈法』、『和文英訳法』、『英文法』が当時標準的なもので、これを何回か読めば高校受験は合格するといわれていました。それで小野慶の『英文解釈法』、『英文法』、『和文英訳法』で英語の勉強をしました。

国語・漢文は、私は中学二年のときに或る事があって発奮して、夏休みを利用して塚本哲三の『基本国文解釈法』という高校受験用の参考書を一カ月で通読したことがありますので、あまり苦労しなかったのですが、それでも「論語」とか「孟子」などを読んでみました。これが案外、私の生き方に影響したのではないかという感じがしています。

そして次の年、昭和二一年三月に、二高と、滑り止めとして福島高商（福島大学の前身）の二つを受けました。福島高商を受けたときの作文の題を今でも覚えているのですが、「歴史とはなんぞや」です。私の作文が一番出来がよかったらしいのです。「大鏡」、「増鏡」とか読んでいたので、そんなものも引用して作文した記憶があります。

ところが本命の二高の受験の場合は、作文もあったのですが、題は何なのか、試験が始まっても試験官が示さないのです。どうも試験の最中に示したらしいのですが、私は夢中になって答案を書いていたものですから、それに気づかず、自分で設定した題で作文を書きました。だいぶ合否判定のときにこのことが問題になったらしいのですが、学校側の手落ちもあったから内容で判断すべきだという意見が強くて、それで私は通ったということを、後でクラス担任の山田善太郎先生から聞きました。

また、覚えているのは英語の試験です。それがまたひどいもので、プロペラ（propeller）という単語が出てきたので、てっきり飛行機の話だと思いまして、想像力の限りをつくして答案をでっちあげたのです。あとで聞いてみたらスクリュー（screw）の意味で船の話だったのですから、とんでもない英文和訳をやったものだと思います。それでも通ったのですから、よほど皆出来が悪かったのでしょうね。そういうのんびりした時代だったのです。

〔小針〕 菅野先生には申し訳ありませんが、今の入試制度なら、問題無視の独創的解答では、合格点はもらえませんね。それにしても旧制二高のそのおおらかさは本当にすばらしいですね。

ところで二高での生活はどうでしたか。旧制高校というと寮歌がよく話題になりますが、菅野先生も寮に入られたのですか。

〔菅野〕 二高は全寮制度でみんな寮に入るという建前だったので、初めの半年間、寮生活をいたしました。二高は、前は北四番町にあったのですがそれが空襲で焼けまして、三神峯《ミカミネ》にある幼年学校の跡地に移ったのです。そこに寮もありました。

寮生活でいちばん困ったのは、腹が減ったことと寒いことです。ほとんど暖房がないから昼から布団を敷きっぱなしにして、布団にもぐって本を読むという生活でした。二年生のときには寮を出て家から通うようになり、空腹に悩むことはなくなりました。

ところで話が前後しますが、三月に二高の合格通知がありまして、本来ならば昭和二一年の四月から二高生になるはずだったのですが、占領軍が軍関係学校の出身者は定員の一割以内に止めろということをいってきて、これにはさすがの文部省も強く抵抗し、占領軍も譲って、その年度は九月入校ということになったのです。その間、六カ月間、これまた退屈で仕様がないので、何をやって時間をつぶすか困りました。そこで古本屋に行って、片山正雄の独和小辞典一冊とドイツ語の簡単な文法の教科書を一冊買って独習しました。なんとかこれも一カ月ぐらいで終えて、辞書を引き引き簡単な文章なら読めるようになったのです。片山のこの辞典は大変出来が良く、日大在職中に古本屋で入手し今でも愛用しています。特に少し古い本を読むときは、小学館の『独和大辞典』より役に立ちます。

六カ月というのは相当長いですから、トルストイの『戦争と平和』とか『アンナ・カレーニナ』とか、ドストエフスキーの『罪と罰』『カラマーゾフの兄弟』とか、長編小説をたくさん読みました。まともな勉強ではなく、そんなことばかりやって時間をつぶしたのです。

ところで、二高の文科には、英法、独法、仏法の三つあって、私は英法に入りました。

［小針］　菅野先生は独法ではなく、英法なのですか。意外ですね。

［菅野］　こういう事情です。

明治時代、旧制高校が設置された頃、近代国家となって不平等条約を改正するためには法制度の整備が第一義的だと考えられたため、英語が第一外国語のクラスを英法、ドイツ語を第一外国語とするクラスを独法、仏語を第一外国語とするクラスを仏法と呼んだのではないか、と思われます（英法、独法、仏法というのは実は俗称で正式には文科甲類、乙類、丙類というのが正しいこと、対談後に分かりました）。

旧制高校というのは外国語の習得が主で、あとは好きなように読書に耽けることができました。旧制高校にはペダンティックで背のびする厭味《イヤミ》がありましたが、知的虚栄心が強いというのは、必ずしもマイナスばかりでなかったと思います。私なども三年生のとき、訳も分からずに――いま読んでも理解できないのですから――ヘーゲルの『精神現象学』や『法哲学梗概』の「序文 Vorrede」、どちらも相当の頁数ですが、読みました。ドイツ語は第二外国語だったのですが、幸いドイツ語は自習していたので、授業に楽々とついてゆけました。一年、二年のときドイツ語は萩庭参寿《ハギニワサンジュ》先生お一人に教わりました。この先生は名物教授で、芥川龍之介と東大の英文同期なのです。一見するときわめて厳しくてこわい先生ですが、実は非常に学生をかわいがるいい先生です。ただ雑談が多くて、萩庭先生に半年間習ったのは、薄い文法の教科書が一冊で、そのうち半分くらいは雑談でした。

二年になったら、萩庭先生はゲーテの『ユーバー ディ ナトゥル（Über die Natur）』（自然について）をテキストにしてドイツ語を教えたのです。皆はあっけにとられました。初等文法をやっただけでゲーテの科学論文を読ませるのだから、皆お手上げ。私は自分で勉強していたから、なんとかついていったのですが、「萩庭先生にドイツ語を教わって読めるようになった奴はいない」という伝説があるくらいで、そういう先生お一人に一年、二年のとき教わったのです。

自分ですすんでクライストの小説とかゲーテの『ウィルヘルム・マイスター』『若きウェルテルの悩み』、ヘルマン・ヘッセの『デミアン』などを読みました。

ただ、ドイツ語の読み方、とくに論文の読み方は萩庭先生よりも、三年のとき受けたドイツ語の授業、水野弥彦という哲学の先生に教わったほうが多かったのではないかと思います。水野先生に気にいられ、お宅に何回もお伺いしました。先生は後に東北大学の教育学部の教育哲学の講座を担当され、教育学部長を二期やった方ですが、二高のときから水野先生のお宅に伺い、哲学に関心があったものですから、耳かじりですが色々なことを教えていただきました。

三　東北大法文学部

［小針］　こうして二高時代のことを伺いますと、この時代に身につけられた一般教養が、その後の先生の知的な基盤になったように思えますね。話は変わりますが、昔は名物教授という方がいらしたようで、ある意味では羨しいですね。今はあまりに規格化されていますから。

ところで、二高を終えて、そのあとはどうされようと考えていたのですか。

［菅野］　昭和二四年、三月に二高を卒業ということでしたが、さて、どこを受けようか、東大の経済学部でも受けてみようかと思いました。ところが商売をしていた父に税金がバーンとかかってきて、とても東京へは出せないというのです。それで東北大の法学部を受けることにしたのです。私自身は文学が好きなのですが、自分にその才能がないことが分かっていましたから、文学ではとうていメシが食えないと思い、つぶしのきく法学部を受けたのです。

そのときの受験科目は、私の記憶では語学と哲学と西洋史と小論文、口述でした。しかも、その哲学の中には、東洋哲学も入っていたのです。東洋哲学の問題は上の段には著者名、たとえば龍樹《リョウジュ》、馬鳴とか朱《シュ》熹《キ》などの名前が並んでいる。下の段にはその著書、『大乗起信論』とか『攝大乗論』とか『孟子或問』などが並んでいて、上と下をつなげというような問題でした。西洋哲学は、「ニーチェの超人説について論ぜよ」、そんな問題ではなかったかと思います。大分あやふやな記憶ですけど（昭和二四年三月の時点では法学部は未だ認められていなくて法文学部の法律学科でした。私の怪しい記憶では二四年の四月に法学部、文学部、経済学部に分かれたのではないかと思います。哲学とくに東洋哲学まで試験科目に入っていたのは法文経三学科共通の入学試験だったためです）。

英語は簡単で、小説の一部でせいぜい六、七行ぐらいの文章でした。

小論文は、「民主主義と社会主義の関係を論ぜよ」というのがテーマでした。

それから口頭試問がありました。それがたまたま清宮四郎先生にあたったのです。先生は私の二高の成績表をみながら、研究室に残る気はないかと訊かれました。二高の哲学の成績がよかったからなのでしょう。二高に非常勤として教えに来られていた東北大法文学部の細谷恒雄先生の西洋哲学史とか水野先生の授業の成績がよかったものだから、そういうことを訊かれたのだろうと思います。

試験が終わって、発表の前の日に夢をみました。掲示板に私の番号が出ていないのです。あっ、これは夢だ、おれが落ちるはずがない、と思って目がさめたのですが、はたして、トップで入りました。

その時点では、文学系にも有名な先生がおられました。

［小針］　当時はどんな方がいらしたのですか。

［菅野］　私が好奇心で講義を聴いたのは、聴いたといっても、一回お顔を拝すくらいでしたが、たとえば河野与一先生の講義にも一度出席しました。河野先生といっても今の若い方にはお分かりにならないでしょうが、西洋哲学史の権威で語学の才能に恵まれ、岩波文庫から『プルータークの英雄伝』のギリシャ語からの翻訳を出しておられ、『学問の曲がり角』という随筆集も岩波文庫に入っています。この随筆集を読むと東大法学部に入学したけれど「現代のスコラ哲学」ともいうべき法律学に辟易して文学部に移ったと書いておられます。先生は袴を着けて教室にきて、すらすらとギリシャ語を黒板に書いて講義を始めるの

です。

あと、山田龍城というインド哲学の先生の講義も聴きました。だけど、三人か四人しか出ていないのです。先生は、皆に名前を書けというのです。逃げられたら困ると思ったのでしょうか。これはいかんと思って、次の時間から出るのをやめました。

この方もやはり一流の哲学者ですが、三宅剛一先生の講義も聴きました。しかし講義はお上手ではなくて、教卓に手をついたまま顔をあげないでぼそぼそという話し方なのです。これも一回出席してやめました。

安井琢磨という後に文化勲章をもらった近代経済学の先生は名講義でした。何回も聞きました。ただ、試験は受けませんでした。ところが、肝心かなめの法学部の講義はというと、私にはどうも肌が合わないのです。

［小針］ 菅野先生、当時の東北大学の法律学関係の先生について、ここで簡単にご紹介しておいて頂けますか。

［菅野］ 分かりました。憲法は清宮四郎先生、行政法は柳瀬良幹先生、刑法は木村亀二先生、国際法は小谷鶴二先生、日本固有法は高柳真三先生、民法一部は津曲藏之丞先生、民法二部は勝本正晃先生でしたが京都大学に移られたので非常勤講師として集中講義をされました、民法三部は中川善之助先生、民事訴訟法は齋藤秀夫先生、商法は小町谷操三先生と伊沢孝平先生、社会法は石崎政一郎先生、国際私法は折茂豊先生、西洋法制史は世良晃志郎先生という具合で、少数精鋭主義で錚々たる教授陣でした。

わけても抜きん出ていたのは海商法の権威の小町谷先生、親族法学に新生面を開いたとされる中川先生、そして主観主義刑法学の代表者であると共に法哲学者としても傑出していた木村先生、この三人を、当時、

「法学部の三大教授」と呼んでいました。

■外書購読に興味をもつ

［小針］ 有難うございました。ところで、話を戻しますが、菅野先生にはその法学部の先生の講義が全然肌が合わないということでしたが、それはどうしてなのでしょう。

［菅野］ どうしてかわかりませんが、そうなのですね。

わたしは、一年のときは民法一部、これは民法総則ですが、津曲藏之丞という労働法学のパイオニアの業績をもつ先生の講義を聴きました。津曲先生は話がお上手でした。教壇では豪放磊落にみえて、いろいろ冗談を飛ばすので面白い方かなと思っていましたが、個人的に接触してみると、相当繊細な神経の持ち主だったということが分かりました。

木村亀二先生の刑法も聴きました。木村先生は刑法の大家で、ちょうど『刑法読本』という名著を著したときで、あれを教科書になさった。その教科書を教室に持ってきて、椅子に腰をおろしてゆっくりと読むだけなのです。だから講義を聞いても仕様がないので、これもサボる。

私にとって唯一おもしろかったのは外書講読です。これは先生と対等の立場に立てるからです。私たちのころは、今の学生には考えられないようなことなのですが、法学部が指定する枠内という制限はありますが必修科目はなく二〇科目合格しさえすれば卒業できたのです。例えば外書講読を三つとっても、三つとも卒業要件の二〇科目の中に計算してくれました。

一年のときの外書講読の前期は高柳真三先生。ギールケのものをテキストに使われました。何という本の一節なのかは忘れましたが。私はドイツ語を高等学校時代やっていたので、「先生、ここのところ先生の訳、違うんじゃないですか」などと質問すると、最初は先生も「非常に積極的でよろしい、今までそういう学生はいなかった」と褒《ほ》めてくれたのです。けれど、二回目、三回目になったら段々ご機嫌が悪くなって、最後に高柳先生が、„vor aller Spaltung von öffentlichen-und privaten Recht“という箇所を、私にはどうも腑《フ》におちない訳をなさったので「先生、それは違うのではないですか。公法と私法が完全に分裂する以前に、という意味ではないのですか」と質問したら、ムッとして「考えてくる」と。次の時間、こちらは興味津々、高柳先生がどう答えるかと待っていたら、つかつかと教室に入ってきて教壇にあがって、教卓に手をついて顔をあげないまま「菅野、おれのほうが正しい」といわれました。これはいかんと思って、それから高柳先生に質問するのはやめました。

後期は、津曲先生がドイツ語を担当されたのです。前期のことが評判になったらしく、津曲先生はだいぶ私のことを意識されていたようです。そんなこともあってか、一年のときの外書講読の成績は七五点。これは良い成績ではありません。

一年のときはそんな具合で、結局、民法総則、刑法、外書講読の三つしかとらなかったのです。それ以外何をしていたかというと、アーミー（army）文庫、進駐軍の連中のためのペーパーバックを古本屋で買って、ブラム・ストーカーの『ドラキュラ』とかダフネ・ジュモリアの『レベッカ』とかアガサ・クリスティの探偵小説とか、そんなものばかり読んでごろごろしていました。あとは映画部に入って、週に平均して五、六本、映画をみて鑑賞会に出席して口から出まかせの批評をしていました。

そんな訳で、一年のときは三科目しかとらず、しかも成績はよくない。辛うじて民法総則は八〇点を超えましたけど、刑法は七八点、外書講読は七五点。この外書購読の七五点というのはどうも不当な評価ではないかと今も思うのですが、ともかくもそんな成績でした。

［小針］ 民法の担当者・津曲藏之丞先生は本来労働法の先生でしょうが、いろいろやっているのですね。外書購読も担当されていらっしゃるし。

［菅野］ 外書講読はみんななさるのです。津曲先生は本来は労働法ですが、労働法は教えておられなかった。労働法は、社会法という科目名で石崎政一郎先生が担当されました。石崎先生は非常に温厚な方で、フランスでの生活が長く、奥様は服部時計店のお嬢さんと聞いています。「学者は結婚するなら、学者の娘か、あるいは金持ちの娘がいい、金持ちの娘だと、亭主が相手しなくても買い物をすることで鬱を散ずることができるから」、そんな話をなさったことがあると人から聞いたことがあります。石崎先生は、人間的にも非常に立派な方だったようで、あの口の悪い尾吹が褒めています。

そんなふうにして、一年のときは何をやったのかさっぱり分からないまま過ごしてしまいました。二年になるとさすがにあわてました。二〇科目とらないことには卒業できませんし、何より就職の問題がありますから、それで二年生のときに一三科目か、一四科目をいっぺんにとりました。

柳瀬良幹先生の行政法一部もそのときにとったのではないかと思います。

［小針］ 当時は四年制だったのですか。

［菅野］ いや、三年制です。

清水幾太郎さんの社会学の講義も聴いたことがあります。非常勤でこられました。派手な紺色のスーツを着て、いかにも才人なのですね。だからちょっと反感を覚えて、あまり講義に出なかった記憶がありま す。成績はよかった。なんとかごまかして九〇点とりました。大体、非常勤の先生は甘いのです。政治学史などは一〇〇点をもらいました。国家学も九〇点でした。国家学は大石という方だったと思うのですが、名前は覚えていません。大石義雄さんでないことはたしかだと思うけれど。

■かつての国家学

【小針】　国家学というのはどのような講義をされたのですか。法律関係の辞典をひくと、「一般憲法学」とか「比較憲法学」のことをいうような記述をみますが。

【菅野】　大石先生の講義の内容はすっかり忘れましたが、定義的に言うと、国家学とは国家概念、その要素である国民、領土、権力（とりわけ主権、国家と法の関係）、国家思想史、国家の諸類型、国家結合の態様（例えば連邦と国家連合）、国家と国民の基本的関係、国家目的、国家作用、国際社会と国家との関係等を研究対象とする学問です。国家と法は不可分なので、法、とりわけ公法の基本概念はその重要なテーマとなっています。新潟大学に「公法原論」という講座があり、山下威士さんが担当されていますが、国家学の根幹部分を扱われていると思います。

一九〇〇年に初版が公刊されたG・イエリネックの『一般国家学（Allgemeine Staatslehre)』は一九世紀の国家学の集大成ともいうべき大著で、今なお国家学の標準的体系書とされています。ケルゼンの純粋法学の基礎はイエリネックのこの本の内在的批判の産物とみることができ、ケルゼンも一九二五年、ウイーン大学教授のときに『一般国家学』を出版し、戦前、清宮先生による全訳が岩波書店から出ています。この翻訳は、戦後、尾吹善人の協力を得て改訳され出版されました。一九四五年アメリカで出版されたケルゼンの General Theory of Law and State は英語版『一般国家学』といって良いものですが、一九九一年、木鐸社から『法と国家の一般理論』の題名で尾吹の手になる全訳が出ています。

天皇機関説を巡る上杉対美濃部論争も、国家学についての予備知識がないと、よく理解できないと思われます。上杉先生は家産国家思想、国土・人民は君主の財産であるとする思想に立脚し、明治憲法の解釈論として天皇機関説を論難したのであり、これに対し美濃部先生は国民国家思想を根底にもつ国家法人説に拠って上杉説に反撃したのです。戦後、「国家学」の講座がなくなって「比較憲法」がこれにとって代ったのは、戦前あまりに重すぎた国家に対する反感、それと裏腹の国家意識の稀薄化によるものでしょう。戦後、とくに最近の憲法学は百花斉放の観があり、それはそれなりの意義がありますが、国家学という共通の基盤をもっていた戦前の憲法学に比すると密度が薄くなったような感じが無いでもありません。

【小針】 行きとどいた説明をして下さって有難うございます。なかなか辞典の解説だけではかゆいところに手がとどかない感じがしていたのですが、これで腑におちました。

■当時の成績表

【菅野】 今日は珍しいものをお見せしようと思ってこんなものを持ってきました。当時の成績表です。参考のためにお見せしましょう。

辛うじて二二科目とっていて、そのうち、外書講読が三つも入っています。

二年生のときは、世良晃志郎先生が担当で、採点したあとで私のところへきて、「いや、平常点まで入れたら君には九〇点あげなくちゃならないんだけども」と言うのです。しかし、いやに厳しくつけたとみえて七八点。

【小針】 なぜ九〇点くれなかったのですかね。

【菅野】 やはり、ぼくの態度が生意気だという教授たちの反感に対する配慮のようなものがあったのではないかと思います。その当時、助教授が二人いました。折茂豊先生と世良先生が助教授で、あとは皆教授なのです。そういう先生の誤訳指摘をしたので、色々あったのだろうと思います。

成績表に「外国法（佛法）」とあるのは折茂先生の担当です。折茂先生にも質問しました。一回目は折茂先生も間違いを認めましたが、二回目は「私もそう訳したのになんでよく聞いていなかったのか」と叱られまして、それ以来質問しなかったのです、折茂先生は公平で八四点を付けてくださいました。

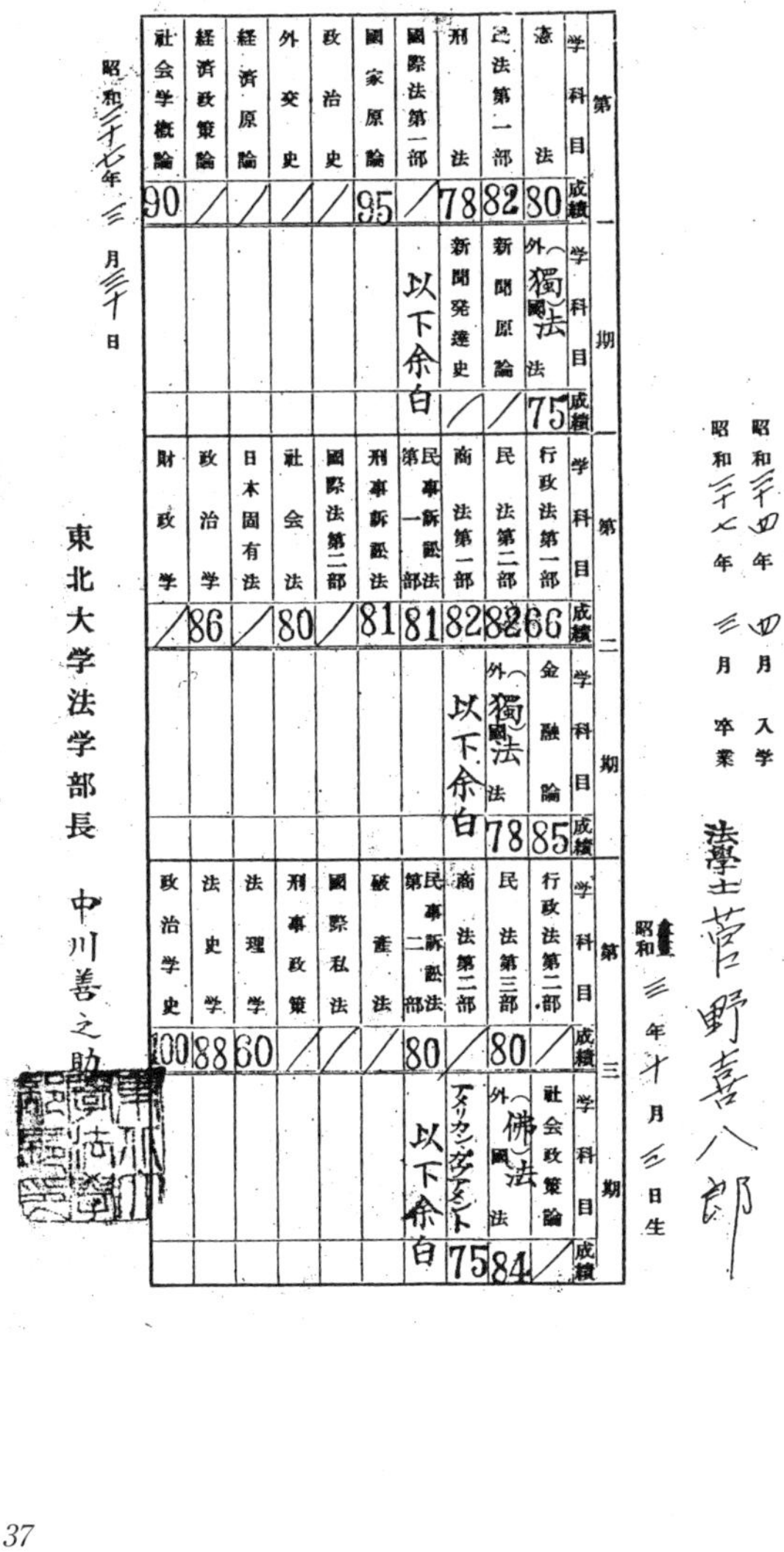

証明書

昭和二十四年四月入学
昭和二十七年三月卒業

法学士　菅野喜八郎
昭和三年十月三日生

期	学科目	成績	学科目	成績
第一期	憲法	80	外國（獨）法	75
	民法第一部	82	新聞原論	／
	刑法	78	新聞発達史	／
	國際法第一部	／	以下余白	
	國家原論	95		
	政治史	／		
	外交史	／		
	経済原論	／		
	経済政策論	／		
	社会学概論	90		
第二期	行政法第一部	66	金融論	85
	民法第二部	82	外國（獨）法	78
	商法第一部	82	以下余白	
	民事訴訟法第一部	81		
	刑事訴訟法	81		
	國際法第二部	／		
	社会法	80		
	日本固有法	／		
	政治学	86		
	財政学	／		
第三期	行政法第二部	／	社会政策論	／
	民法第三部	80	外國（佛）法	84
	商法第二部	／	アメリカン・ガヴァメント	75
	民事訴訟法第二部	80	以下余白	
	破産法	／		
	國際私法	／		
	刑事政策	／		
	法理学	60		
	法史学	88		
	政治学史	100		

東北大学法学部長　中川善之助

昭和二十七年三月三十日

表彰
菅野喜八郎
われわれは君の卓越した
成績に對し敬意を表し
「アメリカ毎日辞典」一部を
贈ってこれを表彰したい。
昭和廿七年三月廿五日
東北大學法學會々長中川善之助

［小針］　菅野先生の成績表の政治学史のところ、一〇〇点とありますね。社会科学ではあり得ないと考えて、ぼくは絶対に一〇〇点という点数はつけないのです。よくても八〇か九〇で、平常点で何かちょこっとつけるというのだったらそれは考えるけれども、というところですが。

［菅野］　この試験は論文式ではなかったのだと思う。一〇〇点というのはマルバツ式の試験のせいだったためではないかと思います。

私が一生に一度しかもらったことのない表彰状お目にかけましょう。

「われわれは、君の卓越した成績に対して敬意を表し、『アメリカ毎日辞典』を贈ってこれを表彰したい」。これが東北大学法学会賞というものです。

［小針］　法学会賞とは卒業式のときに平均八〇点以上の成績の人に与えられるもので、たしかベストテンではなかったでしょうか。私、頑張ったのですが、平均すると七七点でした。

［菅野］　ぼくのころはベストテンではなかった。本来

ならば印材が副賞として与えられたのだけれど、八〇点以上とった人が多かったので、予算の関係で『アメリカ毎日辞典』になったらしいのです。

【小針】　でも、当時、昭和二七年の頃、本というのは貴重だったのではないですか。昭和二七年といったら、私が二、三歳のとき、菅野先生は二四歳頃ですね。

【菅野】　このひどい成績の法理学は非常勤でこられた早稲田大学の和田小次郎という先生が担当されたのですが、この六〇点というのがなければ、私はトップだったらしいのです。私は哲学に興味があり、欠かさず出席し、聴講し、答案も良く書けたと思っていたのに、この成績でした。

■当時の大学生の気質

【小針】　それが逆に災いしたのだろうと思うのです。なまじできるから憎まれたのではありませんか。先ほどの外書購読の際の話を聞いていると、今のぼくなどだったら、学生から指摘されても素直に受け入れるかもしれないけれども、その当時の東北大の先生は、「俺が一番偉い」という意識があったのではないでしょうか。

それに、菅野先生はねちっこいですよね。そこそこやっていればいいのに、毎回やるから、相手の先生はかなり緊張していたのではないかと思います。ターゲットは菅野喜八郎だと。顔合わせないようにしようという感じがあったのではないですか。あれは要注意人物だということになっていたのだと思います。プライドの高い大先生たちにとっては、それは沽券《コケン》にかかわることですよ。しょっちゅう食い下がられて、しかもそれが適切であればあるほど、自分の権威は失墜しますから。

【菅野】　私は学生時代、きわめて傲慢《ゴウマン》で、大学の教師などというのはせいぜい我々よりも外国の本をよけい読んでいるだけだという生意気な考え方をしていて、今から思うとひどく厭な学生だったと反省しています。

［小針］ところで、ここまでお聞きしてきて、今日はとても驚きました。

菅野先生は文学青年というか、ぼくのびっくりするような書物ばかり読んでいらっしゃる。それも未成年の頃、一四、五歳あたりに。とてつもない教養を身につけておられるという訳ですね。ドイツでいうと、イェリネックなどではラテン語だとかギリシャ語なども本の中に出てきて、かなり裾野の広い教養を若いころに培われたのだと思うのですが、菅野先生も共通するところがあるのでしょうか。それから、普通、語学と数学というのは相反するというか、語学はできるのだけれども数学は苦手、数学はできるけれど語学のほうはいまひとつ、そういうタイプが多いと思うのですが、菅野先生の場合には、語学は語学で片山さんのを引っぱってきて自分で独学でやった。片や数学、微積分のほうも、薄い本ではあってもそれをもってきて、薬紙をのばして問題を解いていった。菅野先生は数学的な思考と語学的な思考の両方をおもちで、そして幅広い教養もバックグラウンドにあるということが、別にヨイショではありませんがよく分かりました。

私は、菅野先生には、大学、大学院と教えて頂いたわけですから、当然、自分の教わった先生は優秀な方であったのだろうとは思ってはいました。しかし、こうやって成績表をもって証明され、これほどいろいろな方面にわたって優秀でいらっしゃったというのは、大変失礼な話ですが、びっくり仰天でした。

菅野先生という方は、哲学の非常にある特殊な領域に限定した形で、たしかに語学はめっぽう強そうですから、ドイツ語と哲学あたりをねちっこくやっていらっしゃった先生なのかな、と私は思っていました（菅野註、貴方の直観は当たっています）。当然、実定法などは特に苦手だろうし、解釈学などは全然お呼びでない、そういう先生なのだろうなと思っていたのです。

ところが、今、成績表を見せていただいて、大変失礼な話なのですが、正直いって、ぼくは菅野先生は法哲学とか法思想ばかりでなく実定法にもかなり通じていらっしゃる先生なのだと認識を改めさせられました（菅野註、学校の成績と学者としての素質の有無は別です。小針註、そう謙遜しなくても！）。

全体にわたってこれだけの成績を修めて、法学会賞までいただいていた。おしなべてそこそこに全部成績がよくないと、平均八〇点以上というのは取れないものですが、私が教えていただいた先生が、単に一芸に秀でていたというのではなくて、いろいろなところで優秀な成績を修められて、しかも法理学の六〇点という、きっと担当の先生の反感を買うようなことがあったのではないかと推測するのですが、それがなければ法学部をトップで卒業された方であると伺い、これは、きょうの大収穫でした。自分の習った菅野先生にオールラウンド的な側面が色濃くあったということがわかってとても嬉しくなりました。

■二一歳の差と、ものの考え方

［小針］ 菅野先生のお話を伺ったので、自分が育ってきたころと引き比べて考えてみることにします。

私は宮城県県北の気仙沼というところで生まれて、育ったのは岩手県なのです。昭和二四年の生まれで、岩手の県南に位置する大船渡の奥に入ったところに住んでいました。当時は電気は通っていましたが、ガスも水道もない。だから、水は井戸から汲んで瓶《カメ》に蓄えて、そこからちょこちょこ汲みだして使っていた。昔はそうだったのです。かろうじて通っていた電気だって、しょっちゅうヒューズが飛んで停電になったりすることが多かった。だからヒューズというのはいつも備えていなければいけなかった。私の子どもの頃のそんな状態に比べて、二一年も先輩とはいえ、菅野先生がいらした仙台というのは東北一番の中心都市で、ガスまでいかないにしても、電気、水道はきちんとある、そんな文化的に進んだ環境で育ったのだろうと思います。

菅野先生と私とは二一歳の年の差があります。そしてその間に大きな第二次大戦をはさんでいて、その違いはあるのですが、ただ、私のあとの二一年後は何年生まれかというと、昭和四五年なのです。昭和四五年生まれとなると、高度成長のまっただ中で、私の子どもの頃とは全然別世界の人たちという感じです。生活環境という点からいうと、私はまだ菅野先生あたりと通ずる部分があるような気がします。「彌縫策《ビホウサク》」という言葉があります。現在では、とり繕《ツクロ》うというのはあまりイメージはよくないのですが、たとえば身につけるものであっても繕って着たりする。私たちの時代はそうした時代でした。大学にいく人も、私の学生の頃には数えるぐらいしかいなくて、高校へ進学する人ですら少なかった時代ですね。

ところで、お話を伺っていてちょっと不思議な感じがしたのは、日本の社会では戦前と戦後の価値観とか物差しが大きく一八〇度転換したと思うのです。戦後から戦前をみる方の視点と、戦前からずうっと継承されている方の視点は違うと思うのですね。

先ほど伺った菅野先生のお話の中でとても驚きましたのは、日米開戦のときの先生の感想だったのです。「すっきりした」といわれましたが、それはなんだったのかなと。もしも知識人なり大学の場で教鞭をとられる方が、「スカッとした」などといったら大変問題とされたのではなかったのかなと思ったのですが、菅野先生も含めて当時の国民の中に閉塞的な状況があったのでしょうか。

戦後変わってしまって、「えらいめにあった」という被害者体験は語り継がれているのですが、普通の国民として、「一発やってくれたと感じた」という、そのあたりのことはなかなか理解出来なくなっているところですね。

[菅野]　しかし、それはたぶん私だけではないと思うよ。なんかもやもやして鬱陶しかったのですね。これでふっきれたという感じがして、爽快感を味わったのではないかと思うのです。山田風太郎氏も同じようなこと書いていたという記憶があります。

[小針]　もやもやしたというのは、日米の交渉過程のなかで気まずい何かが国民の中にも感じ取れたところがあるということでしょうかね。

[菅野]　ありますね。まだ中学一年生でよく分からなかったけれども、たしかに日米開戦の報道を聞いて、非常に興奮したのは確かです。

[小針]　戦後、そんなことをいうと、「なんだ、お前は」というところがあって、いわないほうが賢明であるみたいなことになっているのでしょうから、そういうことを先生方が口にされるのを私はあまり聞いたことはありませんでした。

私は昭和四三年に東北大学に入ったのですが、戦前はこんなことがあって、そのときはそのときで気分がさばさばしたところがある、などという発言はめったに聞いたことはなかったように思います。それで、今日お話しを伺って、少しびっくりしたところです。

■外国語学習と辞書

[菅野]　ところで、二高時代のことで言い忘れたことが二つあります。

フランス語ですが、二年にときに補修授業がありまして、フランス語の初等文法と発音だけ習って、あと、コンサイス仏和辞典を引いて、半年ほどでモーパッサンの短編小説集を読めるようになりました。

また、二高に入って、いかに英語の力がないかということが分かって、小野慶ではだめだと思って、古本屋で山崎貞の『新々英文解釈法』という受験参考書を買って独習し、曲がりなりにも英語がいくらか読めるようになりました。私の二高時代の生活の収穫は、ほとんどが語学の勉強です。もっとも読むだけの語学です。

そのとき勉強したフランス語が役に立ったのは、なんと六〇代になって「L・デュギの憲法理論管見」を書いたときです（初出誌：法学紀要第三四巻　日本大学法学部法学研究所　平成四年。『論争　憲法-法哲学』所収）。初めて腰を据えてデュギの著作に取り組みました。四千頁くらい目を通したかな。デュギのフランス語は易しい上に、彼の論じ方が論理的なので、私程度のフランス語の読解力でも読めたのです。『憲法概論（Traité de droit constitionnel）一、二、三巻』、『公法研究、国家、客観的法と実定法（Étude de droit public, L' État, le droit objectif et la loi positive）』、『公法研究、国家、治者とその代理人（Étude de droit public, L' État, les governants et les agents）』、『法と国家（The Law and the State, Harvard Law Review, vol.31）』（これは単行本なみの大論文で、ひどく読み難く英語です。堀真琴氏の訳で岩波文庫に入っています。拙論執筆時、入手していなかったので参考しませんでした）、『公法の変遷（Les transformations de droit public）』、『主権と自由（Souveraineté et liberté）』、『公法講義（Leçon de droit public）』、『憲法要論（Manuel de droit constitutionnelle）』、これらを一通り読んだ、というより目を走らせました。ノモス主権論争中で尾高博士がケルゼンとデュギも自分の説と同様、通常の意味の主権論、とくに国民主権論を否定していると主張されたのに対し、宮沢教授は両者は尾高説を支持するものでないと批判し、あたかもデュギが「国民主権（論）」を肯定しているかのように述べられていたので、その真偽を確かめるためにデュギの上記の書を読んだのですが、彼の国民主権論についての考え方とノモス主権論とは通底するところがあり、この点についての宮沢先生の主張も強引にすぎると判断して、先に掲げた「L・デュギの憲法理論管見」と題する論文を書きました。これは『論争』に収められています。モンテスキューの『法の精神』の翻訳者であり、フランス憲法学に通暁している宮沢先生の言とあらば、大方の人は信用するでしょう。上記の論文を書くまでの私も、その一人でした。ですから私は、自分の眼で確かめることの必要性を痛感したのです。

［小針］　私が大学院時代に、菅野先生にフランス語の文献を読んでみたいといったら、ではカレ・ド・マルベールから始めたらいいだろうと勧められたと記憶しております。マルベールは、ストラスブール大学の教授で、前任者はパウル・ラーバントだったと思います。ラーバントは当時のドイツにおいては一流の公法学者でしたから、その後釜となってくると、フランスとしても自国は文化の国という自負心があったでしょうから、カレ・ド・マルベールを送り込んだのかなと、私は勝手に受けとめました。カレ・ド・マルベールの本を読むと、ドイツ人の文献などはけっこう使っているのですね。

だからドイツ語文献からフランス語文献に入るときには、『コントリビュシィオン（Contribution à la théorie générale de l'État,1920)』というか、カレ・ド・マルベールなどから入っていくとよさそうな気がしています。

今まで伺ったお話しからしますと、菅野先生は授業は一、二回出て、あとは見切ってしまって、みんな独学、独習でやられている。当時の大学生の勉強の仕方というのはそのようなものだったのでしょうか。ところで、菅野先生の勉強の仕方の中で共通してみられるのは辞書の活用なのです。だれだれの辞書というのがお話しの中に何度も出てくる。辞書を選ぶセンス、その眼力といいましょうか、片山のドイツ語だ、フランス語であればこれだ、英語は小野慶でなくてこちらの参考書でないとだめだ、そこはご自身で判断されているのですか。

［菅野］　そうですね。

■活字に対する飢え

［菅野］　大学のとき、岩波の戦前の『法律学辞典』を古本屋で買って、非常に役に立ちました。あれは非常に高度な内容のものです。特に商法の勉強をするときに、大変役に立ちました。

商法の多くの項目は小町谷《オマチヤ》操三《ソウゾウ》先生が執筆されていましたね。小町谷先生の講義は実に名講義で、ぼくは余り欠席せずに聞いたのですが、分からないときには岩波の『法律学辞典』を引っぱり出して参考にしました。岩波の戦前の『法律学辞典』はよくできていますね。私は大体基本的な概念にしか興味がないから、戦後、いくつかの法律学辞典が出ましたが、それよりも戦前の岩波の『法律学小辞典』のほうをすぐ引きます。岩波の『法律学辞典』の編集者は、美濃部達吉、田中耕太郎、日本法制史の中田薫の三人です。佐々木先生なども書いていらっしゃるし。

その時代のトップクラスの先生が書いていて、しかも質がいいのです。いまの法律学者が総力を結集しても、あれだけ出来の良い法律学辞典が作れるかどうか、疑わしいと思います。

［小針］　なるほど、一流というのは昔も今も変わらないものなのですね。ところで、菅野先生は寮に入っていてお腹がすいたとか寒かったとかというお話をされましたが、私などは飢えとか渇きというものにちょっとこだわっている部分があるのです。

物理的にみて飢えというのは食べ物がない、そういう意味もあったと思いますし、あとは、私などの世代は「ほんとうにそうだったのかな」と思うところがあるのですが、それは活字に対する飢えということです。

岩波といえば、今日持ってきましたこの岩波文庫、ブライス著（松山武訳）『近代民主政治』（岩波書店、第八刷）は昭和二一年（第一刷は昭和四年）に出たものです。菅野先生が一七歳くらいのころのものですが、この後ろに掲載されている文章、「読書子に寄す」は学問芸術を独占者から解放すると宣言していて、当時その勢いたるやすさまじいものがあったのではないかなと感じます。戦後になって岩波が文庫をまた出しました。外地から戻ってきた連中や、学徒出陣などでいった人たちは、本当に活字に飢えていたと言っていますね。

【菅野】　ぼくがそれをいちばん強く経験したのは、前にお話しした江田島の海軍病院に入院していたときです。

【小針】　今の学生とか若い人たちはインターネットなどをやっていますが、活字に飢えるというのはほんとうにわからないでしょうね。

【菅野】　そうでしょうね。

【小針】　この文庫本なども旧字体だし難しいものです。それでも、こういう古典的なものを訳出して学問芸術をみんなに開いていくのだという、この考え方は立派だと思いますけど、飢えと渇きというのだったら、文字に飢えている、そこのところは今はどうなのだろうかな。

私などは本を読みたいと思うのだけれど、今、大学は雑務が多すぎて、いったいどうなるのかなという感じがします。

菅野先生のお話しを聞いていて、先生の場合には若年のときから教養といいましょうか、それはいろいろなものを読まれて培われてきたのだなあと思いました。

【菅野】　教養というのは、トーマス・マンにいわせると空気のように自然に身につくのだそうです。なにしろ学校の授業がなくて、勤労動員にいってくたくたになって帰ってくると、教科書などを開く気がなくなってしまうから、それで自分の肌に合うような小説などを読んだのです。もし、私に教養というようなものがあるとしたら、それはひとりでに身についたのだろうと思いますね。

■教えをうけた先生

[小針]　ところで、当時の法学部、菅野先生在学当時の先生方のお名前は先ほど出していただきましたが、その先生たちのことについてもう少しお聞かせいただけますか。

たとえば、木村亀二先生などは高名な方であると思いますが、私たちの世代からすると触れ得ない、名前だけしか知らない先生なのです。刑事法学のオーソリティではないかと思いますが、本で名前だけ知っているだけです。刑事法の先生には亀だとか熊だとか豹だとか動物の名まえのつく先生が昔は多かったときいていますが、いったい木村亀二先生ってどんな先生だったろうと、ある面で幻想みたいなものをもってしまいます。実際のところ木村先生という方はどのような先生だったのでしょうか。意外と講義を聴いてみるとあまりうまくないとか。それから、なにかいろいろと武勇伝がおありの先生というようなことも漏れ伝わっているようでもありますが。

[菅野]　学者としての木村先生は、とても偉い先生なのですが、講義はきわめて退屈で、教科書をただ棒読みしているだけという印象でした。だから、私は一、二回出てサボってしまったのです。

[小針]　では、退屈しない、かつての名講義というと、どんな感じだったのですか。

[菅野]　安井琢磨先生のは名講義だと思いました。ただ聞いているだけで、その場では分かるのです。もっともほんとうに私が理解したかどうか、疑問ですがね。非常に高度な話なのに分かったような気になる。

津曲《ツマガリ》先生のも、やはり要領を得て、笑わせて、楽しく聞かせていただいて、いい講義だなと思いました。

それと小町谷操三先生。

［小針］　今、大学では、自己点検・自己評価というのがありまして、私たちのところでもこの前、学生のアンケート調査などもやりました。そういうシステムがかつてとられていたら、いったい木村先生にしても……。

［菅野］　絶対だめでしょうね。

［小針］　「きょうは気分が乗らないからこのあたりで打ち切る」などというような人もいたやに聞き及んでいますが、そういうことをやると今では教育責任を果していないということになってしまって、非常にヤバくなりますね。

［菅野］　東北大の教養部在職時代に池田徹という非常に有能な事務長と親しくして、いろいろな雑談をしていたときに聞いた話です。学生が教務にきて「だれだれ先生は、休講という掲示を出しておきながら街の喫茶店でコーヒーを飲んでいた」、と抗議しにきたと池田事務長が笑うんです。「せちがらい世の中になったものだ、昔はこんなではなかった。勝本正晃という大先生は、本日休講という掲示を出して、悠々と釣り竿をもって片平構内を歩いて釣りにいった」というのですね。

［小針］　それを誰もとがめないんですか。

［菅野］　誰もとがめないし、文句も言わない。

［小針］　その休講をどういう形で勝本先生は代わりというか補充していたのでしょうか。

［菅野］　おそらくしなかったでしょう。

［小針］　おれの講義は何回ぐらいでいいんだと思っておられたのでしょうか。

［菅野］　大体、大学生にもなったら自分で勉強しろ、といったお気持ちじゃないのでしょうか。

【小針】 今は、大学院生でも、手をとり足をとりですよね。
【菅野】 そう、変わったんだよ。ぼくなどは非常に生意気な学生で、大学教授などといっても、せいぜい自分たちより外国の本を少し読んでいるぐらいだろうと思っていたし。もちろん自分で経験してみるとそんなものではないということは厭というほど思い知らされましたが、学生の頃は、生意気で大人ぶって、先生を頼りにするとか、そういう考えはなかったものね。
【小針】 菅野先生からみて、この人こそは大学の先生だと思ったような先生はだれだったのでしょうか。
【小針】 それはみんな大学の先生だと思ったけども。
【小針】 清宮四郎先生はいかがでしたか。
【菅野】 清宮先生の講義もさえないんだ。清宮先生は講義は余りうまくなかったと思います。私ほどではありませんが。
【小針】 だって、菅野先生はその清宮先生のお弟子さんになったのでしょう。
【菅野】 そうなんだが。世良さんに勧められて偶々なったというのが正直なところです。
【小針】 菅野先生はどんな教養部時代をすごされましたか。
【菅野】 当時、教養部はない。
【小針】 では、二高というのはどこにあったのですか。
【菅野】 二高は三神峯《ミカミネ》にありました。仙台市の太白区で、現在、原子核理学研究所と職員宿舎がおかれています。
【小針】 では、川内はなんだったのですか。あそこは進駐軍がいたと思ったのですけど。
【菅野】 そうそう、進駐軍がいたんだ。

【小針】　私は川内の教養部に入りました。教養部は分散していたという話も聞いたことがあるのですが、よくわかりません。私が知っているのは川内の教養部で、本部は片平だと。川内では白い建物がありましたし、そのほかにカマボコ型のものもあって、そこで部活をやったりしていました。かつてチャペルだかなんだか知りませんが、大講堂があって、高橋富雄先生に日本史をそこで私は教わったのです。

川内の建物はホワイトなのです。菅野先生の研究室をお尋ねしたときも、コンクリートの建物ではなくて古ぼけた木造の建物で、先生ってこんなところにいるのかなと思いました。先生方も、払い下げの建物のようなところに住んでいらっしゃいましたけどね。

ところで、東北大学の三大教授というと、当時は中川善之助先生、小町谷操三先生、木村亀二先生ですね。私などは、この方がたは皆東大出身の先生方で雲の上の人という感じがするのです。ディーゼルもなにもない時代ですから、東京から仙台までは大変な時間がかかったと思うのですが、この三先生はよく仙台にいらっしゃいましたね。東大の中でも個性的な先生方はこちらのほうに来られたということでしょうか。その辺のところはどうだったのでしょうか。

【菅野】　大学の人事というのは僥倖《ギョウコウ》の支配のもとにあるとマックス・ウェーバーはいってますが、どういう経緯で仙台へ来られたのか、あるいは九州にいったのか、そういうことはね。

【小針】　東北大学法学部の同窓生として一言言わせて頂きますと、かつては三番目の帝大であって、今では大学院の後期三年の課程、昔でいえば博士課程だってもっている大学なのに、なんで自分のところの卒業生を学部の教官として積極的に採用しないのか、私は前々から不思議に思っていたのですが。

その代わりに固まっているというと悪いけれど、東北大法学部の卒業生が比較的集まっていたところが教養部だったと思います。菅野先生が学生時代には教養部はなかったのでしょうが、私たちの時代には教養部だったのです。当時の教養部の法律系のスタッフは東北大学の出身者が占めていらっしゃいました。加藤永一先生、安藤次男先生とかですね。小山貞夫先生のようにあとで学部にいかれた方もおりますが、教養部が東北大の卒業生の受け皿になっていたところがありますね。

［菅野］　でも、私が教養部教員になったとき、その流れはいくらかは変わったと思うよ。また、逆行したようだけど。

■イールズ事件

［菅野］　ところで、ぼくが学部の二年生のとき、昭和二五年の五月二日にイールズ事件というのがありました。法文一番教室を使って占領軍の顧問のイールズという人が講演するというので大騒ぎになりました。当時の学長の高橋里見先生の司会で講演会をやろうとして、そのとき共産系の学生が高橋先生に詰め寄って、正規の講義を潰して何故するのかと強く抗議して、結局、講演会が中止になってしまいました。占領政策違反で二人があとで逮捕され、退学者数人を含めて一二人ほど処分され、事務局長が戒告処分受け、インド哲学の山田龍城先生が学生部長を辞めるということで一件落着した事件があったのです。そのとき、私はノンポリ学生なものだから、講演などを聴きにいかないで構内の芝生にひっくり返っていて、なんかワーワー騒いでるな、なんて思っていたのです。そうしたら、それがイールズ事件だった。

『東北大学新聞』という学友会の新聞部にも少し関係していたものですから、あの事件についてどう考えるかというアンケートに、ともかくイールズにしゃべるだけしゃべらせたらいいじゃないか、そのあとに質問すればすむことじゃなかったのか、と答えたのを覚えています。

『東北大学新聞』の副編集長の中名生《ナカノミョウ》正昭《マサアキ》君が私の友人で、今でも親しくつき合っていますが、彼の話によると、例のイールズ事件が起こったのは昭和二五年の五月二日ですが、翌日の五月三日に学友会の委員が招集されまして、五十数人集まって、イールズの話を聞いたそうです。それは別にどうという内容でもなくて、学生運動にも限界がある、してはいけないものとそうでないものとがあるんだという、それだけの話だったというのです。私もちょっと意外だったですがね。想像ではイールズは赤の教授を追放しろ、といおうとしたのではないかと思っていたら、そうではなくて、単に学生運動には限界がある、それだけの話なのだと中名生《ナカノミョウ》君はいっていました。

それから、昭和二五年六月二五日に朝鮮戦争が勃発しているのです。これはさすがにショックでした。

■新憲法制定

［小針］　ところで、菅野先生は新憲法の制定について、感動とかはなかったのですか。

［菅野］　日本国憲法の制定とか、あんなもの、ぼくには馬鹿らしくて全然関心がなかった。感動なんか全くない。どうせ占領軍がつくったというのがみえみえだもの。あんな日本語はありゃしないと思っていました（永井荷風『断腸亭日乗』昭和二二年「五月初三。雨。米人の作りし日本新憲法今日より実施の由、笑ふべし」）。

［小針］　普通、戦争が終わって、新しい価値観で解放感にひたるとか、大体そういうイメージで語られることが多いと思いますが、その辺はいかがですか。

［菅野］　私の場合は全くないね。私の記憶では、私宛ての私信が占領軍に検閲されていた。

［小針］　ところで、この本は珍しいものだと思うのですけども。発行は昭和二一年五月三日となっています。岩手県立盛岡短期大学時代、ある方からもらったものですが、当時はこういうものを渡されて、新憲法の啓蒙がなされていたのだと思いますが、これなどをみると国民が喝采したような感じになってい

新憲法の特色
私たちの生活はどうなる

◇生れかわる日本

昭和二十二年（一九四七年）五月三日——それは私たち日本國民が永久に忘れてはならない新日本の誕生日である。私たちが久しい間待ち望んでいた新憲法が、この日を期して実施されるのである。

新憲法が私たちに與えてくれた最も大きな贈りものは民主主義である。民主主義政治ということを一口に說明すれば「國民による、國民のための、國民の政治」ということである。民主的な憲法のもとでは國民が政治をうごかす力を持ち、政府も、役人も、私たちによつてかえることができる。多数のものが望むこと、多数のものがよいときめて法律で定めたこと、これを実行してゆくのが民主主義である。

私たちは民主主義を口にする前に、まずすべてのものごとをよく知り、正しい判断を持つように心がけなければならない。特にわが國では今まで政治は一部の人人が思うままに動かしていたため、一般國民は政治について教えられることが少く、自分の意見をのべることも窮屈であつた。また自分の考えをまとめるだけの勉强も足りなかつた。だから私たちは新憲法の実施をよい機会として政治のことを熱心に学ぶ必要がある。なぜならばこれからは政治の責任はすべて私たちみんながおうことになつたからである。

新憲法はわが國に長い間續いてきた古い因襲を大幅に改めることになつた。家族制度も大きくかわつた。女の地位も男と同等となつた。憲法に附屬する民法その他の法律によつてこまかい点は数えきれないほどかわつてくる。このように法律だけが新しくなつても、かんじんの頭の切りかえができなくては何の役にも立たない。

新憲法と共に新しく生れかわる日本——私たちも今こそ生れかわつた氣持で、この新しい時代に生きぬいてゆこう。

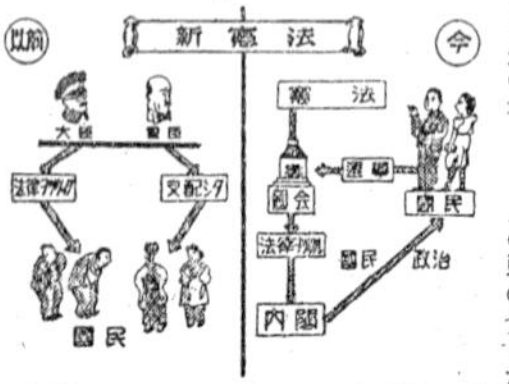

◇明るく平和な國へ

私たちの日本を明るく平和な住みよい國にすること——これが新憲法の目的である。新憲法の前文にはこの目的が力強くのべてある。

旧憲法では國の政治の最高の權限は天皇がお持ちになつていた。そのため一部の軍人や重臣などが天皇の名をかりて、わがまま勝手にふるまい、悪い政治を行うすきが多かつた。

新憲法では國の政治を行う大もとの力は國民全体にあることが明かにされた。從つて國の政治は何よりもまず國民全体が幸福な生活ができるように行われなければならない。決して特別な地位にある人や、一部の少数の人人のために行われるのではないことが、はつきりと示されたのである。

◇私たちの天皇

天皇は神樣の子孫であるからというような神話をもととして、天皇の地位や權限をこの上なく重んじていたのが今日までのゆき方であつた。

新憲法では天皇は日本の國の象徵であり、國民結び合いの象徵であるということが示されてある（第一條）。これは私たち國民全体の天皇にたいする共通の氣持をそのままあらわしたものである。

象徵というのは一つの「めじるし」であつて、これによつて國そのもの、または國民結び合いの実際の姿がありありとわかることをいうのである。富士山をみれば美しい日本の國が、また櫻をみればなごやかな日本の春がわかるというのが、そのおよその意味である。

新憲法では天皇は從來とは違つて國のいろいろの政治に當られないこととなり、政治の責任はすべて內閣、國会、最高裁判所がおうことになつた。政治以外の國家的な行事についても、天皇の當られる國事は非常にすくなくなつた。（第三條—第七條）

このように天皇についての憲法の定めがかわつたので、わが國の國柄まですつかりかわつてしまつたように思う人もある。たしかに政治をうごかす力は私たち國民のものであるということがはつきりと示されたし、形の上では、ずい分かわつた。しかし私たちの天皇にたいする尊敬と信頼の氣持による結びつき、天皇を中心として私たち國民が一つに結び合つているという昔からの國柄は少しもかわらないのであるから國体はかわらないといえるのである。

◇もう戰争はしない

私たち日本國民はもう二度と再び戰争をしないと誓つた。（第九條）

これは新憲法の最も大きな特色であつて、これほどはつきり平和主義を明かにした憲法は世界にもその例がない。

私たちは戰争のない、ほんとうに平和な世界をつくりたい。このために私たちは陸海空軍などの軍備をふりすて

された書物の冒頭部分

て、全くはだか身となって平和を守ることを世界に向って約束したのである。わが國の歴史をふりかえってみると、いままでの日本は武力によって國家の運命をのばそうという誤った道にふみ迷っていた。殊に近年は政治の実權を握っていた者たちが、この目的を達するために國民生活を犠牲にして軍備を大きくし、ついに太平洋戰爭のような無謀な戰いをいどんだ。その結果は世界の平和と文化を破壊するのみであった。しかし太平洋戰爭の敗戰は私たちを正しい道へ案内してくれる機会となったのである。

新憲法ですべての軍備を自らふりすてた日本は今後「もう戰爭をしない」と誓うばかりではたりない。進んで藝術や科学や平和産業などによって、文化國家として世界の一等國になるように努めなければならない。それが私たち國民の持つ大きな義務であり、心からの希望である。

世界のすべての國民は平和を愛し、二度と戰爭の起らぬことを望んでいる。私たちは世界にさきがけて「戰爭をしない」という大きな理想をかかげ、これを忠実に実行するとともに「戰爭のない世界」をつくり上げるために、あらゆる努力を捧げよう。これこそ新日本の理想であり、私たちの誓いでなければならない。

◇人はみんな平等だ

人はだれでもみんな生れながらに「人としての尊さ」をもっている。この尊さをおかされないことが人として最も大切な權利であろう。新憲法は何よりさきに、まずこの權利を與えてくれる。（第十一條）

そして私たちの生命や自由を守り、幸福な生活ができるように、政治の上でもいろいろと考えてくれるように約束されている。新憲法はこの考えをもととして十分な自由と權利とを與えてくれたのである。（第十三條）

軍閥が政治を行った時代には「國家のために」とか「國民全体のために」とかいう名目によって、私たちは、一部の政治權力を握る人人のために、働かされたり、權利をふみにじられたこともしばしばあった。これからは私たちは自分の權利を守ることができるというばかりでなく、國の政治は國民みんなの自由と幸福を何よりも大切に考えて行われることになった。

またすべての國民は法律上は全く平等であって、あの人は家柄がいいから私たちよりえらいとか、女は男より卑しいものだとか、そんな差別は一切ゆるされないこととなった。華族制度も廃止されて國民はみな平等の時代となったのである。（第十四條）

◇義務と責任が大切

私たちは新憲法によって、ずいぶん多くの自由や權利を與えられたが、一生懸命努力して、これを大切に守ってゆく義務がある。自由といっても他人の迷惑も考えずに勝手氣ままにふるまうことではない。權利だからといって無暗やたらにこれをふり廻してはならない。私たちは自分の自由や權利を、いつでもできるだけ多くの人人のしあわせに役立つように使うことが大切である。（第十二條）

もしも各人がこの心がけを持たないで、民主主義をはき違え自分勝手なことばかりしていたなら世の中は今までよりも一そう住みにくいものになってしまうだろう。私たちは權利や自由が常に義務と責任とを伴うことを忘れてはならない。

◇自由のよろこび

「自由」とはいったい何であろうか。一口にいえば自分の良心に従って生きることである。長い間私たちには、その自由さえも制限されていた。私たちは何とかしてもっと自由がほしいと願っていた。いまその願いが果されたのである。

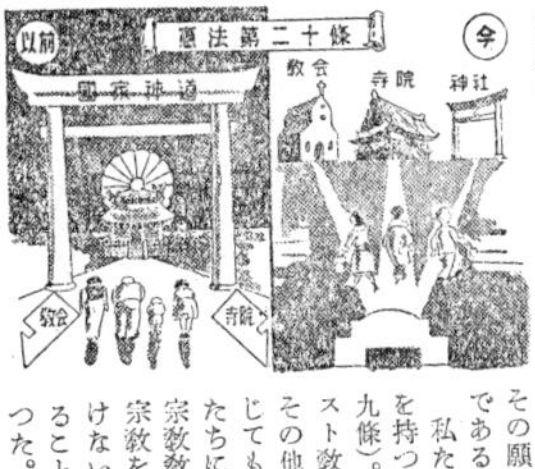

私たちはどんな考えを持ってもよい（第十九條）。神道でも、佛教でも、キリスト教でも、その他どんな宗教を信じてもよい。政府が私たちにたいして特別の宗教教育を行い、この宗教を信じなければいけないなどといいつけることは許されなくなった。（第二十條）

私たちは、どんな会合をやっても、どんな團体をつくっても自由である。演説をしたり、新聞や雑誌を出したりすることも自由になった。どんな職業をえらんでもいいし、学問の自由もまた認められた。

これらはいづれも新憲法が私たちに與えてくれた贈りものである。（第二十一條―第二十三條）

◇女も男と同權

わが國では、とかく女は男より一段と低いものとして扱われがちであった。人としての尊さは、女も男と何のかわりもない。

これまで結婚の場合など、自分がいやだと思っても親の意見に従わなければならぬことがあった。しかし新憲法では、結婚は男女双方の氣持があった場合だけに行われるので、自分の心に合わない結婚をさせられることのないように定めてある。

また夫婦は同等の權利を持ち、財産のことや相続のことについても、今までのように男だけを重く扱い女を軽んずるということのないようになった（第二十四條）。戸主や父親だけが特別に一家の中心となっていたわが國のむかしからの「家」の制度もかわって、お互いの人格を尊び男女の平等を主眼として家庭を営むよ

新憲法啓蒙のために配布

ますが。

【菅野】 私なんか、全然そんなこと思ってなかった。またやりやがったな、と。柳瀬良幹先生は皮肉屋だから、研究室で雑談していたとき、占領軍の連中が一週間足らずでつくった憲法など、一所懸命解釈している連中の気がしれないといわれ、皆笑っていたら、たまたま清宮先生が入ってこられて、「なんだ、なんだ」とおっしゃったので、また笑ってしまった、そんなことがありました。

【小針】 憲法学者にとってはなかなか辛辣なお話ですね。

【菅野】 清宮先生に、「日本国憲法の前文の文章はおかしいですね」と申し上げたことがあるのです。清宮先生は、「お前たちがつくるようになったら、もっと変な文章になる」っておっしゃいました。

【小針】 あれは英語を読んだほうが分かりやすいですね。

【菅野】 英語のほうは名文です。

【小針】 文章の構造が英文だとわかるのですが、主語と述語が日本語ではつかめなくて。憲法が公布されたのが昭和二一年。二二年に施行されて、あの当時は闇市とかなんとかで、憲法どころの騒ぎでなくて、食っていくのが精一杯の、まさに経済的に大変な時代だったのではないですかね。

【菅野】 そうだね、食うので精一杯。それに、やはり占領軍に対する反感はあったからね。占領軍の中でも将校あたりのインテリの連中は、原爆を落としたこととか東京大空襲については罪の意識をもっていたようだね。というのは、私が二高生のころ、あれは将校だったと思うけど、私を映画に誘ったり、そんなことがあった。

【小針】 当時、映画というのは娯楽としては唯一であって、料金は高かったのですかね。

【菅野】 そんなに高くないと思いますよ。私だって週に何本か見ていたからね。当時は二本立てが普通でした。

「セヴンス・ヴェイル（Seventh Veil）」というイギリス映画があった。イギリスから一番最初に入ってきたのではないかな。音楽がよかったんです。とてもきれいだった。それで七回も繰り返して観た覚えがあります。ジェームス・メースンという俳優が叔父さん役で、アン・トッドが姪の役です。叔父さんが姪にピアノを教える。そして、姪がだんだん本格的なピアニストになるという話。キングズ・イングリッシュなので、ヒヤリングの勉強も兼ねて七回も観ました。

【小針】　失礼な話ですけど、音楽がきれいだったというようなお話も、きょう初めて菅野先生から伺えるところで、音楽にそういうセンスをおもちだったとは知りませんでした。

【菅野】　いや、音楽のセンスなどは全くありません。私はどちらかというと視覚的な人間で、映画を観ることによって音楽が好きになる。たとえば「アマデウス」を観ることで、モーツァルトのレクイエムにほれ込んで何種類か音盤を買った、そんな程度のものです。「セブンス・ヴェイル」の場合は、ラフマニノフのピアノ・コンチェルトの第二番だったかな。

邦画の場合は、私はあまり黒沢明は好きでなく、木下恵介のほうが好きで、よく観ましたね。二高時代、大学時代、そして研究室時代も尾吹善人と一緒に映画館めぐりをずいぶんしました。

■尾吹善人との出会い

【小針】　尾吹善人先生とは、どのあたりからご一緒だったでしょうか。尾吹先生は二高の方ではないのですね。

【菅野】　二高ではなく水戸高校です。大学三年のとき、尾吹と初めて知り合って、ぼくが研究室に入って、その次の年に尾吹が研究室に入ってきました。
尾吹は私の一年下。彼は新制の第一回。私は旧制の後ろから二番目ですが実質上は一年しか違いがありません。

[小針] 私などもいいたい放題のことを言うこともあるけど、尾吹先生もけっこう口が悪くて、よく菅野先生とお付き合いが続きましたね。

[菅野] 全く不思議です。強いて理由を探すと、私は長男、彼は次男、同じ憲法専攻といっても私が得手とするのは良くいうと基礎理論、彼は憲法解釈学で衝突することがなかったということですが、結局は人間として馬が合ったのでしょうね。

[小針] 不思議ですね。私は中央大学で開かれた公法学会に山を越えていったときに、初めて、これが尾吹だとご紹介を受けたような気がしております。前から口が悪い先生だと思っていたのですが、意外に紳士的だなとそのとき感じました。もっと辛辣なことを言う人なのかなと思っていたら、意外にさばけていて優しそうなところがあったかなというところですか。これが一番ビックリしたことです。だから、本で読んで受ける印象とはちょっとイメージが違いました。

[菅野] だって、私の論文を読んだイメージと私は全然違うでしょう。
私も初めは尾吹は生意気だと思ったのです。というのは、ぼくが大学の三年のときに、世良さんに勧められて、マックス・ウェーバーの『経済と社会（Wirtschaft und Gesellschaft）』という本の輪読会に入りました。尾吹もこれに加わったのですが、私が訳したときに尾吹がけちをつけたんです。「アンシュタルト（Anstalt）」という単語を「営造物」と訳したら、「そうじゃないのでないか」と彼は文句をつけた。世良さんは、営造物でいいのだといって、尾吹も黙ったけど、「こいつ、一年下のくせに小生意気なやつだな」

と思いました。自分が生意気なのを棚上げしてね。

　それから、今度は研究室で一緒になった。そうしたら、どういうはずみか忘れましたが気が合ったのです。

　尾吹も随筆で書いてますが、私が彼の読書指導しました。この本はつまらないから読む必要なし、この本はおもしろいからぜひ読め、といった具合に。そのお陰で、尾吹は早くから有益なドイツ語の著作に接することができたとエッセイで書いています。

■大学院での読書指導

【小針】　読書指導といいますと、私は小嶋和司先生からご指導いただいたのです。大学院に入ったとき「何をやったらいいんでしょう」とお尋ねしましたら、「とにかく三、四カ月、毎日、図書館にいって本を探してみて、好きな本一冊でいいから読みなさい」といわれました。そして、それだけなのです。あとでいろいろ文献をみていたら、美濃部先生が宮沢先生にしたのもレッセ・フェール（laissez-faire）的な教育方針で、今いったようなことをやっているのです。
　それとは違ったスタンスをとられたのは菅野先生でして、先生の大学院関係の授業はすべてとりましたが、ある年は特殊講義で、次の年は、演習になるのですが、特殊講義のときと同じテキストを訳読するのです。そして、訳読しながらこの問題についてなら、ブルクハルトの『法共同体の組織（Die Organisation der Rechtsgemeinschaft）』を読めだとか、カール・シュミットならこれだとか、私だったらケルゼンのこういうのを読むとか、テーマごとに文献がポンポン出てきました。それをメモっていって、それで自分なりに欧文文献をコレクトしたりしましたけどね。

［菅野］　私はノートを取りながら丁寧に読む本と、ざっと走り読みするものとを区別しています。一行一行丹念に読み、場合によってはノートを原文のまま取ると頭に浸透するし、アイデアを得ることもあります。大学院でテキストに使ったのは丹念に読まねばならない本です。授業中に書きかけている論文の要点を話したり、時としては全文読みあげて受講生の感想を求めるようなこともしました。大学院の授業は私自身の勉強でもありました。

［小針］　菅野先生の読書指導法を振り返ってみますと、具体的な題材に則した形で文献が紹介されましたが、特にドイツ語圏の文献が多かったですね。あとは、カレ・ド・マルベールなど、フランス語の文献なども出てきますけどね。そういう点では、レッセ・フェール（laissez-faire）的ではなく、つき放さないで手を加えてくれましたね。

［菅野］　それは、大学院の制度が変わったからだと思う。私は大学院の特別研究生でした。大学院の特研生というのは戦争中にできた制度で、特に理科系の学生を対象にしたのですが、文科系にまで拡大した、要するに優秀な学生を兵隊にしないで研究させよう、そういう制度だったのです。

私は大学院の特研生として奨学金、あの頃で月九〇〇〇円ぐらい貰った。そして、ただ机が与えられ図書館を利用させてくれ、あとは放りっぱなし。清宮先生に、何をしたらいいかとお訊ねしたら、先生はそれまで、私の先輩には個別的なテーマを与えられたらしいのです、この問題をやったほうがいい、あの問題をやったほうがいいというように。しかし期待に反して先輩が伸びなかったらしく、ちょっと方針を変えるといわれ、イェリネックの『一般国家学（Allgemeine Staatslehre）』を読んでみるようにという御指導を受けました。もっとも、あとはほったらかしでしたが。

［小針］　読んだ結果、どうでしたか。清宮先生に読後感を尋ねられたとか、何か記憶に残っておりまし

たなら、お聞かせください。

【菅野】読後感など全然聞かれない。こっちも訳も分からぬまま、八〇〇ページ近い大著をただ一所懸命読んだだけです。

【小針】そうなんです。私も小嶋先生からイェリネックの『一般国家学（Allgemeine Staatslehre）』を六カ月で読めるかといわれただけです。

小嶋先生にそんなことを言われたものですから、意地でも読んでやるという気持ちで、毎日十何ページぐらい必死になって読みましたけどね。ただ、あれはラテン語とかギリシャ語が出てきたり、あとは旧約聖書とか出てきまして苦労させられました。語学音痴の私には大変でした。今では、細かいことは覚えておりません。

■憲法を専攻するに至った経緯

【菅野】イェリネック先生は博学だからね。次に、ケルゼンの『一般国家学（Allgemeine Staatslehre）』を読んで、そのあと、カール・シュミットの『憲法理論（Verfassungslehre）』を読みました。

ところで、私が研究室に入るときのこと、なぜ私が憲法を専攻するようになったかについてを少しお話しをしておきましょう。

なぜ私が研究室に残ったかですが、世良さんが熱心に、研究室に残れと勧めるんです。そのころは、ある年に大学院特研生をとると、翌年度は助手をとる、その次の年はまた大学院特研生というふうに交互にやっていました。私の卒業する年はちょうど大学院特研生にあたっていたのです。大学院特研生では奨学金を返さなくてはいけないから、私は世良先生に特研生では厭だといったのです。そうしたら世良さんは、ちょっと考えて、いや、責任をもって国立大学への就職を世話するというのです。「それじゃあ、残ります」といって、残ったわけです。国立大学の教育職に就くと、二年ぐらいで返さなくてもよくなる制度があったからです。

「では、法制史に残ります」といったら、「法制史では就職口がない、清宮さんのところが空いているようだから、清宮先生のところにいって頼んでみろ」といわれました。それで清宮先生の研究室へいって、研究室に残りたいのですがといったのです。そうしたら先生に、「憲法と行政法の点数は何点だ」と聞かれました。さあ、行政法は六六点だ、まずいなと思ったので「憲法は八〇点いただきました」といいました。そうしたら、「ああ、憲法が八〇点ならいい」とおっしゃったのです。行政法の点数は言わないで済んで、憲法の研究室にうまくもぐりこめたのです。

そのようなわけで、不思議なことに、初めから反撥を覚えていた日本国憲法を専攻することになったのですが、それは今言ったような偶然のなせる業です。

【小針】 それはよかったですね。でも人生は不思議なものですね。

ところで、、当時の東北大の研究室とはどんな具合だったのですか。研究室の中でボール投げができるなんてきいたこともありますが。

■ 公法第二研究室

【菅野】 東北大の公法第二研究室は、今も残ってる建物の二階の比較的広い部屋で、多いときで六人ぐらい入っていたかな。少ないときは四人ぐらいで、わりとのんびりした雰囲気でした。そのころ、特研生や助手のいる研究室は三つでなかったかなと思います。他には、私法研究室と公法第一研究室。公法第一研究室は刑法。私法研究室は民法と商法が一緒で、狭いところに多人数押し込められていました。

私は公法第二研究室でした。「公法第二研究室」という随筆を尾吹が書いていますが（『憲法学者の大あくび』東京法経学院出版）、公法第二というのはわりとリベラルな雰囲気で、昼休みになると、柳瀬先生、清宮先生はしょっちゅうではないけれども顔出しをする。木村先生もときたま顔を見せました。高柳先生、柳瀬先生と高柳先生は常連で、昼食を公法第二でとられました。ご自分の研究室はおありなのですが、一人で飯を食うのはまずいからというので、顔を出される。高柳先生はそばを注文されましたが、柳瀬先生は、昼食をとらないか、あるいはあんパン一つと牛乳一本で済ませていました。柳瀬先生は、けちというのではなくて、きわめて合理主義者なのです。

■柳瀬良幹先生のこと

［菅野］　笑い話があります。教養部に勤務していたとき、先ほどお話しした池田事務長というなかなか有能な人がいて、彼は柳瀬先生のことを買っていたのですが、柳瀬先生は事務員のあいだで非常にけちだという評判があって、あるとき、先生がひげを剃るために、女子の事務員にかみそりの刃一枚と石鹸を買ってくるよう頼んだら、かみそりの刃を買ってきたのはいいのですが、気をきかせたつもりで洗濯石鹸を買ってきて先生を怒らせたというのです。

だけど、柳瀬先生は、正月お宅に御挨拶に行くと、数の子が非常に高価な時に、立派な形の整った数の子を出されるのです。だから、先生は、けちというよりも合理主義なのでしょう。

［小針］　そういううわさが飛ぶ何かきっかけがあったのですかね。ところで、私は柳瀬先生の退官とひと足違いだったのです。一年、二年前だと、最後の講義を聞かせていただけたと思うのですが、残念でし

た。柳瀬先生の文章は簡潔だけども難しいという印象が強いのですが、かなり前に柳瀬良幹『行政法講義』（良書普及会、三訂版、昭和三九年、第四刷、昭和四四年）という、やわらかい形で書いているものを読みまして、同じ人がこんなに文体を使い分けて書けるものなのかなあと思ったことがあるのです。

ほんとうかどうかわかりませんが、柳瀬先生に関していうと、「行政法は、おれの総論だけでいい、各論はいらない」とか、そんな話が伝わっていますね。

［菅野］　宮田三郎さんは柳瀬先生の唯一の弟子で、その宮田さんから聞いたのだから本当だろうと思うのですが、「判例など読むと頭が悪くなるから読むな」と言われたとか。宮田さんは今は本を随分と出されているようですが、柳瀬先生が生きているあいだ、本はもとより論文も余り発表されなかった気がします。

『シエヘラザード』という曲をつくったリムスキー・コルサコフは、チャイコフスキーが死ぬまでほとんど作品を発表しなかったらしい。チャイコフスキーが死んでからどんどん発表したと聞いたことがありますが、柳瀬先生と宮田さんの関係を考え合わせると、そういうことはあるのだろうなと思います。私は先生と専門が少しずれた上に鈍いところがあるので論文をいくつか発表しましたが、先生がどう評価されるかは常に気になりました。

［小針］　柳瀬先生の時代は、田中二郎先生の時代であったと思うのです。田中先生はいろいろなものを書かれていて多産ですね。柳瀬先生は数のうえでは田中先生ほどではなかったように思うのですが、菅野先生の目からみて、どの辺に柳瀬先生の凄みというのがあると思われますか。

■柳瀬先生の凄さ

[菅野]　それは、わりと気軽に書かれたものにもありますね。

ぼくが大学院の特研時代のことですが、柳瀬先生が憤慨しながら研究室に入ってこられたことがあります。何のことかと思ったら、東大の辻清明先生が、「日本の行政法学者は法の支配と法律の支配の違いを知らない。そのいい例が柳瀬良幹の教科書だ」というようなことを書いたらしいのです。それで、反論するというので『法律時報』に「法治行政と法の支配――辻教授の所説について」というのを出しました。これは、後に『憲法と地方自治』という単行本の中に収められましたが、この論文一つ見ても柳瀬先生という人の凄さがよく分かります。

自分が「法治行政」と「法の支配」を同一視していないことは、「法治行政」についていう際、常に「法律の支配」という言葉を用い、これに当たる外国語として特にわざわざ „Herrschaft des Gesetzes" を添え、「法の支配」"rule of law" とは異なることを示そうとした一事でも明らかであると冤《エン》をすすいだ後、一般に「法の支配」についていうときその基とされているダイシーの所説は論理的関連性のない三つの諸原則の寄せ集めにすぎぬ、とダイシーへ批判の刃を向ける。その三つの原則とは、(一) 人は法の支配のみに服し人間の恣意的支配に服さない、(二) いかなる人も凡て同一の法に支配され同一裁判所の管轄に服する、(三) その法は裁判判決の結果であって抽象的な法規範の結果でない、であるが、「法の支配」にほぼ該当するのは (一) のみであって、(二)、(三) はこれと全く異なる。ダイシーの『「法の支配」』は異質の三つの原則の寄せ集め」であって個人の自由の保護に寄与するという点で関連性を持つに止まる、と切って捨てた後に、更に踏み込んで辻教授の所説そのものを批判の対象とする。辻教授の念頭にある「法の支配」はダイシーのそれとも異なったもので、ここにも二つの異なった原理、(一) 法は我々の社会意思と一致したものでなければならぬという法形成手続についての原理、(二) 法の内容は「市民の理性を満足させる」もの、即ち、正しいものであらねばならぬという法内容についての原理、こうした二つの「異質の原理の寄せ集め」である。しかも（二）が辻教授のいう「法の支配」の本当の意味だとしたなら、正しいということの意味を全く説明していないから、「その客観性の決して証明されていない一つの価値観を前提に置いての一種の時事評論というべきものではないか」と一刀両断している。私のおぼろげな記憶では、「学会回顧」で某教授がこの論文をとりあげ紹介した後、辻教授は是非これに答えるべきだと促しましたが、遂に応答はなかったようです。答えることができなかったのでしょう。我々の学問分野でも論争に勝敗の明らかなもののあることを示す好例です。かつて清宮先生から、宮沢先生が我々の分野では本人が「参った」と明言しない限り勝負は決着がつかないと語ったことがあると伺ったことがありますが、必ずしもそうでないと私は思っています。

【小針】「法の支配」と「法律の支配」が問題になっていますが、「法律の支配」は行政法では「法律による行政」ともいいますね。辻さんは行政法学者ではなく行政学者でしょう。

【菅野】そうです。

【小針】行政学と行政法とではちょっとニュアンスが違いますよね。

【菅野】大体、柳瀬先生は、行政学などというのは学問として成り立たないという論文を書いたので、行政学者に憎まれていたようです。

■菅野先生と概念へのこだわり

【小針】話は変わりますが、菅野先生とのやりとりをしていると、「ベグリフ（Begriff）」、すなわち概念や言葉、これの大切さとか重みをすごく感じます。以前、へたな使い方をしてしまって、電話で、お前、論文に「価値概念」と書いているけど分かってるのか、とやられたことありますよ。

【菅野】言葉というのは大切に使わなくてはいけないと思います。我々は言葉で物を考えるのですから。

【小針】菅野先生は字引というか辞書について、一家言おありのようですね。

【菅野】私は、辞書を絶えず引きます。特にこのごろはボケがきたものだから、漢字をよく忘れる。そうすると岩波の『現代用字辞典』をかたわらにおいて、しょっちゅう見なくてならない。それから意味内容なども、自分が覚えているのが、はたして一般に理解されている意味と同じかどうか、特に論争の場合はいちいち引きます。

【小針】今は言葉の短縮化、意味はどうでもいいじゃないの、感性で分かればいい、そういう時代になってきて。

【菅野】それは学問じゃありません。柳瀬先生は、小説は行間で読ませるけれども論文は行間で読ませてはいけないといっておられました。論文というのはきちんと煉瓦を積み重ねてがっしりした建物をつくるように書かなくてはいけないものだと思います。

【小針】そこに非常に菅野先生の学風というかこだわりというか、私はそれをすごく感じます。

【菅野】ところで、先ほどの大学院の話に戻りますと、先に話したようないきさつで憲法に残ったものなので、憲法が好きだから残ったというのではないんです。イェリネックの『一般国家学（Allgemeine Staatslehre）』を読んではみましたが、問題意識もなにもなくて、ただ機械的にページをめくって読みました。

読み終わって、次にケルゼンの『一般国家学（Allgemeine Staatslehre)』、これまた非常に読みにくい本で、今でも必要あって部分読みをすることがありますが、分からない箇所がある。だから、もちろん訳も分からず、ともかく読まねばならぬと思って機械的に読みました。それでもこの本を通読することで、まさに洗脳されたわけです。

■イェリネック、ケルゼン、シュミット

［小針］　イェリネックを読まれ、そしてケルゼンを読まれて、先生の視点、例えば概念の使い方とか学問上の方法論といった視点からみたときに、二人の学風や学問それ自体の違いについて先生はどのようにお考えですか。私としてはケルゼンよりもゲオルグ・イェリネックのほうが茫漠として混沌とした面があるように思われ、それが逆にイェリネックの魅力のように感じられます。

逆にいうと、ケルゼンから入ってしまうとブラックホールのような感じになってしまい、なかなかそこから出られないというところがありますが、イェリネックだともう少しラフなんですね。だから、水道の水と蒸留水にたとえていえば、イェリネックは水道の水で、ケルゼンは蒸留水なんだと思っているんです。イェリネックの場合、国家概念なども法的なそれと、社会的なそれとがあるのですが、これはたしか菅野先生のご指摘だと思うのですが、社会的な国家概念も多分に法的な概念要素を使って組み立てているのではないか、そんなお話をかつてうけたまわったことがあるのです。先生のそういうご指摘を踏まえ、二人を比較すると、先生の目からはどのように見えるのでしょうか。

［菅野］　どちらも新カント派の哲学の影響を受けているので、イェリネックを読んでケルゼンに進むというのは自然なコースです。若いときのケルゼンは哲学青年ではあったけど、独自の哲学をもっていたとは思えません。イェリネックの『一般国家学』を内部からかみ破り、その内在的批判の結果、「純粋法学」の基をつくったという印象です。

そのあと、カール・シュミットの『憲法理論（Verfassungslehre）』を読んだのです。そうしたら今度は形而上学的色彩が非常に強いものだから、最初は戸惑ってしまって、なんだこれ、と思いました。

［小針］　ケルゼンを読んでいれば、やはりおかしいですものね。

［菅野］　だけど、読んでいくうちにだんだん魅力を感ずるようになりました。

■シュミットの魅力・魔力

［小針］　ケルゼンとシュミット、それぞれの魅力ってなんなのでしょうか。発想法、表現方法とかあるかと思いますが。シュミットの場合はむしろ「魔力」といった方がいいのかもしれませんが、この点についての先生のお話を聞かせてください。

［菅野］　それがまた不思議なのです。まず文体がまるで違う。ケルゼンの文章は正確ではあるけれども、おそらく文章としては良い文章ではないだろうと思います。ところが、カール・シュミットの文章は小説家としても通用するような良い文章なのです。シュミットにひかれた原因にこの文章の魅力というのが一つあったと思う。

それから内容ですが、我々にとって、きわめて素養に乏しい、西洋の古代・中世から近世にかけての思想史を踏まえて縦横に議論を展開する、それに完全にいかれました。『憲法理論（Verfassungslehre）』を読むかたわら、『現代議会主義の精神史的地位（Die geistesgeschitliche Lage des heutigen Parlamentarismus）』も読んでみました。その中には、ボードレールは出てくるやらマルクスは出てくるやらヘーゲルが出てくるやら、才気絢爛としかいいようがありません。

［小針］　彼の論理と魔力で切りまくっているというか。

【菅野】 特に印象に残ったのは、当時（昭和二七、八年頃）、マルキシズムが大流行していたので、特にひかれたのでしょうが、「なぜ、マルクスは資本主義は今没落に瀕しているという確信にたち至ったのか」ということについてのカール・シュミットの見解なのです。それは、時代というものは、その完結が間近いか又は完結——それは没落を意味します——しないと認識できないというのがヘーゲルの考えらしく、ヘーゲルはこの考えを「ミネルヴァの梟《フクロウ》は迫り来る夕闇と共に翔びたつ」と表現しています（Vgl. Grundlinien der Philosophie des Rechts,Vorrede）。シュミットはヘーゲルのこの句を引きながら、マルクスは『資本論』を執筆することで資本家階級（Bourgeoisie）の本質、資本主義の本質を認識できたと信じたので、資本主義社会の没落は切迫していると確信できたのだ、と論じています（Vgl. Die geistesgeschichtliche Lage des heutigen Parlamentarismus, dritter Aufl., S.75）。

こういう見方もあるものかと驚き、まさにガイストホル（geistvoll）、あるいは、ガイストライヒ（geistreich）という言葉はシュミットのためにつくられたような言葉ではないかとさえ思いました。それで感激して、大学ノートにこの „Parlamentarismus“ を全訳した記憶がある、その大学ノートはどこかにいってしまったけどね。とにかく非常に文学的なのです。

尾吹が随筆で書いているけれど、ケルゼンは学生時代にハムズンの『飢え』という小説にいかれたり詩をつくったり小説も書いたりしたことがあるらしいのですが、おそらく彼が小説家になったら無名の作家で終わったでしょう。だけど、カール・シュミットだったら、小説家になっても名前をあらわしたろうと尾吹は書いていますが、私も同感です。

■ヌーァ－プロフェッソール、アゥホ－プロフェッソール

【菅野】このあいだ、久留都茂子《ヒサトメトモコ》さん、尾高先生のご息女の随筆集『心の一隅に棲む異邦人』（信山社、二〇〇一年）を読んでいたら、我妻先生の随筆に『ヌーアープロフェッソール、アゥホープロフェッソール（Nur-Professor, Auch-Professor）』というのがあるのだそうです。つまり、教授にしか（ヌーアープロフェッソール）なれない人間と、教授にも（アゥホープロフェッソール）なれるけれどもそれ以外のこともできる人と二種類あるという内容らしいのですが、久留さんは、宮沢先生はアゥホープロフェッソールで小説家になっても一流の作家になれたろう、宮沢先生の小説が読めなくて残念だったということを書いておられます。

私はカール・シュミットと宮沢先生とは似たところがあると思います。ただし、シュミットは宮沢先生の百倍くらい才気煥発な人だったと思う。宮沢先生は良い意味で本質的にはジャーナリストだったと思います。カール・シュミットもジャーナリスト、宮沢先生と同様Anch-Professor、ケルゼンはヌーアープロフェッソール、どうもそんな感じがします。

【小針】二人に対してそういう見方をなさったというのは、あまり私は聞いたことがない。

【菅野】ぼくと尾吹はそういう意見。宮沢先生は文章が非常にお上手です。美濃部先生が横田先生と雑談しているときに、「横田君のような文章なら、自分だって書こうと思えば書けるが、宮沢君のような文章はちょっと自分には書けないな」とおっしゃったという話を聞いたことがあります。

私の研究室時代は、一年目はイェリネック、ケルゼン、シュミットのものを手当たり次第のぞきました。

【小針】スメントは、今日ドイツ公法学の主流、たとえばコンラート・ヘッセに代表される新傾向の源流と思うのですが、菅野先生はいかが思われますか。

【菅野】スメントは理解できません。どうも私は彼とは肌が合わない。思考波がまるで違う。スメントのは読んでも、頭に全然入らないんです。だから初めからお手挙げでした。ヘルマン・ヘラーはまだ分かります。ヘルマン・ヘラーは、シュミットとケルゼンを統合してイェリネックのほうに近づけようというところがある。だから理解できるのだけど、スメントは全然わからない。

スメントに対してケルゼンが『統合としての国家（Der Staat als Integration, 1930）』で批判していますが、それがまた激しいもので、こいつ阿呆か、といった調子なのです。私はそれを通じてスメントを知っているにすぎません。だからスメントはだめ。

そんな調子で特研生の一年目が終わりました。

■憲法解釈に興味がもてないことに気づく

［菅野］ 当時、研究室では、二年の終わりにはみんなの前で研究報告する義務があったのです。それで困った。ただ読み散らしていただけで、何の問題意識も抱いていなかったので、これはなんとかせにゃいかんと思って、二年目になってあわててテーマを探したのだけど、それがみつからない。

その頃（昭和二八年頃）、解散権論争というのがわりと盛んでした。しかし、客観的にいうともう下火になりかかっていたのですが。

解散権論争とは、憲法六九条が定める、衆議院が内閣の不信任の決議案を可決した場合か、もしくは内閣が提出した信任の決議案を衆議院が否決した場合か、この二つの場合に限って解散できるという解釈と、そうでなくて、憲法七条によって、それ以外の場合でも解散が可能なのだという解釈との間の論争のことです。

つまり、政府は憲法六九条以外の場合でも衆議院を天皇の国事行為を定める七条により解散可能であるとの解釈に立っていましたが、総司令部はあくまでも衆議院の解散は憲法六九条の場合に限るとする解釈を採用していたため、昭和二三年一二月二三日、第二次吉田内閣のとき、総司令部の斡旋に基づき野党提出の内閣不信任決議案を可決させ、この可決を受けて六九条による衆議院解散が行われました。世上ではこの解散を称して「なれあい解散」と呼びました。なお、この解散権論議には天皇の国事行為の法的性格、すなわち、それは演出行為にとどまるのか否かをめぐる問題が微妙にからんでいるのです。

総司令部側が前のほうの説を最初にとったらしい。また学者としては、長谷川正安さんと小嶋和司さんが、二つの場合に限って解散できるにすぎないとする学説の代表的主張者で、私が小嶋さんの名を知ったのは、このときでした。

［小針］　当時は憲法の解釈という場合に、総司令部の考えを考慮しなければならないというところがあった訳なのですね。

［菅野］　ともあれ、そのような議論の影響もあって議院内閣制とこの問題がかかわるので、議院内閣制をテーマにしようかと思い立って、図書館から本を借り出して読みかけたのですが、どうしても興味が持てない、なんとも肌に合わないのです。これはいかんと、早々にして放り出しました。

憲法解釈には本当の興味が持てない、つまり私は憲法学者には向いていないというのが正直なところです。

肌が合わないというのは制度論や手続論に私は本当の興味が持てないということ、本来、法学者には向いていないということです。それは学部の成績の良し悪しとは全く別のことです。

■新潟大学への紹介をうける

［小針］　ただ、憲法解釈は自分の肌に合わないと言っていただけでは、就職先は見つからないから大変

だったでしょうね。

［菅野］そのとおりです。なんとか論文を書かないことには、と悩んでいるうちに、木村亀二先生から、新潟大学に専任講師としてゆかないかという話があったのです。というのは、木村先生は新潟大学の併任教授をされていて、新潟大学の法律の人事は全部木村先生に任されていたのです。憲法担当の某先生が定年で辞めるので、後任としてぼくにこないかという話だったのです。

清宮先生が私の指導教授でしたから、本来ならば清宮先生に相談して返事をしなくてはいけないのに、何しろ私は論文が書けなくて困っていて、転職しようかと悩んでいた時期だったので、軽率にも清宮先生に相談しないで、「お願いします」と頭を下げてしまったのです。当然のことですが、清宮先生にとっては不愉快なことでした。

清宮先生と木村先生のお二人が個人的に親しければ話し合いで何とかなったのですが、それがあいにくそうではなかった。その原因はつまらないことらしいのですが。

［小針］学問上の対立というわけではない。

［菅野］学問上のではない。人間なんてそんなものだとつくづく思いました。

清宮先生の奥さまも、「菅野さんならもう少し良いところにいけるはずだから、あんた、とめてみたら」といってくださったらしいのですが、清宮先生は相手が木村ではだめだというのでそのままになったと後で奥さまからお聞きしました。しかし、新大の件は私にしてみれば渡りに船だったのです。

だけど、他の人からみると、当時の新潟大学というと、佐渡ヶ島への島流しに似たものだったらしいのです。今では想像もつかないことでしょうが。

二高時代からお宅に出入りさせていただいていた水野弥彦先生が心配して、日本固有法の高柳真三先生に、「新潟大学のような辺鄙なところへいったら、菅野の研究者としての将来はどうなるだろう」と聞いて下さったというのです。そうしたら、「それはもう絶望的だ」と。そう思われていた時代なのです。けれども、こっちはなにしろ食うことが大事だ、飯が食えなくてはどうにもならんし、私は環境に順応する能力がないので大学でしか生きていけないと思っていたから、木村先生の話に御の字とばかりに飛びついたんです。

ところが、飛びついたのはいいけれど、結局、何か論文を書かないことには新潟大学でも就職はできないというのです。それで困りました。

［小針］　それで、どうされたのですか。

■憲法改正限界論というテーマ

［菅野］　一つテーマはあったのです。それは、憲法改正限界論です。スメント学派のホルスト・エームケ（Horst Ehmke）が『憲法改正の限界（Grenzen der Verfassungänderung, 1953）』という本を出して、これが日本の学界で高く評価されていたのです。ドイツの『公法雑誌』に載せたエームケの憲法改正の限界に関する短い論文を今井威さんが丁寧に紹介されましたが、エームケの名前を出さないで丸写しした人や誤訳だらけの紹介とも論文ともつかないものを発表した人がいて、それくらいこの本は日本の憲法学界の注目をひいたのです。

私もこの本を読んでみましたが、自分がドイツ人だったらもっとましなことが書けるのではないかと言う気持ちになったのです。しかし、これは勿体ないタネだと一方で思いました。この問題は博士論文のテーマとしてゆっくり温めることにしよう、では、差し当たって何をやろうか。尾高先生と宮沢先生との間のノモス主権論争を前に読んでひどく興味をもったことがあるので、これに関連したことをやろうと思い立ちました。

［小針］　そのような経緯で主権問題に取り組まれることになったのですか。

ところで、「ノモス主権論争」というものはどういうものであったのか、概要で結構ですからお話しくださいませんか。

■ノモス主権論——尾高・宮沢論争

［菅野］　ノモス主権論争とは昭和二〇年代の前半に尾高先生と宮沢先生との間で戦わされた論争のことです。私は後に「ノモス主権論争私見」という論文（『続・国権』所収）を書きましたが、その頃はとても全体を見通すようなものは書けなかったのです。ただ、論争されている両先生のものを読んでみると主権概念が双方とも曖昧なので、ドイツを代表する国家学者のイェリネック、ケルゼン、カール・シュミット、ヘルマン・ヘラーの四人の主権論がどういうつながりをもって発展したのか、それを検討することとし、「近代ドイツにおける主権論の展開」という仰々しい題名の論文を書き始めました。

ノモス主権論を巡る論争を仔細に検討すると「法の効力」とは何かという問題につきあたりますが、この問題については拙著『続・国権』所収の「ノモス主権論争私見」を見ていただくことにして、この論争の発端、尾高、宮沢両先生の応酬の紹介とこれについての若干の私見を述べてみることとします。

宮沢先生は、ポツダム宣言の受諾は天皇主権（主義）の失効をもたらすと共に国民主権（主義）を確立せしめたとし、これは「国体」——万世一系の天皇が統治権を保有するという日本に特徴的な国柄——の変革、明治憲法の予想だにしなかった国政の大変革なので、ポツダム宣言の受諾は日本にとって法的意味の革命を生ぜしめた、と主張されました。これが、いわゆる「八月革命説」です（参照、「日本国憲法生誕の法理」『憲法の原理』有斐閣、所収）。

これに対する批判の一つとして登場したのが尾高朝雄先生の「ノモス主権論」です。「ノモス（nomos）」とはギリシャ語で、元来、慣習を意味しましたが、アリストテレスは、「憲法（politeia）」に対比させて「法律」の意味でこの語を用いています（cf. Politics, IV, 1289a）。ピンダロスの „nomos ho pantōn basileus thanatōn te kai athanatōn“「ノモスは凡ての人間と神々の王（basileus）である」という句を念頭において、先生はこの語を「法の客観的理念」、君主であろうが国民であろうが、いかなる権力者をも拘束する絶対的正義規範——宮沢流にいうと「客観的に妥当する自然法」——の意味で用いていると見られます（参照、『続・国権』三六四—三六八頁）、先生の文章を引用しましょう。

「国民主権と天皇の統治……は帰するところ、ともに『ノモスの主権』の承認であって、その点では何らことなった意味内容をもつものではない。……故に新憲法［日本国憲法］が天皇の統治という伝統的ないい現し方をやめて、政治の最高原理を国民主権という形でかかげることになっても、そこにかかげられた理念そのものには、何の変わりもないのである。だから、これを『国体の変革』であるとして、天地鳴動する問題のように考える必要はないということができるであろう［傍点筆者］」（『国民主権と天皇制』国立書院、一九四七年）。

これに対する宮沢先生の批判の精髄は次に引用する文章に集約されます。

「『王』がノモスを、あるいは正義を破ることができないことは、いわば、自明のことである」（「国民主権と天皇制とについてのおぼえがき」国家学会雑誌六二巻六号、一九四八年、『憲法の原理』二九七頁）、「政治のあり方はノモスにもとづいて定められなくてはならない。しかし、ノモスというものは、具体的な内容をもってわれわれに現前するものではない。誰かがノモスの具体的内容を定めなくてはならない。その『誰か』がここでいう主権の主体である。君主という特定人がその『誰か』だとする建前が、君主主権であり、君主とか、貴族とかいう特定の身分をもった人間がその『誰か』たる地位を独占することを否認する建前が、国民主権である。したがって、君主主権は国民主権と両立せず、一方の是認は、論理必然的に、他方の否認を意味する」（前掲論文、前掲書三〇五―三〇六頁）。

尾高先生はこれに対し「ノモスの主権について」（国家学会雑誌六二巻一一号）で反論を試み、これを受けて宮沢先生は「ノモスの主権とソフィスト」（国家学会雑誌六二巻一〇・一一・一二合併号、一九四九年、『憲法の原理』所収）で再批判を加え、尾高先生は「事実としての主権と当為としての主権」（国家学会雑誌六四巻四号、一九五〇年）で宮沢先生の再批判に応酬すると共に論争の中止を申し入れました。

■ノモス主権論争の結着はついたか

［小針］　先生はこの論争について、どのようにご覧になりますか。

［菅野］　この論争は一般に宮沢先生の一方的勝利に終わったかのように思われていますが（例えば、参照、杉原泰雄『国民主権の研究』一一頁）、私は同調しません。ノモス主権論争の真実態は法の効力根拠は何かを巡る論争であったと見ます。宮沢先生は君主あるいは国民の政治的意志という実在に効力根拠を求められた、このことは、「国民主権にいう主権」を「……シエイエス流に『憲法制定権力』といってもいい……」と述べられたところからも明らかです（参照、前掲論文前掲書二八五頁）。それに対し、尾高先生はノモスという絶対的正義規範、実在と対照的な観念的存在にこれを求められたのです（参照、横田喜三郎『純粋法学論集Ⅰ』一二三―一二四頁、一二七―一三〇頁）。法の効力根拠が実存する政治的意志なのか、それとも、その

内容の正しさの故に普遍妥当性を有する規範なのかは古来より対立する見解なのですから（Vgl. C. Schmitt, Verfassungslehre, S. 76, 尾吹訳九六―九七頁）、「ノモス主権論争」で結着をみたとは到底考えらません。

［小針］　それはどういうことなのでしょうか。もう少し立ち入ってお話しいただけませんでしょうか。

［菅野］　先に紹介した宮沢先生の論法、一方では「……『王』がノモスを、あるいは正義を破ることができないことはいわば自明のこと」としながら、他方で、「誰かがノモスの具体的な内容を定めなくてはなら」ず、「その『誰か』が……主権の主体である」とする論法よりすると、ノモスは「その『誰か』」によってその都度書きこまれる白地法ということになりはしないでしょうか。そして、「『王』がノモスあるいは正義を破ることができないのは自明の理」、「政治のあり方はノモスにもとづいて定められなくてはならない」とするならば、ノモスの内容・正義のそれが何かは「主権の主体」が如何ようにもこれを決めることが可能、主権者が正しいとして強要する事柄に反する個人の行為は客観的に不正、ということになりはしないでしょうか。これは明らかに先生の採る価値相対主義に反することになります（参照、『憲法の原理』三三八頁）。のみならず、尾高先生はノモスの内容を断片的ながら示しているのですから、決して無内容ではありません。私なりにまとめると、先生のいわゆるノモスの内容は、「すべての国民にエウダイモニア［幸福］の自己完成の機会を与えるように、その自由と人間に相応しい生存を保障すべし」ということになります（参照、『続・国権』三六四―三六五頁）。このようにノモスの内容を再構成して大過ないとすると、「主権の主体」――それが君主であれ、国民であれ――が「二足す二が四になるといえる自由」（ジョージ・オーウェル著、新庄哲夫訳『一九八四年』ハヤカワ文庫一〇四頁）を剥奪する行為はノモスに反し「客観的に」不正ということになるでしょう。仮にノモスが白地法だとすると――宮沢先生の論理に即すると――「主権の主体」がその時々に書きこんだ事柄はその内容の如何を問わず正・不正を分かつ客観的

基準ということになってしまいます。これは、神を捨象したホッブズの主権論と異なるところがありません（参照、『抵抗権論』二二六頁、二四三頁）。さらには、ノモスが抽象的とはいえ、先に示した内容をもつ規範だとすると、君主・国民と雖もこれに反することのできない「規矩」の存在を認めねばならないこととなります。宮沢先生は「王」がノモスに反し得ないのは「自明」の理だと述べることで、ノモスの存在をいわば間接的に認めたことによってノモス主権論否定に失敗したのではないか、と私は考えます。もともと宮沢先生の国民主権にいう主権概念は、「バーンズ回答を視野に入れての、カール・シュミットの憲法制定権力概念、『自己の政治的実存の様態と形体について具体的な全体決定を下すことができる、したがって、政治統一体〔国家〕の実存を全体として規定できる力ないし権威 Macht oder Autorität を有する政治的意志』……の換骨奪胎」（『続・国権』三七六頁）に他なりません。ノモス主権論の否定としての国民主権論を主張する以上、間接的にせよ、ノモスの存在を認めるべきでなかったと思われます。「規範は正しいが故に妥当し得る。こう考えるとき、体系的首尾一貫性は自然法論に到り着き、実定憲法に到り着くことはない。もしくは、規範は実定的に命ぜられたが故に、即ち、実存する意志によって妥当する（かの何れか）」（C. Schmitt, Verfassungslehre, S. 76, 尾吹訳九六頁）なのであって、第三の途は存在しないからです。

なお、尾高先生が「国内公法についても、主権概念を抹殺しようとした有力な学者」としてケルゼン、デュギを挙げているのに対し、宮沢先生は「その援用にはやや不正確なものがある」と批判していますが（参照、『憲法の原理』三三一―三三四頁）、その批判が当たらないことについては『続・国権』（三七九―三八一頁、三九八―三九九頁）、『論争』（二二六―二二九頁、二六〇―二六一頁）を参照して下さい。

私の一番最初の論文に話をもどしますと、時間がなかったので、イェリネックとケルゼンの紹介・批評までを「その一」として生原稿のまま新潟大学人文学部の教授会に提出したのです。

これが、二〇〇字詰めの原稿用紙で一〇〇枚ぐらいのもので、清宮先生のところにもっていって読んでいただきました。「初めての論文で一〇〇枚も書ければ良い方だ」とおっしゃって下さったのですが、冒頭から「イェリネックいわく」とあるのでは論文の体裁として整っていない、「はしがきをつけないとまずいぞ」と注意され、今度は「はしがき」をつけて、生原稿のまま、新潟大学の人文学部の教授会に提出しました。そして、それが通ったのです。

【小針】その論文一本だけで新潟大学の専任講師ですか。

【菅野】そう、一本だけ。今ではとうていそんなことはあり得ない。大体、あの木村亀二先生が併任教授だったからできたことでしょう。当時の木村先生の力は大きかったのです。

■木村亀二先生の力

【菅野】後に木村先生は定年退官され一年浪人したあとで某私立大学に招聘されました。そのとき、刑法の人事は全部自分に任せる、そういう条件をつけて移ったというのです。そして、自分の愛弟子に、お前、今の大学にいたら、一〇年たっても教授になれないぞ、どうだ、俺のところに移らないか、といって教授として採用したのだそうです。その人は論文がほとんどないので、そのとき、さすがに教授会はもめたらしいのですが、木村先生が、「専門家でない者に何がわかる」と一喝したら通ったと聞きました。いかにも有りそうなことです。

【小針】今ではとても考えられないことですね。

【菅野】木村亀二先生にはそういう面があったのです。清宮四郎先生は、東大に対して低姿勢すぎるところがありましたが、木村先生は東大に対して昂然としていました。団藤さんが学会で人格責任論を発表したときに、木村先生が立って、「団藤君の人格責任論というのはメッツガー（E. Metzger）の『刑法教科書』の第何版にあるのと同じで、彼はその後の版で訂正しているじゃないか」、そういう質問をして、団藤さんは、「そんなことありません」と叫んだという、これも伝説で、直接私がその場に居合わせたわけではないけれども、有りそうな話です。

また、地労委の全国の会長会議で、ある県の地労委の会長の発言をつかまえて、「もっと君、勉強してから出てきたまえ」といったとか。大体、九州大学を辞めたときも、乱闘事件を起こして辞めさせられたそうで、そういう武勇伝（?）に富んだ方だったのです。

木村先生は、新設された九州大学に初めから法哲学の教授でゆかれました。二〇歳代でしょう。だから、助教授時代というものを全く経験していない。これも伝聞ですが、風早八十二《カザハヤヤソジ》先生を中心とするグループと木村先生グループが偶々バーかなんかで一緒になり、言い合いになって殴り合いをし、悪いことに地方新聞の記者がその場にいたものでこのことが新聞に書き立てられ、そのとき九州大学の法学部長を兼任されていた美濃部達吉先生が喧嘩両成敗で両方ともクビにしたとのことです。そのあと、法政大学の教授になられましたが、木村先生の指導教授は穂積重遠先生ですが、穂積先生にも見放される。それで牧野先生に頼んで、牧野先生の研究室の片隅に小さな机をもらって、刑法の勉強をやった。そして、法政大学の教授を経て、東北大に招聘されたと伝えられていますね。

［小針］　国立大の九大でクビを切られた前歴があるのに、東北大学もよく受け入れましたね。今でしたら、いっぺんバッドマークがつくとなかなか難しいところがあるのですが。

［菅野］　よほど業績と実力が広く認められていたのでしょう。柳瀬先生からお聞きしたことですが、あの宮沢先生も木村先生には一目置いていたとのことです。感情の起伏が激しくいいたい放題、院生時代、

私もカッとするようなことをいわれたことがあります。好悪感が強く、好いとなるととても面倒見の良い先生なのですが、悪いとなると大変です。私など、割と好意を持たれた方で、論文集出すときには出版社に紹介してやるといわれたことがありました。

さて、今日は少し脱線してしまったようですが、次回は新潟大学に行ったところからまとめてみることにしましょう。どうも有り難う。

対談　第二日目

一　新潟大学時代

［菅野］　今日は、新潟大学の講師になってから日大に移るまでの間のことをお話ししましょう。昭和二九年に新潟大学にいって、そして、平成一〇年に日大を定年で退職しました。

［小針］　二高を卒業して東北大に入られたのは確か昭和二四年でしたね。戦後とはいえ菅野先生までは旧制ですから、大学は三年で、二七年のご卒業でしたね。その後、二年間特研か何かなさって….。

［菅野］　二年半ですね。そして、昭和二九年九月一日に新潟大学に専任講師として採用されました。私を引っぱってくれたのは、前回お話ししましたが刑法の木村亀二先生です。私の指導教授は憲法の清宮先生でしたが、その清宮先生に相談もしないでイエスといってしまい、その上「根本規範論考」の問題があったから、清宮先生との関係はおかしくなってしまったのです。

専任講師として新潟に赴任する直前に結婚して、単身赴任して、一カ月も経ないで女房を呼び寄せました。そして、私より五年ぐらい先輩の、木村亀二先生のお弟子さんで新潟大学人文学部で刑法担当の助教授をしていた駒沢貞志さんの世話で家を借りました。家を借りたというと聞こえがいいですが、一軒の家を二つに分けて、私達夫婦と山田英雄さん夫妻とが同居したのです。つまり、北東側の部屋と二階の部屋は私達が使う、山田さんは南西側の二つの部屋を、というふうに同居したのです。

［小針］　では、玄関は一つで。

［菅野］　玄関は二つでした。山田英雄さんというのは、『日本文法論』の山田孝雄先生、文化勲章の受賞者であり、富山中学中退ですが偉大な業績をあげた国語学の大先生の次男です。山田英雄さんの専門は

日本史で、奈良、平安時代の辺の研究をしていて、傍ら、岩波から出た日本古典大系の『今昔物語』の注釈を分担して、そちらの方の業績もあります。この人も相当変わった人なのですが、私と不思議に馬が合って四年間波風一つたてずに同居しました。

■当時の新潟大学

【小針】前回のお話ですと、新潟大学へ行くと研究者としての未来はないといわれたというようなことでしたが、当時の新潟大学はどんな具合だったのでしょうか。

【菅野】私がいった当時の新潟大学人文学部は、社会科学科・人文科学科の二学科構成で、その学科の中に専攻が置かれて、社会科学科の中に法律専攻、経済専攻が含まれる。人文科学科の中に哲学、歴史、英語、ドイツ語、国文専攻が含まれる。しかも英語専攻の中にフランス語が入っている。これがあとで実は問題になるのです。

つまり、これはあくまでも「専攻」であって「学科」ではないのです。それなのに新潟大学の方では、「これは専攻とはいっても実は学科なのだ。法律学科、経済学科、その総称として社会科学科といっているにすぎないのだ」、という誤解をしていたのです。文部省はあくまでも学科としては人文学部には「社会科学科」と「人文科学科」の二つしかない、法律専攻とか経済専攻というのは「履修上の便宜のために学内措置」として設けられたものに過ぎないので、文部省が正式に認めたものではないという立場だったのです。

それでどういう問題が起こったかというと、私が行く二年前に、経済専攻の学生達が、学士号といっても社会科学士は厭だ、経済学士でなければ困るといって騒いで、大分問題になったのです。それで大学側も困って、まさか経済学士号を与えると卒業証書に書くわけにいかなくて、所定の単位を取得し学士号を付与する、という文言でごまかしをやったのです。これは正式には社会科学士号を授与するという意味なのです。

そのうち、これに関連して先に言いました英語専攻の中の仏文が「専攻」として独立することを希み、教授会がそれを認めようとしたのです。けれども、当時の、学部長は直木賞の直木三十五の弟の植村清二という方で、文部省に行って文部省の課長あたりと折衝したのですが、どうもうまくゆかない。文部省として正式に新潟大学に寄こした文書は「文部省が認めているのは社会科学科と人文科学科の二学科のみです」というただそれだけの文面なのに、植村さんは文部省は仏文「専攻」を認めないという方針だと受け取って、それを教授会にもってきた。

当時、仏文には大西克和さんという『ゴンクールの日記』などを翻訳した、仏文学者として相当以上の力量の持ち主がおられ、ぜひとも仏文「専攻」を認めろと教授会で強く主張されたのです。それで委員会がつくられまして、私は法律を代表してその委員会に入れられたのです。

私もその時、「専攻」の性格についてはっきりしたことが分っていなかったし、植村先生は余計分っていなかったのです。「専攻」というものは学内措置でつくられるものであって文部省云々の問題と関係ない、それが分っていなかったのです。それですったもんだして、結局は仏文専攻を独立させるという線に落ちつきましたが、そのお陰で私は植村先生に大分睨まれる立場になりました。

■数少ない法律専攻スタッフ

［小針］　菅野先生は移ったばかりで随分ご苦労されたのですね。ところで、当時の教授陣はどのような

ものだったのですか。

［菅野］　私が新潟大学に赴任したときの教員スタッフは、法律専攻の定員は、私を含めて六名なのです。ところが、経済専攻は八名で、しかもそのうちの一人は当時の人文学部長の油本豊吉という人でした。この人は東大経済学部の土方一派だったといわれる人で、経済学部長代理をしたこともある大物なのです。しかも経済は人数からいっても八名で、教授の数も多い。法律専攻の教員は比較的若く、そして人数も少なかったのです。

そのうえ、昭和三四年に新潟大学商業短大が設置されたので、経済はそこからも教員の供給を仰ぐことが出来るようになった。だから益々法律は見劣りするというか、追い詰められるような格好になりました。しかも人文科学科の教官は、どんどん社会系が伸びて自分たちが先細りになるのではないかという危機感をもっていて、勉強もしないくせに学内行政はなかなか達者な男が裏工作をやったのです。

昭和三七年に教授会で学部組織検討委員会というものを設けまして、学部の改組を計ったのですが、法律を廃止して、哲・史・文・経済の四学科に人文学部を改組しようとしたのです。

その時、この委員会に法律を代表して二人の教員が出席していたのですが、その内の一人が私立大学に移ることになり、その代わりに私が出ることになりました。もう一人は鈴木光禄という先生です。

幸い、私は経済専攻の伊藤岩さんと親しくしていたので、いくら何でも法律をつぶすのはひどいから政経学科にしようでないかという話を彼にもちかけました。前に経済専攻内で政経学科という話が出たことがあるので、経済専攻は私の案に同調し、委員会の結論として政経・哲・史・文の四学科案が纏まり、教授会に提出されました。

この案は教授会では問題なく通り、落合人文学部長はそれを本部にもっていって、学長と事務局長に見せました。ところが、学長や事務局長が、「こんなのはとても恥ずかしくて文部省にもってゆけない。これでは文科の拡充ではないか。今、社会的なニーズは法律経済の方にあるのに、文科の拡充案をもっていくなんてとんでもない。法・経・哲・史・文であれば話はわかるけど、政経・哲・史・文の四学科案には同意できない」と、二時間位押し問答をしたらしいのです。

旧制帝大だったら、教授会の決めたことを学長の一存でひっくり返すなどということは出来ない話ですが、その時の新潟大学の学長は伊藤辰治という方で、この方は医学部出身なのです。新潟大学は医学部が断然重みをもっている大学で、また伊藤先生もなんとか新潟大学を大きくしたいという強い気持ちをもっていた方でしたから、法・経・哲・史・文の五学科でないと困るといって差し戻したのです。

■法学科と経済学科が認められる

［菅野］そんな訳で、落合氏も泣く泣く教授会に戻ってきて、本部と折衝したらこういうことになった、もともと政経・哲・史・文という案は、とても法律と経済の二つの学科が認めてもらえそうにもないという予想からできたのだから、「どうでしょうか、学長の言う法・経・哲・史・文案を認めていただけませんでしょうか」と教授会に諮って、教授会も素直にそれを了承して、お陰で法・経・哲・史・文という案に纏まったのです。

そして本部を通じて文部省に出したら、昭和四〇年度の概算要求で法学科と経済学科がまず認められました。文科系は次の年度で認められて、やっと人文学部は五学科構成になって、法学科の教員定員は一八名に増えて、学生定員は初めは八五名、次の年から一〇〇名となったのです。私が新潟大学に行ったのは、「専攻」の時で学生定員四〇名だったのですが、倍増以上になりました。それで、今の新潟大学法学部の母体が出来たわけです。

【小針】　それはかなり内発的な形で法律学科とか学科の単位になったのですね。たとえば私が一番初めに勤めたのは、県立盛岡短大の法経科第二部というところなのですが、そこは夜間の短大でした。その前身は盛岡市立法経学院というのですが、「勤労青少年に高等教育の場を」という社会的な欲求みたいなものがあって、それが夜間短大へと発展していったわけです。なにか菅野先生のお話をお聞きしていると、新潟大学の場合には大学の内部事情の方がかなり大きなウェイトを占めていたようで、外部から法律系の学科をつくってくれという話はなかったのですか。

【菅野】　外部からそういう強い要望があったという話は、私は直接聞いていないけれども、或いはあったのかも知れません。

【小針】　法律系の学科となっていますが、本当に法学科ですか、学部を別にすれば、国立では東北大学とプラスアルファ位なもので、東北には少ないですよね。

【菅野】　少ないですよ。

【小針】　しかも昭和三〇年代位の話ですよね。

【菅野】　文部省は、新潟大学と金沢大学と岡山大学と熊本大学の人文系を同じレベルに置いていたのです。それで、金沢や岡山も法学科・経済学科とに分かれる。熊本は経済が弱すぎるということで、私の記憶では法学科一本になったのではなかったかと思います。新潟大学の場合、法律の専任教員の数が少ないし、しかも経済の場合は商業短大からの人員の供給も期待出来るから、経済一本になる危険性があり、危なかったのです。

【小針】　商業短大は、昭和の何年でしたっけ。

［菅野］　商業短大が三四年。
［小針］　経済の教員スタッフの供給源としては一応考えられますね。
［菅野］　考えられる。

■教授陣を揃えるための苦労

［小針］　問題は、学部学科創設となってくると、また理念だとかカリキュラム、そして、やっかいなのは人だと思うのです。先生がいらっしゃったときには六名だった。それが学科立ち上げということで一八名、三倍ですね。教授陣を揃えるのはいつの時代も大変なことですが、この人集めはどうされたのですか。
［菅野］　これがまた厄介でしたね。
［小針］　菅野先生はその中心だったのでしょう。
［菅野］　そうでもありません。鈴木光禄先生がいちばん年長だし、鈴木先生の意向を重んぜざるをえなかった。悪いことに、鈴木先生は木村亀二先生と仲たがいしていました。木村先生があまり威張りすぎるものだから。鈴木先生は労働法担当ですが、研究室出身ではありません。新潟高等学校で社会系の講義をなさっていたのですが、戦争中、民間の会社に入って労務関係の仕事をされた。そういう関係で労働法を担当されていたのです。
［小針］　その当時の設置審などは、結構きつかったのですか。
［菅野］　だから、木村先生がバックアップしたのではないでしょうか。あの人は強力なパワーの持ち主だから。
［小針］　国立大学といえば文部省の直轄ですからね。私が今いるところは県立大学ですけど、けっこう

今、設置審がうるさいということもあるようです。
[菅野]　あと、油本豊吉さんは、東大経済学部で生き抜いてきた位の人だから、相当な業師といえると思います。
[小針]　その人は経済関係。
[菅野]　経済関係ではあるけれど、彼も内心では法律を充実させたいという気持ちはあったようで、鈴木先生、木村先生、油本先生の三先生が力を合わせられたのではないかと思います。
[小針]　六名であったところに新しく増員して、一二名を日本海の新潟へ、まだ新幹線が通っていない時代に引っぱってくるといったら大変なことだったのではないでしょうか。
[菅野]　いろんなことありました。昭和三八年に尾吹善人を行政法で採りました。このときも厄介で、柳瀬先生に電話し、了承を求めました。当時、尾吹は東北大学の教養部の専任講師だったのです。柳瀬先生に電話して、実は尾吹を行政法で採りたいのだけど、先生、ご意見いかがですか、とお聞きしました。柳瀬先生は、「意見を求められたのだからいうけど、自分は尾吹は新潟に行かない方がいいと思う、東北大の教養部にいれば、何かあったときに自分が尾吹を助けてやることが出来るけれど、新潟大学では手が及ばないから行かない方がいいと思う」とおっしゃいました。
冬で雪が降っていましたが、私はわざわざ仙台まで汽車で行って柳瀬先生に面談し、「何とかしますから、どうぞ尾吹が新潟に来ることを認めて下さい」とお願いしました。柳瀬先生も、わざわざ新潟から、雪の中を一日がかりで来仙したというので、すんなり認めて下さいました。そういうことがあって尾吹を採りました。
更に今度はその尾吹と協力して、民法人事に不安があったので、京都大学の磯村哲さんに民法を誰か推薦してくださいとお願いしました。磯村哲さんのお宅を訪ねて人事の外、色々お話を伺いましたが、面白かったのは、あの頃、関西と関東では憲法学者についての評価が大分違っていたことです。

磯村さんは、憲法の田畑忍先生を高く買っていたのです。ところが柳瀬先生たちは決してそうではない。ずいぶん関東と関西では評価が違うのだなと思いました。

磯村さんは、後に筑波大学を経て、今、専修大学の民法の教授をしている、人格権法とか著作権法で第一人者になった斉藤博さんを推薦してくれました。

斉藤博さんという人も変わった人で、一度、大学を出て、ドイッチェ・グラモフォン（Deutsche Grammophon）に入社した後で、著作権を本格的に勉強する必要を感じて、京大の大学院に入ったという経歴の持ち主で、ドイツ語がよく出来る。そして真面目な人です。彼にきてもらって助かりました。又、私と入れ違いになりましたが、商法の小島康裕君を福島大から迎える手はずを整えました。

そうやって少しずつ人材を揃えて行ったのです。

■牧歌的時代のよさ

[小針]　ところで、尾吹先生についての話で、私は一寸びっくりしているのです。失礼な話ですが、憲法は菅野先生の専売ですけど、当時、尾吹先生には行政法の業績は何かおありだったのですか。

[菅野]　いや、ありません。今だったら絶対駄目です。

[小針]　今はきついですよ。

[菅野]　あの頃はそれは暢気なもので、教授会を通ればいいのです。

[小針]　どなたかが、これはいいんじゃないかといえば大体通ったようですね。菅野先生が、ドイツ語

できるからいいんじゃないかといって採った方もいるやにお聞きしましたが、採用してみたらそうでもなかったということだけど、そういう非常に牧歌的な教授会だったのですね。

【菅野】 人事で成功したのは斉藤博さんと小島康裕君ですね。

鈴木先生の顔を立てるため、やむなく採った場合とか、一応論文を読んでみて何とかなりそうだと思ったから採ったとか色々あったけれど、論文だけで人事をやってはいけないということは、このとき分かりました。

【小針】 教員スタッフの問題は大変だったことはよく分かりましたが、法学科になって講義を受ける学生の方の反応はどうだったのでしょうか。

【菅野】 やはり学生も嬉しかったろうね。ちゃんと法学士を名乗ることが出来たから。

【小針】 こういうお話を伺っていると、当時の牧歌的な教授会における人事の取扱いが目に浮かんできます。それに反して、現在はとてもガチガチとした窮屈な基準を設定して優秀な人を採っている筈なのですが、果たして教育・研究という点ではどっちが上なのかと考えさせられます。

【菅野】 それはあるけれど、新潟大学時代のある先生について、学生がトイレに「××、もっと勉強しろ！」と落書きしたとか。

【小針】 学生がそんな風に言うのですか。当時の大学というのは、あの時代ですから、誰でもが入れるというものではなくて、優秀なそこそこのエリートが入ってきている。見る目は厳しいものがあったのでしょうね。

【菅野】 そうです。しかも当時の新潟大学では就職と言っても一流企業には採用されないから、それで司法試験に合格しようと、とても頑張ったらしいのです。

学生を扇動するのが非常にうまい先生がいて、ぼくがいく前に既に一〇人近く、司法試験の合格者が出ている。それで弁護士をやったり、裁判官になった者もいるし、ぼくが行ってからも、何人か合格して検察官になったりした人もいます。

【小針】 先生がいかれたのは昭和二九年でしょう。その前に合格者が出ていたのですか。

【菅野】 その前にもう。

【小針】 余程頑張ったのでしょうね。

菅野先生のお話をお伺いして、アバウトで牧歌的な形でやっていた時で、既に赴任される前に一〇人も司法試験に合格している。あの時代の司法試験ですから、かなりきつかった筈です。そういうことを考えると、一体、大学のあり方としてどのようなものが一番良いのかと、改めて考えさせられるところがありますね。本当に何が教育の場に相応しいのだろうかと。

新潟大学の法学部というのは何時からだったのでしょうか。菅野先生の時代は……。

【菅野】 私は法学科時代です。私は昭和四二年に東北大に移ったので、法学部になったのは昭和五五年からですね。

二　教育と研究について

【小針】 菅野先生が新潟に行かれた当時色々な難しい問題もあったと思いますが、ここでは菅野先生の大学での教育とか研究の方に目を移してお話を伺えればと思います。

【菅野】 私が行ったのは九月だったから、半年間で四単位やらなくてはいけない。全然憲法解釈などは勉強していないから悲惨な状態で、最初の講義を聞いたという人には絶対会いたくない。二年目位から幾らか格好がつくようになったけど、しかし最後の最後まで、新潟大学時代の法学科の学生には悪いことをしたと思っています。

【小針】　当時、菅野先生がテキストに使われたものはあるのですか。

【菅野】　清宮先生が『憲法要論』を出していたから、あれを教科書として使っていました。

佐々木惣一『日本国憲法論』（有斐閣、昭和二七）、美濃部達吉『日本国憲法』（宮沢補訂、有斐閣、昭和二七）、藤田嗣雄『新憲法論』（講談社、昭和二三）、渡辺宗太郎『日本国憲法要論』（有斐閣、昭和二五）、俵静夫『憲法』（有信堂、昭和二七）、小林孝輔『社会科学としての憲法学』（森北出版、昭和二九）、稲田正次『憲法提要』（有斐閣、改訂、昭和三〇）、安沢喜一郎『憲法論』（評論社、昭和三〇）、鵜飼信成『憲法』（岩波書店、昭和三一）、鈴木安蔵『憲法原論』（勁草書房、昭和三一）、水木惣太郎『憲法講義上・下』（有信堂、昭和三一）、宮沢俊義『憲法』（有斐閣）、田畑忍『憲法学原論』（有斐閣、昭和三一）、清宮四郎『憲法Ｉ（法律学全集）』（有斐閣、昭和三二）、宮沢俊義『憲法Ⅱ（法律学全集）』（有斐閣、昭和三四）、法学協会『註解日本国憲法上・下』（有斐閣、昭和二八・九）というようなものが当時の代表的な憲法の書物ですね。

■研究態度・方針について

【小針】　「私は実定法の解釈論はやらない」とか、そういう方針は先生におありだったのですか。

【菅野】　解釈論は、私は極めて不得手ですが、教壇に立つ以上しない訳にはいきません。論文を書いても凡庸なものになるのは分かっていたので、解釈論の論文は書くつもりがなかったです。

【小針】　でも、菅野先生は解釈論はお呼びでない、そういうタイプの先生かと受けとめていると、他方ではかなり細かい解釈論のところまで良くお話しでは出てきますね。例えば、大学紛争のとき「監禁罪が成立するためには話をしては駄目だ」とか、細かいところまでよくご存じで……。

ところで、研究の方ですけれど。これまでも機会を捉えて、先生に色々お尋ねしてきましたが、このあたりで先生の研究課題、研究態度などについて私なりに整理をしておきたいと思います。と、いいますのも、この整理が今後の対談で語られる先生のご研究を理解する上で意外に役立ってくれるのではないかと思われるからです。

先生の処女作でもある御高著『国権の限界問題』（木鐸社、昭和五三）の「序」には次の一節がみられます。

「憲法改正の限界の有無の問題は、国家意志・国権の最高の表現ともいうべき憲法は、それが予定する改正手続を経るならばその内容をどのようにも変えることができるかどうかという問題であり、抵抗権の問題は、憲法にその根拠を持つ国権行使に対する国民の受忍・服従の義務は無定量か否かという問題であって、この二つの問題は、その意味で、国権の限界を問うものといってよい。」

憲法改正の限界の有無と抵抗権の有無というのは、私には国権の限界をめぐって表裏の関係に立つ問題のように思われます。すなわち、憲法改正に限界無しとすれば、その限りで国権は無定量の改正権を有することになりますし、他方国民に抵抗権が無いということになれば、これまた国民の無定量な義務が根拠づけられる、国権の側に立っていえば無定量な義務を課すことができるということになります。逆に、憲法改正に限界があり、国民に抵抗権があるとすると、国権はもはや無定量な権力であるとは語り得ないことになります。こうなると、国権のもつ非無定量性・限界性と国権の至高性・主権性との関係、つまり国権に限界があることと国権が主権的であることとの整合性如何も問題になるのではないかと考えられるわけです。

ただ、先生の研究態度に係わることですが、同じ「序」にある次の一節も見逃せません。むしろ、先生のご研究を理解する上ではこちらの方が重要かもしれません。ここでは、憲法改正の限界に的をしぼります。

「私は、憲法改正に限界が存するか否かについての結論（中略）それ自体よりも、憲法改正に限界が在る、もしくは無い（中略）という主張の諸前提が何であるかを見極めること、そして、その諸前提が我々にとって受容可能かどうかということに関心を持っている。」

端的にいえば、先生の態度は「傍観者」のそれであるということです。したがって、「憲法改正の限界」の有無それ自体やいずれを支持するかといったことは先生の本来の関心事ではないことになりますね。問題が成り立つ諸前提を、さながら解剖医がメスを振るうように、切り裂き、解明しているだけなのです。これは同書の「はじめに」にも次のように述べられていることから裏づけられます。

「結論自体を第二義視するこうした焦点の合わせ方は、傍観者的で無責任といわれるかも知れないが、学問の本質が認識することに在るとすれば、筆者のかかる研究態度も許されてよいのではないかと自ら安んずる次第である。」（同書九～一〇頁）

■主権問題について

［小針］　やや長くなってしまいましたが、このように先生の研究課題や研究態度を取りまとめ、それを背にして、先生の書かれた論文につきお尋ねしたいと思います。

まず、主権問題ですが、それは新潟大学時代に取り纏められたわけですね。これまでのお話から察すると、この問題を取り上げられたのは尾高・宮沢両教授による「ノモス主権論争」に端を発しているようですね。というのも、先生はそのようなことをすでに前回の対談の中で話されていたと思いますが……。

[菅野] 新潟に行った年に「近代ドイツ国法学における主権論の展開（一）」（新潟大学法経論集四巻一号、昭和二九）が出た。その「二」（同論集五巻一号、昭和三〇）を次の年に出して、さらにその次の年、昭和三一年に「三」（同論集六巻二号）を出して、なんとか完結させました。

[小針] イェリネック、ケルゼン、カール・シュミット、ヘルマン・ヘラーの主権概念に光を当て、その分析をとおして、「ノモス主権論争」に何か新たなるものを見いだされましたか。

私は、三〇年の時を経て、昭和六二（一九八七）年に菅野先生が発表された「ノモス主権論争私見」（法学第五〇巻第七号、『続・国権』所収）にその研究が見事に結実したのではないかと考えておりますが、いかがでしょうか。とりわけ興味深いのは、先生が尾高先生の全面敗北という見方をされていない点です。

[菅野] 最初の論文は四人の主権論をできるだけ忠実に紹介し、四つの主権論の関連性を探ってみようとしただけで、それ以上のものではありません。

ケルゼンの主権論はイエリネックの主権論の内在的批判から生まれたものなので、両者の関連性を摘出するのは苦労しなかったのですが、困ったのは、ケルゼンとシュミットとの関連づけでした。たまたま『オーストリア公法雑誌』（一九三〇年）に載っていたS・ロハティン（Rohatyn）の „Verfassungsrechtliche Integrationslehre“ という論文に、ケルゼンが伝統的国家学と神学との類似性を指摘したことによって国家学は破局の危機に面したがC・シュミットはこれを逆手にとって、国家学は元来世俗化された神学だと開き直ったと書いているのに想を得て、ケルゼンの主権論というより主権否定論に、国家・主権者を「可死の神（mortal God）」とするシュミットの神学的主権論を対比する仕方で、両者を関係づけました。小論ですが、私にしては最も巨視的なシュミット論です。内容の修正は無理ですが、文章や形式面の手直しをしないことには、とても書物に収録できません。

ヘルマン・ヘラーの主権論はケルゼンとシュミットのそれを共に批判の対象としながら、ある意味でイエリネックの主権論に復帰しようとしたもので、前三者との関連づけは比較的容易でした。しかし、ボダンなどの説をラテン語の原文のまま引用しているのには手こずらされました。ヘラーの遺著『国家学』中の主権論との間にズレがあるのではあるまいかと思い、その旨指摘しておきました。『主権論』も『国家学』も今は邦訳が刊行されていますが、原文と対照したことがないので訳の出来の善し悪しはわかりませんが、それでも有益な仕事だと思います。おかしいところは原文をみれば良いのですから、ヘラー研究が能率的になります。「近代ドイツにおける主権論の展開」は「ノモス主権論争私見」を書くとき直接役立ったかどうか分かりませんが、安心して物が言えるという効用はあったでしょう。

■憲法改正限界論

［小針］　私からいわせると、主権一般にせよ君主主権や国民主権にせよ、とにかく主権論は憲法学上の最難問の一つで、いわば神学の世界の問題と受け止めておりますので、できるだけ深入りはしないようにしております。ところが、先生はそれから手をつけられた。一体、本題である「憲法改正の限界問題」の方はどうなったのでしょうか。

［菅野］　憲法改正限界論ね。

［小針］　これは、学位論文用にでもとっておこうとされたのですか。ただ、「紹介」のようですが、すでに昭和三二（一九五七）年、すなわち「主権論」に一区切りつけた翌年、「H・エームケ『憲法改正の限

界《紹介》』」を新潟大学法経論集第七巻第二号で発表されておられますね。

【菅野】これはライフワークの手始めにしようと思ってね。

私は、自分の論文に関してはナルシシストの気味があって、読み返して、なかなかうまくできているなと思う悪いくせがあるのだけど、いちばん最初に書いた論文「近代ドイツ国法学に於ける主権論の展開(一)(二)(三)」(新潟大学法経論集四巻一号、五巻一号、六巻二号)と「P・ジーゲンターラの憲法改正作用論」(柳瀬博士東北大学退職記念『行政行為と憲法』〈有斐閣、昭和四七〉所収)だけは読み返す気がしない。

それでも、主権論の「(二)」の方は、山下威士さんに相当なインパクトを与えたらしいのです。彼のいうところでは、あれで随分触発されてカール・シュミット研究をずっとやる気になったとのことです。山下さんは早稲田大学で博士号をとったけど、学位論文は『カール・シュミット研究』(南窓社、一九八六年)です。

■新潟での生活の思い出

【小針】段々菅野先生の本拠地に近づいてきたようですが、ここらで一息入れ、話題を変えましょうか。新潟の気候は仙台とは大分違いますね。

私のいる盛岡なども、どんよりした気候風土で、それは微妙に精神状態にもかかわってくるのではないかと思えます。当時の新潟だと何もないような感じでしょうから、落ちついておおきな問題に取り組む場としてはいいところだったのではないですか。

当時の菅野先生の研究関心との関係でお話しいただけますか。

【菅野】新潟に居てよかったと思うのは、研究テーマを一本にしぼってやれたことです。憲法改正限界論の性格究明ですが、そのほか、宮沢先生の『憲法Ⅱ』（有斐閣、一九五九年）を一読してから抵抗権論にかんする文献にも目を通し、どこがおかしいのか、どうも宮沢先生の抵抗権概念らしいが、この概念をどう構成するのが妥当かという問題を並行して考えてみました。私なりの概念構成したのは、東北大に移る直前です。

当時の大学でのことを思い出してみると、大変だったのは、非常勤で新潟に来られる先生に対する接対があります。特に木村亀二先生が来られると、お出迎え、お見送りがなかなか大変でした。あるときなど雪が降って、田辺康平君と二人で出迎えにいった。そうしたら構内放送で一時間ぐらい遅れるとのことでした。それではしょうがないというので、近くの喫茶店で一時間ほど時間をつぶして駅にいったら、もう汽車が到着して、木村先生は宿にゆかれたという。それであわてて宿屋にかけつけたら、木村先生に、「先生が来るというのに、なんで出迎えにこない！」といわれました。

柳瀬先生のときも、出迎えまではしなくても見送りはしていた。あと、高柳真三先生と世良晃志郎さんも来られました。

［小針］　そういうのは戦前からの仕来りなのでしょうか。それにしても、錚々たるメンバーですね、非常勤で。

［菅野］　文科系なども、たとえばギリシャ哲学の出隆、フランス語の鈴木信太郎とか、ああいう大先生方が非常勤で来ておられました。

［小針］　先生が法学科を立ち上げられるあたりで一番頭を痛めたこととか、人事でも何でもいいですが、何かおありでしたか。

［菅野］　勉強しないのに学校行政が好きで、学部改組の機会に法律専攻をつぶして経済学一本にしよう

と裏工作したドイツ語の教員が居て迷惑しました。幸い経済専攻に親しく交際していた人が居り、また、歴史や英文にも親しい人が居たので、委員会段階で政経・哲・史・文の四学科案がまとまり助かりました。そのあたりのことは先ほど、お話したような具合ですが、同僚との常日頃の交際の大事さを思い知らされた感じです。発言内容より誰がいうかによって人は動くということがよくわかりました。

[小針] カリキュラムなどはどのように。

[菅野] カリキュラムはわりと簡単に済ませました。教務関係はタッチしたことがありません。というのは、万年野党だったためです。私が行った時は、油本豊吉さんが学部長で主流派でした。が、赴任したばかりなので、そういう学内行政に直接タッチすることはなかった。ところが油本豊吉さんが学部長選挙に落ちて、植村清二さんが人文学部長になった。植村さんは、旧制高校グループから教務委員とかその他の役職を選んでいたから、私は全くノータッチだったのです。その上私は四コマしかもたなかったのではなかったかな。教養課程の憲法を二コマ、専門の憲法一つ、それから外書講読、それ位です。

[小針] だいぶ恵まれていたのですね。

[菅野] そういう点は恵まれていました。ただ、先生方の出迎えとかお見送りとかお付き合いが大変で、だんだん腹が立ってきました。「どうして、こんな事しなくちゃいけないんだろう。所詮、業績がないからこうせざるを得ないのだ。ひとつ心がけを改めよう」と思いました。新婚当時だったので家で仕事をしていたのですが、それを止めて普通のサラリーマンになったつもりで、午前九時までには学校の机に向かうようにして、気が向いても向かなくても夕方五時までは学校の机に向かっている、そういう生活に改めたのです。

ただ、本があまりない。旧制高校の人の買っていた本のほかに、個人で買える図書費は年に四万円位というところでした。

【小針】当時の四万円といったらかなりの額だったのではないのですか。菅野先生は、専任講師として赴任されたのでしたっけ。

【菅野】そうです。

【小針】研究室は一部屋与えられたのですか。

【菅野】一部屋でした。

【小針】外書購読といわれましたが、外書といっても、今のように航空便でなく船便だから結構時間がかかったのではないですか。

【菅野】かかりました。注文して半年はかかりました。それでもあの頃は新しい本を読んで何とかしようという気持ちがあったから、一九五三年に出たホルスト・エームケの『憲法改正の限界（Grenzen der Verfassungsänderung)』を取り寄せて読みました。もっとも、あれは新潟大学時代でなかったかもしれない。どうも記憶が怪しいのですが。

【小針】菅野先生は実にこまめにノートをとっているのですね。これが要旨みたいな……。

【菅野】だろうと思うが、よくわからない。その後、だんだんノートの取り方が変わってきて、現在では、こんな風に原文のままノートをとって、左側に何が書いてあるかメモする。また、「この議論を××にぶっつけろ」とか、物騒なことを書くこともある。原文のままノートした方が、あとで使うときいい。誤訳することもあるしね。

【小針】先生は、ワープロとかなんとかはやらないのですか。

【菅野】全然しない。万年筆で写すだけです。

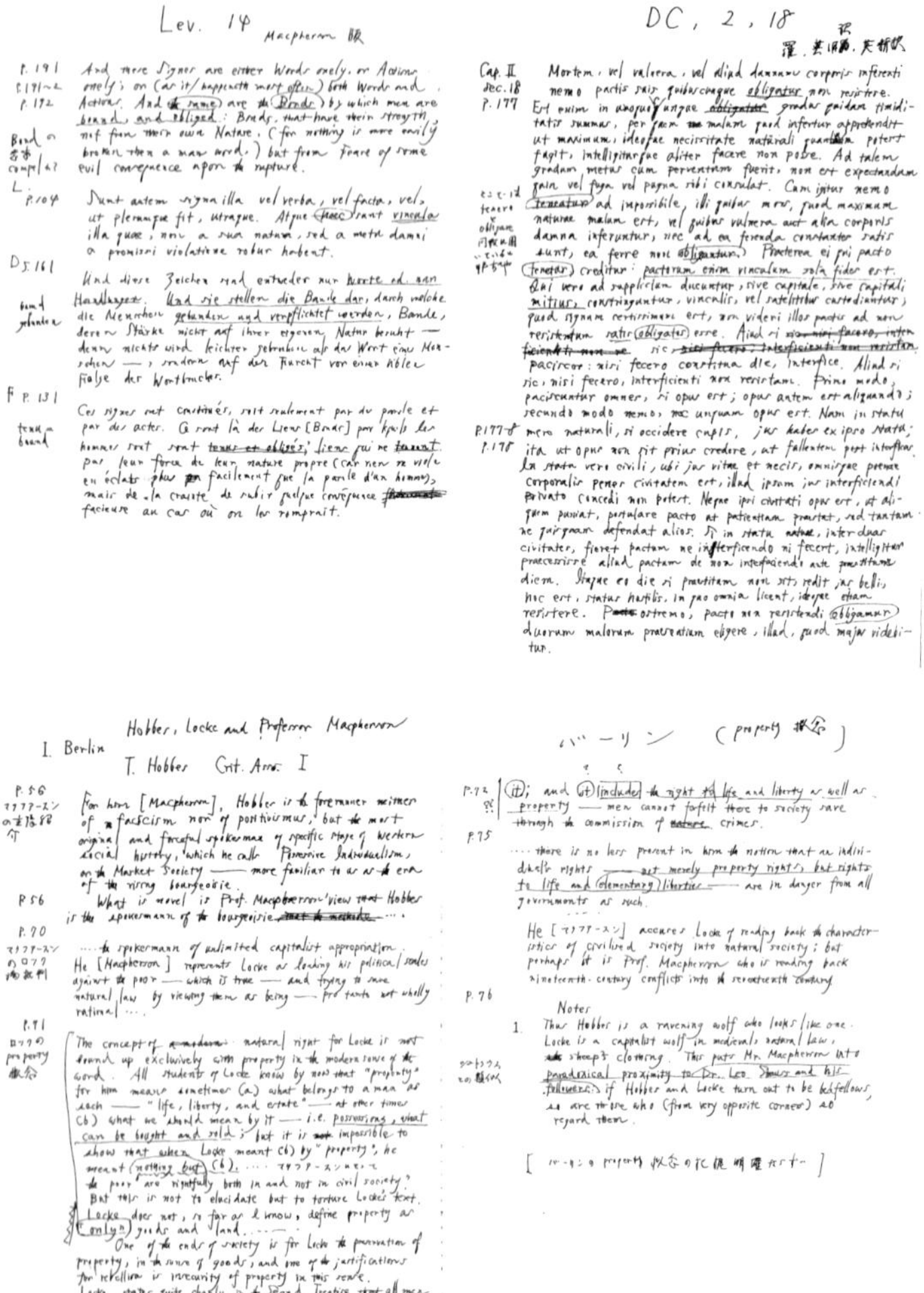

原文のままノートして左にメモをする菅野喜八郎ノートの一部

【小針】 ある意味では、ただコピー機で取るよりは、むしろ覚えるのではないですか。

【菅野】 覚えます。ゆっくり書くから、目で追うよりは遙かに文章の構造もわかるし、書きながら考えるし、手を動かしながら本を読むというのは、それなりに十分意味があると思います。「十読は一写にしかず」という言葉があります。

【小針】 この時代もまだコピー機、それほど出ていませんでしたからね。

【菅野】 今でも当時と同じ勉強の仕方をしていますよ。ゼロックスに取ったものでも、引用できそうなところはノートにとっています。だから、ノートだけで直接引用できるようにしています。

【小針】 私などはパソコンでやって、みんな雑記帳みたいにして、あとで引っぱり出せるように入れておくのですが。

一番最初の論文などは先生の論文集『国権の限界問題』に収めていないのですか。

【菅野】 入れていません。それで山下威士さんは、「自分はあれでカール・シュミット研究を大いにやろうという気になったのに、どうして、入れないのか」と文句をいうのですが、私にいわせるとどうも恥ずかしい。人に読ませる文章になっていません。それと、大学紛争中に書いた「P・ジーゲンダーラの憲法改正作用論」、これも人に見せるような論文ではないと思って論文集に入れていません。

【小針】 そういうのは、却って私ども弟子にとっては非常に興味深いですね。

【菅野】 いや、お恥ずかしい。

自分の勉強のため(一)から(三)まで書いて、ともあれ完結して、いよいよライフワークの出発点として、ホルスト・エームケの『憲法改正の限界』、これを丁寧に読んで紹介したわけです(「H・エームケ『憲法改正の限界《紹介》』」新潟大学法経論集第七巻第二号、一九五七年)。

ところで、このエームケの論文は彼の博士論文（Dissertation）ですがずいぶん内容が良いせいか、Duncker & Humblot から出版され、日本の学者の注目を引きました。ある著名な先生が某博士の『還暦記念論文集』に寄稿した論文の如きは、エームケの名前を出さないまま、この論文を下敷きにしたのが明々白々のものでした。エームケの名前を出しても、全面的にこれに依拠したばかりか、誤訳だらけのものを自分の論文として発表した勇敢な人がいたのですから、エームケの『憲法改正の限界』に当時の日本の憲法学者がいかに興味をもったか、分かります。

その次は「C・シュミットの憲法改正限界論についての一考察」（法学二四巻二号）、これは昭和三五年、一九六〇年に出しました。

【小針】ところで、憲法改正限界論についての私のスタンスですが、「憲法改正の限界問題」について私はあまり関心はなく、興味があるとすれば、限界を超えてなされた「改正」の効力・妥当性についてぐらいです。限界論者がそのような「改正」は真正のそれではなく、偽の改正で無効だというのであれば、いったい如何にして現行憲法の有効性を説明できるのか。この一点、さらにいえばそもそも憲法の効力、それが妥当するとはいかなることか、これには関心があります。改正の限界を超えた「改正」の法的効力あるいは法的妥当性はいかなるものとなるのか。もし、憲法改正に限界あるとする説が時間と空間とを越えて成立する説であるとするならば、明治憲法の根幹を改変した現行憲法の有効性・妥当性をいかにして説くことができるのか。改正としては無効であるが、革命としては有効と説くのであれば、そもそも憲法改正の限界問題とはいかなる問題なのか。空理空論の類ではないか。どこに学問的価値があるといえるのか、私には理解できないのです。この点は、のちほどでも結構ですがこれに関連することについて菅野先生のお考えになられていることもお話しいただけたら有難いです。

［菅野］　なるほど。私のこの論文、「C・シュミットの憲法改正限界論」は実質的憲法論と憲法制定権力論という二つの柱に支えられているということを指摘したものです。シュミット解釈に資するところがあるとしたら、彼が「積極的（実定的）意味」の憲法（Verfassung im positiven Sinne）と呼び「憲法の魂・実体」と呼んでいるものは当為命題、例えば「ドイツは立憲民主国家たるべし」であって実在である行為ではないということを強調したことです。シュミットは「積極的意味の憲法」あるいは単に「憲法」と呼んでいるものを国の政治的統一体の様態と形体についての「基本的な政治的決定」だと説明しているところから、彼の「憲法」は規範ではなくて事実だから「国制」と訳すのが適切だと解されていたのですが、ここにいう決定は決定行為を意味するのではなくて決定内容を表現する命題ないし決定行為の所産たる当為命題を指すのだから、広義の規範と捉えるべきだ、ということを指摘しました。「決定」を決定的行為と解したため「憲法」と憲法制定権力とを同一視する捉え方をする人もいたので、「決定」を決定行為の所産たる当為命題と把握したことは、シュミットの『憲法理論』理解にとって少なからず意味があったと自負しています

この論文を発表したのは一九六〇年でしたが、その後も「決定」を行為と解する見方が一般的だったので、日大に移って間もなく「C・シュミットの憲法概念について」（日本大学法学部創立百周年記念論文集第一巻、一九八九年、『論争』所収）を発表して、シュミットの「積極的（実定的）意味の憲法概念」についての清宮、芦部、佐藤幸治の諸教授の捉え方が誤っている所以を再論しました。一度書いて発表しただけではなかなか理解してもらえないことを痛感しました。あとでも触れますが「実質的憲法論」というのは、一国の実質的意味の憲法は、個々ばらばらな規定の寄せ集めではなくて「積極的意味の憲法」を中核とし、これを具体化するための、いわば技術的諸規定を外層とする一定内容の規範体系と見なければならぬとする

学説です。この説を採ると、憲法改正手続きに従うならば、憲法は、その時々の必要に応じて、どんなことでも書きこむことが出来る白地法ではない、という結論が出てきます。

これを書いたときに初めて、私はやっと自分の論文のスタイルを発見したと思いました。三二歳にして論文開眼というところです。

これが出た年、たまたま作間忠雄先輩が『法律時報』の「学会回顧」を担当したのです。彼は同門の先輩だし、しかも憲法改正限界論について論文を書いているので、私のカール・シュミットの捉え方のどこにオリジナリティがあるのか理解し評価してくれるはずだと期待しました。そこで『法律時報』一二月号が出るのを待ちかねて本屋で立ち読みしてみたら、評価は勿論、論文名も出していない。そして、小林孝輔さんとか針生誠吉君の論文などを紹介している。それで、自分では良いものを書いたつもりでも、第三者の目からみるとやはり駄目なのかなと、すごく落胆したのを今でも覚えています。

［小針］　抜刷りは送られたのですか。

［菅野］　抜刷りは送らなくとも東北大の『法学』に載ったのですから読んだはずです。それなのにそういう扱いだったので頭にきました。頭にきたけれども、自分が悪いのではないかという気持ちも他方にありました。

次の年、一九六一年、『法学セミナー』のたぶん五月号だったと思いますが、黒田覚先生の「憲法改正の限界性」という小論が載りました。その「後書」に、憲法改正限界論については参考文献は山ほどあるけれど、ただ一つ、菅野が書いた『法学』の「C・シュミットの憲法改正限界論についての一考察」を参照しろと書いていただきました。それで私は初めて自信をもつことができたのです。

なにしろ黒田覚先生は、戦前からカール・シュミットの理解者としては第一人者だという定評があったからです。

　実は、私は論文の中で、「黒田教授は積極的意味の憲法と憲法制定権力と絶対的意味の憲法の三つをごっちゃにしている」という批判をしたにもかかわらず、黒田先生が唯一参考に値する文献として褒めてくださった。それで、やはりあの論文は自分が思っていたほどそう悪いものではないのだという自信がついたのです。そのあと、柳瀬先生にも、「よくカール・シュミットのあのごちゃごちゃした議論をあそこまで整理してまとめた」と褒めていただきました。

■学説の把握の仕方――合理的再構成という手法

【小針】　前回の話で、シュミットを高く評価されて、アゥホ-プロフェソール（auch-Professor）だったかな、教授でもあり得るし、小説家でもあり得るというようなお話しがあったかと思います。
　当然、語学が苦手な私には読めない部分が結構あります。文法を追っていけばなんとかケルゼンの方はつかまえやすいのだけど、シュミットの場合はちょっと書き方が凝りすぎているように思います。柳瀬先生流にいえば、「あのごちゃごちゃした議論」ということになるのですかね。
【菅野】　私の場合、シュミットを読み解くというよりも、むしろケルゼンの思考法にしたがって合理的再構成をやったのです。私のような彼の「憲法」の概念の捉え方をしないと、例えば彼の憲法改正限界論は全く理解できなくなるからです。
【小針】　「合理的再構成」ですか。それは先生の研究を通底するキーワードですね。
【菅野】　それがたまたまうまくいったと思っています。
【小針】　存在（Sein）と当為（Sollen）を峻別し、法学の世界から事実を締め出して純化していくケルゼンの方法論を勉強されたのが生きたのではないですか。このキーワードである「合理的再構成」もその成果の一つではないでしょうか。

［菅野］ケルゼンを一所懸命読んだのが、私の研究に非常に活きたと思いますね。ただしここでお断りしておきますが、私にとってのケルゼンの勉強の仕方は、ケルゼンを全体としてとらえようというものではなくて、ともかくケルゼンの思考法を学ぶ。そして現在、自分が取り上げている問題解決のためにケルゼンを使う、そういうやり方なのです。長尾龍一さんとか高橋広次さんのように、ケルゼン全体をつかまえようというやり方ではありません。

三　憲法改正限界論について

■憲法改正限界論の性格

［小針］学問の仕方はケルゼンで、行動を決定するときはシュミットの決断主義で、判断基準は論語なのですか。

［菅野］そういうことですね。そういうとカッコいいのだけど、論語読みの論語知らずで、そんなうまく論語のいう通りに大学紛争の時動いていたかどうかは非常に疑問ですけどね。

［小針］ケルゼンとシュミット研究が菅野先生の学位論文の下敷きになったのではないですか。

［菅野］勿論そうです。ただ、どちらかというとケルゼンの思考法に即して考えた、というべきでしょう。「憲法改正に限界がある」という命題が何を言わんとしているのかを分析して、自然法論に立脚した憲法改正限界論があるはずだという当たりをつけ、そこから出発して、憲法改正限界論の性格の究明をし

ました。このことは、あとでお話しします。憲法改正限界論に取り組んだのは、エームケの『憲法改正の限界』を読んだのが直接の契機ですが、日本国憲法無効論者が明治憲法の「国体規定」は憲法改正の限界であり、日本国憲法は明治憲法の改正の限界を踰越《ユエツ》して生まれた憲法だから無効だと主張していたので、この議論にどう対処しようかというのも憲法改正限界論の性格を志した一つの動機だった、と思います。

どんな空理空論でも、何らかの現実的考慮が根底にあることの一つの例になるでしょう。シュミットの憲法改正限界論もワイマール憲法を左右のラジカリズムから防御しようという意図があったと思われます。戦後の一時期、日本でも憲法改正の限界の有無について論ずる論文が相当数でたのはエームケの影響だけでなく、私のような考慮があったからではないでしょうか。

憲法改正の限界の有無を論ずることの意義に疑いを持つ人が多いのは理解できますが、「私は人間である。人間に関することは何一つ私にとって無関係とは思わぬ（homo sum ; hunani nihil ame alienum puto)」と開き直ることにしています。抵抗権論の研究も同様です。

【小針】 先生の学位論文は、確か「自然法論的憲法改正限界論」（法学二六巻一号）、「W・ブルックハルトの憲法改正作用論」（新潟大学法経論集一三巻三号）及び「C・シュミットの憲法改正限界論についての一考察」（法学二四巻二号）が基となり、これらを全体として大幅に書き改めて提出されたのでしたね。また、主査は小嶋先生がつとめられ、審査されたと伺っていますが。

【菅野】 その「C・シュミットの憲法改正限界論についての一考察」のあとに「根本規範論考」、たまたまね。

【小針】 「根本規範論考」は新潟大学の時代ですね。これも、清宮流の根本規範になりますと、結局、憲法改正作用、それどころか憲法制定作用の限界という問題につらなっていきますよね。この辺のところはどうなんでしょうか。

［菅野］　うん。昭和三六年だから、私が「C・シュミットの憲法改正限界論についての一考察」を出した次の年です。

昭和三六年の三月半ばに小林直樹さんの『憲法の構成原理』が出ました。清宮四郎先生なども手放しで褒めていました。また、『週間読書人』という書評誌があるのですが、そこでも先生はこの『憲法の構成原理』を取り上げて褒めていたと記憶しています。

当時、尾吹がアメリカ留学を終えて法学部の一年講師で研究室をもらっていました。春休みに帰仙して尾吹の研究室でおしゃべりしていたら、清宮先生が見えられました。そして、「やあ、小林は偉い」とおっしゃるのです。「法哲学から憲法に替わって間もないのに、もう『憲法の構成原理』という本を出した」といって賞賛された。同じような研究を自分の弟子たちもやっているのにこっちの仕事を認めないで、東大の方ばかり向いている。そんな不満を強く感じました。

■激烈な論争

［小針］　小林さんのあの本を私は読んでいないのですが、カール・シュミットを使って書かれているのですか。

［菅野］　カール・シュミットを批判の主な対象としているのです。小林さんのベースになったのはケギの本だと思うけど、ともかくカール・シュミットを盛んに批判の対象としている。尾吹も私もカール・シュミットを研究の対象としていたから「じゃあ読んでみようか」ということになった。二人でそれぞれ別個に読んでみた。

そして、思ったことはこういうことです。

清宮先生を初め多くの人から評価されているが、この論文が、今後、若い人達のモデルになるのは日本の憲法学界にとってマイナスだ、黙っているわけにはゆかない、これが公の名目です。

もう一つ、これは全然小林さんには関わりないことで、いわば私憤ともいうべきものがありました。当時、東北大学の法学部の教員は東大出身者が大多数で、東北大学法学部研究室出身者に対する評価が不当に低い。これは何とかしなくてはいけないと思っていた。そこで、小林さんに個人的な恩怨は何もないのですが、憲法というと花形講座だから、では東北大学法学部教授・助教授諸公の母校・東大の花形講座の教授の実力とわれわれの実力を比較した場合、どうなるのか、はっきりさせよう、と挑戦をすることにしたのです。

たまたま尾吹が、その前に『法律時報』から頼まれてプライヴァシーの問題で原稿を書いており、「これは『法律時報』につながりがあるから」、というので、彼が先に批判することにしました。

柳瀬先生にも原稿を見せたらしいのです。柳瀬先生は名刺にこの原稿を載せてやってくれないかと、法律時報編集長宛に書き添えてくれたらしい。それで尾吹の原稿が昭和三六年の『法律時報』の六月号に出たと聞いています。

実によく書けている、もう私の出る幕はないな、と思いました。

ところが、八月号で小林さんが反論をされた。それがまた相当激烈なものでした。

［小針］ ここに学会誌『公法』の当時の号がありますが、そこではこの論争についてこんな具合に紹介されています（『公法研究』一九六二年二四号「学会展望」）。

憲法の構成原理をめぐって

小林直樹「憲法の構成原理」がある。小林氏の従来の諸論文をもととして、「憲法の構造分析」と「憲法の価値体系」の前後二編に再編成されたものであるが、本書の重点は前篇にあるというべく、本書の意義も評価もそこに求められるべきである。すなわち本書は著者自身のはしがきによれば、「ふつう憲法のドグマティクが暗黙の前提としている問題にひとつの深部照射を試みたもの」であり、またその意味で「憲法の法哲学」を意図したものといえよう。そしてその場合本書の背景にあるものは今日の日本の切実な憲法状況であって、そこに著者がおよそ憲法とはいかなる法なりやという根本的な問題についての追求に迫られ、それにこたえようとしたものであるといってよいであろう。

なお本書に対する書評たる尾吹善人「憲法理念の基本問題」(法律時報三三巻六号)が、小林氏の反論「『憲法理論の基本問題』」(同・三六年八号)を呼び、更にそれに答えるものとしての尾吹氏のもの(同名・東北法学会雑誌一一号)および菅野喜八郎「根本規範論考——小林直樹『憲法の構成原理』の評価」(新潟大学法経論集一一巻一号)をも生んだ。この論争の内容をなすものは、シュミットの憲法概念や制憲論・根本規範等の概念などを中心として極めて根本的な論点であり、その点では有意義な論争としてここに記録しておくべきであるが、この論争が注目をひいたのは、むしろその形態・論争の仕方においてであった。すなわち、尾吹氏がその第二論文でみずから述べているように「『書評』は顕名でなされたものとしては、今日の日本の憲法学界の常識をことさらに無視した率直なものであったために、小林教授の『反論』の激しさもまた、全く格別異例のものであった」からである。また尾吹氏のこの第二論文および菅野氏のものも、その「激しさ」において更に「格別異例」のものであった。何故にこの論争がこのようなものとなったのかは、局外者である私には理解し得ないものであるが、率直に言えば、少なくとも私にはこの論争は愉快ではなかった。論争というものは、およそ、その当事者にとっても、またそれを読む者にとって、愉快なものであってほしいと思う。この論争が憲法学の根本問題に触れておりながら、しかしそれを読む者には、いわば感情的な応酬のみを印象付け、そのほんらいの問題が背後にかくれてしまったかのようにしか思われないのは遺憾である。このような読後感を抱いたのは私だけであろうか。以上のことを述べておくことを許されたい。

佐藤　功

【菅野】　昭和五〇年代以降だったら、全く無視されて、このような紹介はされなかったでしょう。昭和三〇年代の憲法学界は戦前からの憲法学者が健在で、今より遙かに緊張感があったと思います。

【小針】　相当なものだったのでしょうね。

【菅野】　尾吹のも相当ひどいけど、お互いに激烈な言葉を使ってやり合った。あの尾吹ですら、「小林さんの反論を読んで、きのう一晩、眠れなかった。一人で言っただけではみんな納得してくれないから、菅野、やっぱり書いてくれ。『法律時報』に手紙を書くから」という。しかし、『法律時報』から丁寧なお断りの手紙が来た。「あの論争はあれで打ち止めにしますのであしからず」と。それではしょうがない、というので私の論文は新潟大学人文学部の紀要雑誌『法経論集』に載せることになりました。

昭和三六年の夏休み、木村亀二先生のところに挨拶にいったときに、「どうも小林さんの『憲法の構成原理』はおかしいから、ぼくは批判するつもりです」といったのです。そうしたら、木村先生は、「それはやめろ」というのです。「小林君は、東大教養学部にいるけれど、目から鼻に抜けるような才人だ。その証拠に、尾吹がこのあいだ、こてんぱんにやられていたじゃないか」と。どうも、ろくに読みもしないで小林さんの反論を高く買っておられる。

そのあとに高柳先生が非常勤で新潟に来られたときに、小林さんを批判する論文を書きあげたと話したら、馬鹿にしたような顔をして、「ああ、君も先輩の黒田了一君の類か」という有り様、誰もまともに取り合ってくれない状態でした。

まあ読んでもらえば分かるだろうと思って書いて発表したわけです。もちろん、抜刷りは清宮先生にも高柳真三先生にも送ったし、木村亀二先生にも送ったし、世良晃四郎さんや小林さんにも送りました。

これが清宮先生の礼状、「根本規範論考　有難う」の一行だけ。いかに清宮先生、頭にきたか分かるでしょう。

■水掛け論のような論争はしない

[小針]　菅野先生は厳しく且つ徹底的にやりすぎるから、反発をかってしまうのではないですか。相手に逃げ道を与えなければまずいと思いますが。

[菅野]　やるとなると徹底する。やり始めると徹底しすぎるから、やるかどうか決めるとき躊躇するのですが、やはりやったら徹底してしまいます。水掛け論になるような論争はしたことがありません。黒白がはっきりするような問題だけで論争します。ですから、私の方が仕掛けて敗れたら学者としての生命を

失います。佐藤功先生は論争は「当事者にとっても、またそれを読む者にとっても、愉快なものであってほしい」と「学界展望」で書いていますが、それは無理な注文です。真剣勝負を愉快にやれと言うようなものです。

しかし、小林さんの態度は非常に立派だったと思います。というのは、普通、ああいうのを送ると頭にきて、礼状も寄こさないのです。

［小針］　菅野先生でも、そのように思われることがあるのですか。

［菅野］　失礼な言い方をされると、腹が立ちます。人によってはちょっと誤訳を指摘しただけで頭にきて、「こういう批判に対しては私は返事をしないことにしている」と書いてくる人もいるのです。ところが偉いのは小林さんで、抜刷りを送ったら、いくつかの間違いをちゃんと認めた上、そして知人にも読ませたいから抜刷りが余っていたら送ってくれないかといってきました。そういう点で小林さんは非常に知的廉直性があると思いました。そのときの手紙はまだとってあります。小林さんは、人間としてはとても率直で、気分よく交際の出来る方です。学問の仕方としては小林さんは巨視的、私は分析的で相容れませんが。

その返事を頂いて、人間的に非常に好感をもちました。その手紙の内容は『憲法の構成原理』の第二版の「あとがき」にほぼそのまま収められています。

この「根本規範論考」と尾吹の批判があってから、東北大学法学部教授諸公の東北大学出身者についての評価・見方が変わってきたといえます。前に小針君が不満を漏らしていたけれど、その評価是正という点では、私たちの論文は少しは成果があったといえます。商法の菅原菊志さんが皮切りで、それから東北大出身者も東北大の法学部に残るようになりました。

【小針】「根本規範論考」というのは、随分大変な意味合いをもって、学問的だけでなく、学界にも影響を与えたのですね。

【菅野】学界に対して相当なインパクトを与えたと思います。

おかしかったのは、私なぞ足元にも及ばないあの柳瀬先生が論文を書いているときに欧文文献を引用しようと思って分からない部分があったらしく、われわれのところに来て、「これ、どうなんだろう」と相談されたことです。私も分からなかったけど、柳瀬先生まであの論文で引用文の誤訳は出来ないとショックを受けたようです。

【小針】こうしてお話を伺っていますと、翻訳について菅野先生は若い頃から一家言あって、学生の頃には大先生に冷や汗をかかせ、研究者になられてからも大活躍ということで、いろいろと恨みも買っていらっしゃるのでしょうが、菅野先生の人生のあちこちで顔を表すエピソードですね。

ところで、「根本規範論考」は小嶋和司先生などには送られたのですか。

【菅野】送りました。小嶋さんも内心何か感じるところがあったようでした。「根本規範論考」を読んでみて、「学問というのは大向こうを唸らせるようなところにあるのではなくて、所詮、孤独の大道を歩むところにあるという自分の信念が裏付けられた」というような礼状でした。

【小針】まさにそういう心情でいらしたのでしょうか。

【菅野】小嶋さんは当時、孤立感がひどかったらしい。「私のような者にまで抜刷りを送っていただいて」というのが礼状の出だしでした。

【小針】当時、都立大学にいらしたのですか。

【菅野】そうです。都立大学です。

■様々な学風

【小針】　小嶋先生は私の恩師でもあるのですが、東大の宮沢門下で、学者としてすごく力のある先生だったと伺っていますが、東大では強烈すぎたのでしょうか。東大というのは、それなりに出来て、そこそこにお行儀のいい人でないと、落ちつきの悪いところだったのでしょうか。

【菅野】　そんな感じがしますね。小嶋さんは破格なのだろうと思う。それに、小嶋さんと宮沢先生と肌が合わなかったのではないかという気がします。思い込んだら命がけというところが小嶋さんにはある。自分の説を立てるときもです。

宮沢先生は、ひどく冷静な部分を自分の中にもっている。論文を書きながらも、冷やかな第三者的な目で自分を見ることができる人なのです。小嶋さんのようなタイプとは合わなかったのではないでしょうか。

【小針】　私なりの表現で宮沢さんを捉えると、「自分が人を騙しても、騙された人たちは自分が騙されていると分からない、その程度の人たちである」と思っている程の冷徹な才人ではないか、こんな具合になるのですが。別な言い方をすると、宮沢さんという方は、自分で本を書きながらも、それをしげしげと眺めているもう一人の自分がいるような方である、そんな感じがしてならないのです。むしろ、この「しげしげと眺めている」方こそが宮沢さんの本体なのではないのでしょうか。それに対して、教えを受けた私の恩師である小嶋先生はそれこそ愚直一徹みたいなところがあって、こつこつやられている。そういうところがかえって宮沢先生からすると、ある意味では困ったところでもあったのではないかと。

【菅野】　宮沢先生の目からみると、小嶋さんはある意味で田舎者という具合に映ったのではないかと思います。

【小針】　小嶋先生は学問のためなら命までかけてしまう。その意味では、学問は個人を超えた存在だったのかも知れませんね。宮沢さんからすれば、そこまでする必要はない。あまり本気になって本当のことをいうなということでしょうか。

［菅野］　もっと余裕をもってやれというのが宮沢先生の気持ちじゃなかったのでしょうか。小嶋さんは非常な勉強家で、一途な方です。その点、宮沢先生は良い意味でも悪い意味でも余裕を持って人生を楽しむ個人主義者だと私は見ています。

［小針］　あまり細かく弟子の面倒は見ない、育てないというわけですか。

［菅野］　好きなようにせよと、そういうところがある人です。最も、その点では美濃部門下は共通しています。柳瀬先生も学者になれるかどうかは本人の素質の問題だ、といっておられました。

［小針］　宮沢先生の話を聞くと、講義にきて、終わったらすぐ帰ってしまって、ご自宅でピアノを弾いて。

［菅野］　そういう人だったようですね。しかし他方、『天皇機関説事件』（有斐閣）で分かるように当時の資料を細大もらさず集めている、端倪《タンゲイ》すべからざる方です。

［小針］　菅野先生と小嶋先生との接点は「根本規範論考」あたりですか。

［菅野］　そこらからですね。

■小嶋先生の視点・菅野先生の視点

［小針］　ちょっと話は飛びますが、尾吹先生が何かに書いていたと思うのですが、原稿をもっていったところ、どこの出版社だったか、そこの担当者に「わたしにも憲法については一家言がありますので、こういう原稿は受け取れません」といわれ、掲載を断られた。そこで他の出版社から出されたいわくつきの

論文を収めたのが、例の『憲法徒然草』（三嶺書房、昭和五八年）でしたね。

【菅野】「平和的生存権」の問題ですね。尾吹はあれで相当頭にきたらしい。

【小針】『憲法徒然草』には「ある種の憲法学者たちの会合で、『東北大の小嶋と中大の橋本と千葉大の尾吹は右翼だ』」という評価が下されたということを、その場にいた人から人への口コミで伝え聞いたと書いてありますね（前掲書六頁）。

【菅野】右翼と言われるくらいならまだいいよ、憲法学者に分類されなかった所為もあるけど、私は「気違い（crazy）」呼ばわりされているのだから。

【小針】「いつの間にか私もこう書かれてしまった」みたいなことを、小嶋先生にお会いしたときに先生が語っておられました。「ただね、批判の仕方だってあるんだよ、相手の感情を逆撫でしないようにしながら批判をする仕方だってあるんだけどな」とも述べていらしゃいましたけど。

という訳ばかりではないでしょうが、私の恩師、小嶋―菅野ラインでいくと、特に菅野ラインでいくと、学界で他の先生方に会ったとき、私などは何となく爪弾きか、何をいわれるかわからない、そんな感じになることがあります。勿論、私自身が一番問題なのでしょうが。

【菅野】たしかにそうだろうと思う、人間だから。小嶋さんでも既に右翼だとされていたものね。

【小針】晩年に近くなってからですが、「小針君、ぼくは辞めるあたりになったら、どんどんいうべきことを書くからね」と小嶋先生に言われて、出てきたのが「国家緊急権」でした。

こういうことまでバンバン言ってもいいのかな、また実質的意味の憲法論を展開して、場合によっては憲法典にまさる不文憲法というものがあるかのようなことを主張される、これはどういうことなんだろうと思いました。

どうも先生の主張は「国家」を前提としている、つまり「初めに国家ありき」のような印象を受けました。私が言うのだったら話はわかるけど、小嶋先生がいうのでは、ちょっと違うんじゃないか。国家の存在を前提にして不文憲法を持ち出し、場合によっては憲法典を斥けてしまう、これだったら憲法典なんてどこに存在意義があるんだろうと。例えば、国家がある以上、国家緊急権があるのも否定しがたい、したがって憲法典に明文の規定がなくとも認められて当然である式のことを主張されると、恩師の説、すなわち師説ではあるが、やはり距離感をもってみなければいけないかなというところでしょうか。不文憲法がまるで国権の玉手箱のようになってしまうのはどういうものか、といった疑問は払拭できませんでした。

■実質憲法論の考え方

［小針］ ただ、別な点でみていくと、実質憲法論というのもおもしろいところがあって、たとえば昭和二〇年の八月一五日、日本は終戦を迎え、その後占領軍がきて占領統治が行われる。そして現行憲法が公布・施行される。では、八月一五日からそのときまで妥当していた憲法とはいったいなんだったのだろう、そういったところに実質憲法論の考え方を入れていかないと、この法状況はうまく説明できないように思うのです。大日本帝国憲法はまだあったのでしょうが、その十全な妥当性は確保できなかったのではないか。そもそも、外国軍に占領されたらどうするかといったことなどは憲法（典）の予定外のことであったわけです。これは現行憲法が公布・施行され「日本国との平和条約」（昭和二七（一九五二）年）の締結・発効による独立回復までの間についても問題になります。私などは自分で教科書を書きながら、ふとこんな問題に遭遇して実に不思議な感慨を覚えたことがあるのです。

日本国憲法は公布・施行されても、まだ独立は回復されていないから、超憲法的存在としていわばポツダム宣言実施のためポツダム緊急勅令というのがあった。この勅令の違憲性が争われた事件で、最高裁大法廷は、「この勅令は、(中略)日本国憲法にかかわりなく憲法外において法的効力を有するもの」と判示して、違憲主張を斥けています。そういう時間軸でみていくと、日本国憲法はその九八条で自ら最高法規と称しているが、占領期間中はもっと上位の規範が妥当していたわけだから、占領期間中は別というふうな留保も付してみていかないと、最高法規の意味は分かりにくいのではないでしょうか。学生などにもこんなことをちらっと言ったりすることがあるのです。

[菅野]　そういう点では、F・ラサールの「憲法の概念とか本質というのは、一定の地域上の政治的力関係だ」というのは当たっています。

[小針]　憲法がそのようなものだとすれば、まさにそれは昭和二〇年八月一五日からわが国の独立回復までの間、日本の憲法は一体何ものであったのかが問題になります。「一定の地域上の政治的力関係」ということになれば、まさに占領法制こそが日本の憲法ということになるのでしょうか。大日本帝国憲法も日本国憲法もどこにいってしまったのか、こんな疑問が湧いてきます。

[菅野]　その間は大日本帝国憲法も日本国憲法も効力が停止されていたというしかないのでしょう。

[小針]　私は、二年生のとき菅野先生の外書購読(ドイツ語)をとり、同じく学部の専門では小嶋先生の憲法を学んだわけです。そして、大学院に入ってからはお二人の指導を受けたということです。私の記憶に間違いがなければ、大学院の演習で菅野先生がご自分と小嶋先生二人で私(小針)を指導すると話されたことを覚えております。

小嶋先生に初めてお会いしたとき、開口一番「菅野先生から、妙なのがいる、と聞いていたが、ああ、君か」といわれたことを思い出します。あとでまたお話しすることになるでしょうが、菅野先生との出会いが強烈であったわけです。

　なんといっても、私は現行憲法無効論を引っさげ、「今の憲法は無効である」と言って、菅野先生の研究室をお訪ねしたわけですからね。私は、思想的にも問題視され、小嶋先生から託された軍制、今流で言えば防衛法制を専門としていますが、相当色眼鏡で見られていると思っています。よくああいう変な研究を小嶋先生が認めたものだとか、小嶋先生だから認めてくれたのだ、といった根も葉もない噂話も耳にしました。そこでやるせなくなって、研究の経緯を私の処女作である『文民統制の憲法学的研究』（信山社、平成二）の「はしがき」でこう述べました。「小嶋博士により筆者に課せられた憲法学上の研究課題は、正に戦後憲法学においてその研究が手薄にされた軍制（軍事法制）であった」と。ただ、選んだのは私ですから自己の責任で今なお研究しています。とにかく、「ウルトラ右翼」とか「変な研究」だとか、日本人はレッテル貼りが好きですね。

【菅野】　しかし、いいテーマを小嶋さんは小針君に与えたのではないでしょうか

■防衛法制の研究を小嶋先生に託されたと思って

【小針】　もう三〇年位前になりますけど、当時は大学紛争、七〇年安保の時代でしたので、それこそ変な研究ですよ、「防衛法」なんていうのは。今なお偏見は解けておりませんし、自分としては変とは思っておりませんが、研究テーマが変と思われるのであればあるほど、研究姿勢は一層オーソドックスに、と考えております。
【菅野】　小嶋先生はやはり目がきくのです。
【小針】　むしろ私は小嶋先生から託されたのです。

【菅野】　いずれは時代が変われば、防衛法関係のことが日本にとって非常に重要性を帯びてくると見通して、「君、やれ」といったのだと思う。

【小針】　国家緊急権の問題とか防衛法制の問題とかというのが、戦後、ネグレクトされていました。その他に言われたのは、スカンディナヴィア半島の豊かな立憲君主国の研究でした。豊かで安定した国でありながら、ほとんど研究されていない、君、どうか、というわけです。

私は外国語に弱かったものですから、ドイツ語にも四苦八苦していて、スウェーデン語などもちらっと見たら上に丸がついているような文字があって、どう勉強していったら、ものになるのか、不安でした。要するに、言語的にやっていく自信がありませんでした。「それでは軍制（防衛法制）をやってみます」と言ったものの、何から手をつけどうしたらいいのか皆目検討がつきませんでした。言葉自体も軍事用語は分かりにくく、便利な辞典があるわけでなし、途方にくれたわけです。小隊、中隊、大隊、連隊、旅団、師団、軍団、軍といった軍の編制など、ちんぷんかんぷんなのです。そこでたどり着いたのが、戦前の例えば美濃部先生の『憲法撮要』とか、そういうのを買って、その中の軍事関係の箇所を読んでいくほかないということです。

小嶋先生ご自身は手ほどきして下さったことはないのですから、見よう見まねです。昭和五〇年、岩手県立盛岡短期大学へ専任講師として赴任し、翌年初めて短大の紀要に論文を掲載しました。タイトルは「法の支配 ―― 通常裁判所と軍法会議」でした。その後、その紀要で「戦時における個人権保障」とか「戒厳の一考察」を発表したわけです。とにかく、軍制の周辺を眺めていたわけです。そのうち、小嶋先生の方からそろそろ軍制（文民統制）の研究を始めたらどうか、といった趣旨のお葉書をいただきました。そして、なんとか書き上げたのが法経論叢と名称を改めた紀要に掲載した論文、「文民統制概観」であったわけです。昭和五五年（一九八〇）年のことでした。私の文民統制研究はここから始まりました。

[菅野] 君の素質がよかったことも勿論あるけれど、小嶋さんがそういう方針を示したというのは、小嶋さんの炯眼《ケイガン》というべきです。

[小針] 私としては素質はあまりなくて、精一杯頑張ろうというだけのことだったわけです。

[菅野] それが今、執筆しているという『防衛法概観』で実を結んでいるのではないですか。

[小針] そういうのが、今になってやっと刊行されるわけです（『防衛法概観』は平成一四年に刊行された）。三〇年も経ってですよ。

[菅野] 貴重な存在になっている。ある意味で、君は先駆者だよ。

[小針] 国際法の話になりますが、かつて第二次大戦前には平時国際法と並んで戦時国際法があったわけですが、今では「戦時国際法」といわず、「武力紛争法」とか下手すると誤解される可能性があるのですが「国際人道法」（インターナショナル・ヒューマニタリアン・ロー：international humanitarian law）などと呼ばれています。いずれにしても、根底にあるのが戦時国際法であることは紛れもない事実です。戦前の戦時国際法を古書目録で探してみると、田岡良一・信夫淳平・立作太郎といった名前が登場いたします。

[菅野] 田岡先生は偉い学者で、私は尊敬しています。

[小針] 国際人道法ですが、こういう言い方をすると、イメージがなかなかつかめませんが、内容的にはほぼかつての戦時国際法ですね。要するに、第二次大戦後、戦争を全面的に禁止・違法化したので、この違法行為である戦争が作り出す戦争状態には、何らの法も存在しないという理論が唱えられたといわれております。この理論を称して「戦争法の白紙（化）理論」というわけです。このことについては、私の

『続・防衛法制研究』（信山社、平成一〇年）で簡単に触れておきました。ところが実際はどうかというと、宣戦布告みたいなものはなされていないけれども、ドンパチやって、依然として武力紛争が絶えることなく引き起こされているわけです。戦争は禁止・違法化されたからそんな状態は起こらないはずであり、仮にそういう違法状態が生じたとしても何らの法も存在しない、といった建前論だけで済ませるわけにはいかなくなったということです。そこであらたな装いで登場したのが武力紛争法とか国際人道法といった国際法というわけです。繰り返しになりますが、元をたどれば戦時国際法（戦争法）に行き着きます。今でもドイツの国際法の文献を読むとクリーグスレヒト（Kriegsrecht）と表現されています。これには、戦争犠牲者の保護を目的とした法規範であるジュネーヴ法系と戦闘行為を直接的に規律することを目的とした法規範であるハーグ法系という二つの系列があるわけです。捕虜、戦場での負傷者・病者の扱いや文民の保護などを定めているのがジュネーヴ法系の戦争法ということになり、その代表例が一九四九年の「戦地にある軍隊の傷者及び病者の状態に改善に関する条約」（第一条約）を初めとするジュネーヴ四条約でしょう。また、ハーグ法系の典型例は一八九九年及び一九〇七年の「陸戦ノ法規慣例ニ関スル条約」です。

■手薄な防衛法制の研究者

【菅野】　国際法学者でそういうのをきちんとやっている人はいますか。

【小針】　やっている人はいます、若干名は。

【菅野】　それはいいですね。若い人ですか。

【小針】　年齢は分かりませんが、たしかにおりますね。私も邦語文献はそれなりに買ってありますが、欧文の国際法関係の文献を見ますと、今し方お話したように「インターナショナル・ヒューマニタリアン・ロー」(international humanitarian law) という表現が認められます。ドイツの国際法学などでは、まさに「クリーグスレヒト」(Kriegsrecht) なのです。

防衛法といっても、要するに軍事法なのです。なぜ防衛法かというと、日本に軍隊がないので軍事もないからだといわれています。だけど、自衛隊は軍隊じゃないといわれても、私はピンときません。そんなはずないと思っているんですがね。それで防衛法学会はかつてその編著として『平和・安全保障と法――防衛・安保・国連協力関係法概説』(内外出版株式会社、平成八年) を刊行したわけですが、西先生を初めとして防衛法学会の主要メンバーが執筆して刊行したのが『日本の安全保障法制』(内外出版株式会社、平成一三年) なんです。「安全保障法制」という言い方をして、「防衛法制」とはしていないのです。防衛法学会の主要メンバーが執筆しているのですから、堂々と「防衛法」という言葉を使っていっこうに差し支えないと思うのですが、このあたりの事情がよく分かりません。「軍事法」ならまだしも、「防衛法」という言葉さえはばかる「空気」がわが国に充満しているということなのですかね。だから、この度刊行予定の拙著のタイトルを「防衛法」とし、それに「概観」の二文字加えることにしたわけです。実は、この「防衛法概観」というタイトルは小嶋先生の『憲法概観』を意識したものなのです。私はこのスタンスをあくまでも貫き通すつもりです。

【菅野】 差別語と同じ感覚ですね。日本語が痩せ細るばかりです。

【小針】 軍事というとすごく嫌われるのでしょうね。自衛隊だって、今では主権者たる国民の自衛隊なんですがね。

【菅野】 そうでしょうね。国連憲章ができて、戦争というのは建前としては存在しなくなった。それから、特に日本人ばかりではないかもしれないが、ネーミングにこだわる。アホとかバカというのもよくないのでしょうね。ハゲというのも悪いのだろうね。「髪の毛の不自由な人」といわなくてはならない。日本語の語彙は乏しくなり表現が制約される。

■決して怖くなかった尾吹先生

【小針】 ところで、歯に衣を着せないと言う点では定評のある尾吹先生と菅野先生の両先生が決定的な対立関係に立たないでずっとやってこられたというのは、私などにはすごく不思議ですね。尾吹先生は怖いと思われていて、学会などに行ってもみんな誰も傍に寄らない。ところが菅野先生と尾吹先生が二人でいらしたとき、尾吹先生に「ちょっとこっちに来ないか」といわれて、いってみると、結構、尾吹先生、親しくして下さって。あの人は、別にそんな怖い人でもないと思いましたが。

【菅野】 全然怖くないよ。

【小針】 それでも、菅野門下というと、ふつうは外では相手にされないのではないですか。こういうと、菅野先生に申し訳ありませんので、「極右反動の小針は」といった方が正確でしょうが……。もっとも、そういう私でも執拗に入会を誘われた学会があったのですが、私は断って、絶対入っていきませんでした。例えば「初めに改憲ありき」という具合の学会のことなのですが、「初めに結論ありき」で、最初から結論があるのでは、もう研究することはないわけです。残るは主張の宣伝だけです。これでは、自由で間主観的な研究を語ることは出来ません。このような事情で未だに入会しておりません。勿論、今では誘いはなくなりましたが。とにかく、政治思想と学問研究とは別であるべきだ、というのが私の基本的スタンスです。

【菅野】 私は論文では何一つ右に有利なことを書いたことがないのに、右翼だとみられているようです。

この対談で、やはり当たっていたということになりそうですが。

【小針】 何か神話のようなものがあるのではありませんか。この点では、戦前も戦後も精神構造は同じだと私は思っております。わが「日の本の国」には多くのタブーが跳梁跋扈《チョウリュウバッコ》しており、そのただなかでタブーに触れることを、菅野先生は真面目にやるから駄目なのではないでしょうか。

箸にも棒にもかからないような批判はいいのです、痛くも痒くもないから。「あの小針の馬鹿が何をほざくか」ということで済ませることができる。だけど、学問的にきちっとした形でやられると困るのです。だって、それにはきちっと答えなければいけないから。「菅野の馬鹿が」では済まないでしょう。

【菅野】 批判する以上はね、それで済まないように書くから。

【小針】 きちっとした形で、一つ残らず逃げ場がないように批判するでしょう。それも学問的な批判だから厄介なわけです。菅野先生はもう少し憐憫《レンビン》の情をもたれた方がいいと思うのですが、とにかく容赦仮借無く批判する。そこが先生らしいところでもあるのですが。他方、もう一寸どうにかならないかと思うところもありますね。

今日持ってきました三枝茂智博士の『真説・新憲法制定の由来』（憲法史研究会、昭和四三年）、憂国の至情が溢れ、その信条はよく分かるのですが、とにかくその筆法は激烈を極め、凄まじいものがあります。マッカーサーや吉田茂に対する批判は真に厳しく、その「はしがき」によればマッカーサーは「自己中心主義者『王冠を戴ける日本国国王』新しい天皇」とされ、更には「妖怪」とも語られおり、「かかる妖怪にどう対処するかには、二者択一しかない。茶坊主侍女となって、奴婢的畏敬、幇間的阿諛迎合、媚態を捧げて能事終れりとするか。敢然反撥してこの妖魔を取りひしぎ、斬って落とすか、どちらかだ」。なんとも、激しい文章です。三枝先生が海外の清磨公として高く評価したのは、アメリカの元駐日大使グルー

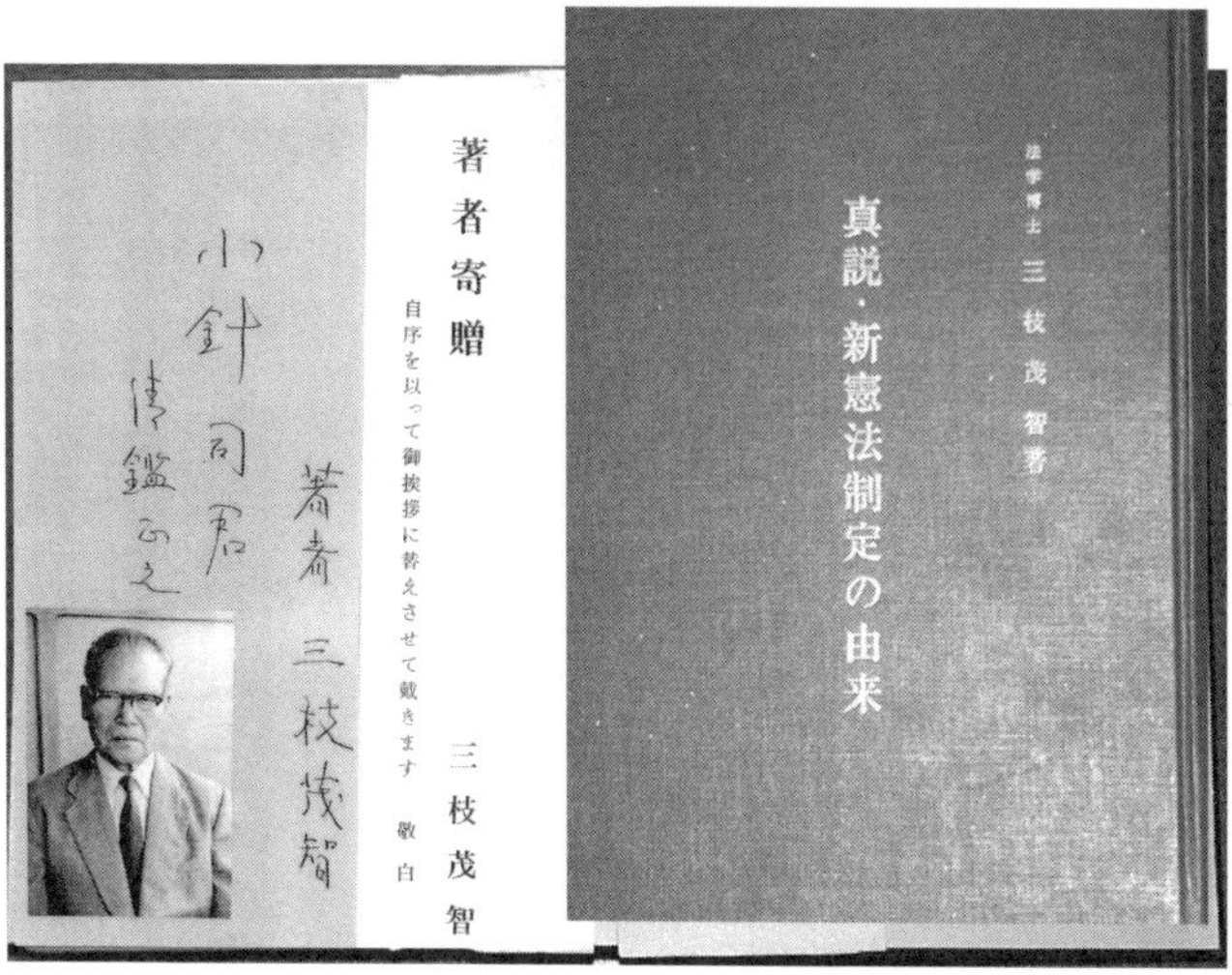

でした。

　この三枝先生とは私が高校二年の一七歳あたりに知り合い、その後私淑したわけです。当時、国士舘大学の教授をされておりましたが、お年もお名前を何と読むのかも分からず、文通という形で色々ご教授いただいたわけです。尊皇の志高く、親米反共主義者という印象でしたね。尾吹流の批判もここまでは至らなかったのではないかと思いますが。ここまで感情的になりますと、一種の感情論として無視されてしまうのではないでしょうか。

［菅野］　無視されますね。あれは感情論だと。

［小針］　だって、「全国津々浦々の憂国の烈士は、起ってマッカーサー・吉田欺瞞体制の抜本塞源的根絶を策する義務がある」といった雄叫びにも似た一節も飛び出てくるんですよ。一見、インパクトが強いようにみえるんですが、何回も読んでいるうちに感情論に終わってしまって、透徹した論理の展開はみられないのではないかという気になってくるのです。

［菅野］　三枝先生と志を同じくした、福岡大学に

おられた森三十郎先生はできる人だと思う。だけど、あの人も無視されている。

森先生は「憲法学会」の重鎮で福岡大学の憲法講座を担当されていました。解釈学だけでなく、その研究対象は広く、ユダヤ思想の研究、剰余価値学説をマルクスに先立って唱えたとされるJ・K・ロートベルッスの『資本論』の翻訳、ライフワークとして『ロートベルッスの社会主義思想』という大著がある。旗幟鮮明にすぎて学会から故意に無視されてますが異才です。

【小針】実は、私は東北大学に合格して、そのあと大学に入るまでの間に三枝先生のお宅へお邪魔し一泊したことがあるんです。翌日、学士会館である学会があって、そこに三枝先生に連れていっていただき、森三十郎先生にも紹介していただきました。

【菅野】あの人は、一般にみられているよりずっと学問的な力量のある人だと思う。

【小針】ただ、右というレッテルを張られてしまうから。

【菅野】そうなのだな。あまりはっきりしすぎているのだな。

【小針】森先生から『民族の憲法学』とかという著書をいただいたことを憶えております。

【菅野】あと、『ユダヤ思想の研究』とか『クリストファー・ドーソン　革命の神々』の翻訳とか数多くの著書や翻訳があります。

【小針】右というレッテルを張られてしまったら、戦後は終わりですね。

■発展いちじるしい新潟大学を見て

【菅野】ところで、私は平成一三年の五月に、新潟に女房と遊びにゆきました。自分が住んでいたアパートなどを見て懐かしかった。山下威士さんがタクシーで、昔、人文学部のあった西大畑、今は医学関係の研究所があるところとか、法学部のある五十嵐浜に案内してくれてね。なんと山下さんは医学部の職員に対して発言力が強いのです。あの医学部の連中が山下さんのいうことをきくのです。私の居た頃とは大変な違いです。

【小針】系統が全然違うのに。

【菅野】違う。医学部で何かごたごたがあると法学部に相談にきているらしい。法学部の学内での発言権が非常に大きくなっているのを目の当たりにみて、へえ、随分法学部は立派になったものだなと思ったね。

鯰越《ナマズゴシ》という変わった名前の方が現学部長で、昼食会へ招待していただいて雑談しましたが、鯰越さんにいわせると、今のように新潟大学の法学部が成長したのは、偏に小島康裕、山下威士両先生のお蔭だというのです。

【小針】山下さんは、学部長をなさったこともあるのでしょう。

【菅野】二期やったね。

【小針】今はお年はいくつなのですか。

【菅野】彼はせいぜい六二歳です。山下さんは長年にわたって、おもしろいものを翻訳している。それは、『プロイセン対ライヒ七月二〇日事件法廷記録』で、出てくる役者がすごい。ライヒの代理人として、カール・シュミットとかカール・ビルフィンガーとかそういう連中が出てくる。他方、プロイセンからは、ヘルマン・ヘラーとかゲルハルト・アンシュッツ、一流の学者が出てきて討論をやっている。その訴訟記録をこれまでずっと翻訳して新潟大学の紀要雑誌に載せていたのを還暦記念に一つにまとめられました。ただ、完結していない。訴訟要件論になると彼は苦手なので、そこの部分を残しているけれども、彼が主催している研究会の若手の連中が、ぜひ自分たちが手伝うから完結しようというふうに勧められているというのです。私も、これは絶対山下さんしかできない仕事なので、「貴方だけができる仕事なのだからぜひ完結して下さい」と頼んだけどね（完訳『クーデタを裁く』として、二〇〇三年二月、尚学社から出版された）。

【小針】その山下さんという人も、自分の恩師との具合が今ひとつのところがあったというようなことをかつて菅野先生にお聞きしたことがありましたが。

【菅野】恩師は中央大学の学長をしたことのある川添さんで、しかも川添さんは非常に山下さんを買っているのですが、橋本公亘さんが「抵抗権論」を書いて得意になっていたときに、「あんなのはカール・ハイラント（K.Heyland）の焼き直しだ」と山下さんがいったのが橋本さんの耳に入ってすごく恨みをかい、「俺の目の黒いうちはあいつを中央大学に絶対足を踏み入れさせない」ということになって、修士課程から博士課程に移るときに落とされた。山下さんを落としたものだから、それにつられて、その年は博士課程に誰も進めなかったということです。それで、彼は早稲田大学の有倉遼吉さんについたと聞いています。

山下さんはとてもやる気がある人です。特に法廷記録の翻訳は、あの時代のドイツ政治史を研究する上でも非常にプラスになる仕事だし、またライヒとプロイセンの代理人としてC・シュミットやアンシュッツ、ヘラーといった錚々たる連中が出てくるのだから、憲法学者にとっても非常に面白い記録ではないかと思います。

【小針】新潟大学でもそういう意味ではユニークで有能な人材が生まれたのですね。ただ、最近では先生方の異動が激しいので、新潟の方も含めて大変でしょうが。

【菅野】これからは難しくなるだろうね。ともかく、福島大学から小島康裕君を採ったのは大成功でした。そのかわり、私は恨まれた。親しくしていたある人に「お恨み申し上げます」という年賀状を貰ったもの。

［小針］　なんでまた。

［菅野］　あんな男を引っ張ってきて人文学部に入れて、ひどく居心地の悪い処にしてくれたので「お恨み申し上げます」ということなのでしょう。

私は新潟大学で講師を七年半やりました。随分長いけれど、それはちっとも気になりませんでした。というのは、年の順で昇任することが分かっていたから、仕事がなくても、一定の年齢にきて上のつかえがなくなると昇任するのです。それで七年半足踏みしても、別に気にならなかった。自分のペースで勉強できただけでも、却ってプラスかもしれない。東北大に移ってからは、自分より年下の者が早く教授になったら嫌だという気持ちになり、ストレスが強くなったからね。

四　東北大に戻って

［小針］　菅野先生が東北大学に戻っていらっしゃったのが昭和四二年ですね。

［菅野］　そうです。三八歳のときに移りましてね。

［小針］　私が入学したのがその翌年です。

［菅野］　東北大に移る前に、高柳先生と柳瀬先生に「東北大の教養部からこないかという話しがあるのだけど、どうしたものだろう」と、意見を伺ったことがあります。そうしたら、両方とも否定的なのです。高柳先生は、「教養部というのは、よほど自分を見限っているか、よほど自信があるか、どちらかでないと居られないところだ」というし、柳瀬先生は、「樋口君が法学部で君が教養部では不満だろう、それ

ならこない方がいい」、そういうような意見でした。

しかし、私は長男だし、それから子どもの教育、特に女の子の教育ということを考えると、新潟というのはもともと港町だから学校が少ない。そうなると、どうしても仙台に移る必要があるので、先輩の作間忠雄さんが私大に抜けたその後釜として引っ張られたのです。

【小針】教養部内で菅野先生を引っ張ろうとした人は誰だったのですか。

【菅野】実質的には小山貞夫さん（西洋法制史）が一番熱心だったようです。加藤永一さんは丸山健さんを採りたがっていたようです。丸山さんは静岡大学の方に決まったもので私が移れたのです。

教養部に移ってきたときの法律の担当者というと、加藤永一さんと小山さんと民法の安藤さん。安藤さんは、後に筑波大学の民法の教授を経て、今は東北学院大。広中さんのお弟子さんです。

【小針】加藤永一先生はどなたの弟子だったのですか。

【菅野】彼は中川善之助先生のお弟子さん。

■大学院を受け持つことになって

【菅野】ところで、東北大に移ってきて一番問題なのは大学院の問題でした。教養部の教員は誰も大学院を担当していない。小山さんの外はお呼びでないというらしかった。それで私は柳瀬先生に膝詰め談判しました。「私に大学院を担当させないなら、私を一人前の公法学者として認めないと解します」とやった。勿論、柳瀬先生は私など到底敵う相手ではないのですが、柳瀬先生にしてみれば、私は「根本規範論考」を書いていたので、暴れ始めたら今後東北大法学部の公法に何か危害が及ぶ、それを懸念されたのだろうね。それで先生は、教授会で私に大学院をもたせるように働きかけ、応援する学部の連中もいて、それが功を奏して私も大学院をもつことになりました。
その時、柳瀬先生は一寸忌々しそうな顔をして、「君、授業で純粋法学だけやれよ、外のものをやっては駄目だ」というのです。こちらは初めからそのつもりでいたから、なんでもないのだけど、その後、あれは、「菅野が柳瀬先生の自宅まで押しかけて行って、土下座してどうぞ大学院をもたせてくれと懇願した」、そんな噂がとんだらしい。

【小針】柳瀬先生は当時、学部長ではなかったけれど、力はあったのですね。

【菅野】それはそうだ。みんな柳瀬先生は無視できない。もう学部長を二期勤め終わった後です。

【小針】当時、小嶋先生は。

【菅野】小嶋さんもきていた。小嶋さんは、その時は一寸複雑な心境だったと思うけどね。でも、ともかく私も大学院をもつことになった。

ところが経歴書を調べてみると、昭和四三年から二年間、既にもっていた筈なのに、それが出てないのです。昭和四五年の四月から東北大学大学院法学研究科授業担当となっているのです。

【小針】二年あとですね。

【菅野】だから、私のはきっと、「あの野郎、うるさいから、名目だけもたせておけ」というので、そういう扱いにしたのではないかと今にして思います。

【小針】大学院担当は、別途、辞令とかなにか出るのですか。

【菅野】辞令が出たのか出なかったのか忘れてしまった。だけど、おそらく手当はつかなかったのだろうと思う。騙されてしまった。しかし、こちらはメンツの問題だから、それで構わないのだけどね。
一番最初に大学院を担当した時、出席したのが堀内健志、鈴木法日児、新正幸の諸君かな。

【小針】 新さんは菅野先生の大学院で一番初めのお弟子さんだったのですか。

【菅野】 彼は法哲をやるつもりでした。ところが法哲の専門家が東北大にいなかった。それで英米法の望月礼次郎さんがハート（Hart）の「コンセプト・オブ・ロー（Concept of Law）」を読んでいたので、望月さんの授業に出たらしい。だけど、望月さんは法哲を指導する気持ちはないから、それで私が彼にテーマを与えました。ケルゼンの「レヒツザッツ（Rechtssatz）論」をやってみたらどうかとアドヴァイスして、それに従って彼は一所懸命やった。驚くほどいいものを書いた。こちらもびっくりしました。ここまで彼がやるとは思わなかった。

新君を煩わして次に掲げる「ケルゼンにおける Rechtssatz 概念の変遷の要旨」作製していただきました。快く応じて頂いたことに感謝します。

新　正幸　「ケルゼンにおけるRechtssatz概念の変遷」要旨

ケルゼンは、初期の大著『国法学の主要問題』（初版一九一一年、第二版一九二三年）において、その副題に「法規（Rechtssatz）論からの展開」とあるように、まさに「法規」の概念を中心に据えて、国法学上の主要問題・主要概念を統一的に構成し、理論的に体系化しようと試みた。それによれば、「法規」とは、客観的法としての国家意思の表現形式であり、狭義と広義の概念に区別される。前者は、一定の要件（不法要件）のもとに、それに対する制裁として、刑罰を科し、あるいは強制執行（不法効果）を行うという国家の意思を含む法規であり、これに対して後者は、不法要件とは異なった一定の要件のもとに、国家の一定の行為（例えば、鉄道の敷設、貧窮者の援助等）を意思することを内容とする法規である。そして、かかる法規の概念から、その「主観的現象形態」として、国家および国家機関の「法義務」および国民の「主観的法＝権利」が導出され、体系的に位置づけられる。その際、「法規」は、国法学が客観的法たる国家意思を定式化したものとして、「妥当性」をもつのみならず、ひとつの学問上の命題として真理性をももつものと考えられていた。

しかし、このような考え方は、第二次大戦後、『法と国家の一般理論』（一九四五年）において動揺をきたし、ついに『純粋法学』第二版（一九六〇年）においてはっきりと放棄されるに至った。すなわち、客観的法（法規範）そのものと、それを法学が記述した命題が明確に区別されるに至り、前者はその属性として「妥当性」をもつが「真理性」はもちえないのに対して、後者は学問上の命題として「真理性」をもつが「妥当性」はもちえないとして、両者を明確に分離するに至り、Rechtssatz という概念を後者にのみ限定したのであった。かくて、ケルゼンの志向する「規範的法学」は、その存立の危機に瀕したが、彼は、論理学上の諸原理が Rechtssatz に適用可能である限り、間接的には法規範にも適用可能であるとして、この危機を乗り越えようとした。しかし、後にこの考えをも放棄している。

くわしくは『純粋法学と憲法理論』（日本評論社、一九九二年）の第一章（一一～一〇一頁）を参照してください。実に綿密なケルゼンの諸著の読みこみと強靱な思考力の産物であることがお分かりいただける筈です。

【小針】　いい論文だった訳ですね。

【菅野】　そうです。東北大学法学部の大学院始まって以来の最高点をとりました。

【小針】　今、五〇代から六〇代に手が届きそうな、私たちの兄弟子で、菅野先生にとっては一番最初の受講生ですね。

【菅野】そういうことですね。

■昭和四三年、大学紛争始まる

【小針】菅野先生が東北大学で講義を担当された頃はまだ四〇になる前ですよね。

【菅野】昭和四三年だと三九歳。そして、その昭和四三年ころから大学紛争が始まったのです。その頃のことを少し話してみましょう。大学紛争で真っ先に授業妨害を受けたのが私だったからね。何故って、日本国憲法は当時教職科目だったから、わりと学生が集まる授業だったので。

【小針】菅野先生は教職科目で憲法をもっていたのですね。丁度私が今置かれている立場と同じですね。

【菅野】そういうこと。三派の連中に時間を貸せといわれて、やむを得ず、三〇分だけだといった。けれど彼らは約束を守らないのです。「パクタ　スント　セルヴァンダ（Pacta sunt servanda：約束は守らるべし）」に反し人間社会では許されないと言い張ったけど、多勢に無勢で、一時間ほど時間を取られてしまった。

【小針】先生が今いわれたのは「三派」ですが、全学連もその歴史を紐解くと結構複雑ですね。「全日本学生自治会総連合」、即ち全学連は分裂再編を繰り返してきたわけで、昭和三九（一九六四）年には民主青年同盟（民青：上部団体は日本共産党）系と日本マルクス主義学生同盟革マル派（革マル派：上部団体は日本革命的共産主義者同盟革命的マルクス主義派）系に分かれ、昭和四一（一九六六）年になると三派系（日本マルクス主義学生同盟中核派（中核派：上部団体は日本革命的共産主義者同盟全国委員会＝前進派）・日本社会主義学生同盟（社学同：上部団体は共産主義者同盟（ブント））・日本社会主義青年同盟学生班協議会解放派（社青同解放派））全学連が別途新たに結成され、ここに三つの全学連ができたわけですが、しかし、この体制は長続きせず、昭和四三（一九六八）年になると、三派系全学連は中核系と反帝系に分裂し、四全学連体制が成立し、さらに反帝系全学連は社学同統一派系と学生解放戦線（社学同ML派）・全国反帝学生評議会（反帝学評：上部団体は旧日本社会主義青年同盟学生班協議会解放派が四四年九月に改称した革命的労働者協会）系とに分裂し、反帝学評系全学連が結成され、こうして、昭和四四（一九六九）年には民青系・革マル系・中核系・反帝学評系、計四つの全学連ができあがったわけです。まさに全学連は離合集散の歴史でした。因みに、赤軍は社学同＝共産主義者同盟（ブント）の流れをくむものですね。

あのころのことを思い出してみると、そのような具合になるのではないかと思います。ともかく当時、彼らはヘルメットをかぶってやってきたのでしょう。

［菅野］　そうですね。だから「毅然として拒否しろ」といわれても、とても体力的に敵いません。それが教授会で問題になって、そのときの事情を話してくれと教養部長に要求されるなど、教授会で大分恥をかかされました。しかしそれは皮切りで、それから次々に、授業妨害は日常茶飯事となりました。

■バリケード・立て看・ヘルメット

［小針］　私は昭和四三年に東北大学に入りました。何が問題だったのか思い出してみると、七〇年安保の問題もあったけれども、学費値上げとか学寮の問題とかそういうのがあって、バリケードだ、立て看だとか、醜い時代だった。

［菅野］　そうそう、酷い時代だったね。そして、昭和四四年に東大の入試が中止になっている。四四年の六月には東北大教養部の管理棟が三派の連中に占拠されて、今度は民青系の学生がヘルメットを被って

実力で三派学生を追い出そうとして、両方、血をみるような争いになって、結局、実力で奪い返すことは出来なくて、怪我人が大分出た。怪我をした学生の一人が、「なんで機動隊を入れないんだ」と私に文句をいう。

【小針】 だって、入れれば騒ぐのではありませんか。

【菅野】 当時の法学部長の世良さんにその朝、会ったから、「なんで警察を入れることを考えないのだ」といったら、「君、警察なんか入れたら、大学は警察に支配されるよ」、がその答え。そんな状態だったのです。

【小針】 あの時はチャペルのところで三派と民青系の黄ヘル部隊（黄色のヘルメットを被っていた部隊）が睨み合って一触即発の状態だった。一般学生が中に入って一応止めたのです。今は国家公務員のアパートになっていますが、川内の道路一つ隔てたところに教養部の管理課があって、そこも占拠されたと記憶しておりますが。

【菅野】 その通りです。大学紛争のとき、最初は三派学生への応対の仕方が全然分からなかった。外書講読の時、議論をふっかけられて立ち往生したのを覚えている。一回やり合うと、彼等の手の内が分かってきて、それからはたじろがないで対応出来るようになったけどね。

【小針】 言葉じりを掴まえて、なんだかんだと難癖をつける。

【菅野】 だからいったんです。「君たち、大学の教師がみんな吉田松陰みたいな人だと思ったら大間違いだ。大学の教師というのは、世間の人よりは若干知識の範囲が広いとか、或いは一つのことを深くやっている、それだけであって、あとは何も一般市民と違うところはないんだ」と話した。理科系の先生などは特に応対に困ったらしいね。「何のために研究しているのだ」とか色々なことをごたごたいわれて、泣きだしそうになった若い助教授もいたらしい。
そして、暴力を振るわれた教官も大分いてね。例えば、当時の教養部長の佐川先生は、チャペルの前で、彼らが不法占拠したので退去させようとしていたら、腹を蹴られた。ある物理の先生は、アッパーカットをくらって吹っ飛んだらしい。暴力的な学生がいてね。

【小針】その学生は処分の対象にならなかったのですか。

【菅野】そこでまた揉めたのです。見方によって色々かも知れないが、私たちから見ると、その原因は法学部と経済学部です。彼等は、自分の方に火の粉が来るのを恐れて、何とかことを荒立てないで済まそうというので、教養部の足を引っ張ったのです。

【小針】教養部はストライキ中だけれども、学部は関係ないだろうと思っていましたが、学部の授業まで妨害しに来ました。

【菅野】管理棟封鎖の解除出来なかったわけですが、その時の教養部長は心労のあまり体をこわし、昭和四四年の九月一日に佐川修先生が教養部長に就任しました。
それから、昭和四四年の九月一七日に大学立法反対学生集会が古い体育館であって、二四〇〇名の学生が集まりました。そして、自治会の執行部に対する不信任決議を突きつけて、執行部がなくなり無期限バリケード・ストライキに入りました。
昭和四四年の一〇月一〇日には理科研究棟が完全封鎖され文化研究棟、これは昔のアメリカ軍が使った施設を転用したもので、木造の建物でしたがそこも使えなくなった。授業も出来ないので私は家に必要な資料を持ち帰って博士論文を書いていました。
その後も封鎖は、工学部の管理棟、教育学部、文学部の研究棟まで拡大して全学的になりました。

そして昭和四四年の一一月二三日に機動隊を導入して、封鎖解除をしました。教養部の理科研究棟は物凄く荒らされて、階段まで切り落とされて、その破壊力たるや凄まじいものでした。

【小針】ちょうど東大紛争あたりの頃のお話しですね。

【菅野】そう。そして一二月三日に授業を再開し、一二月一〇日まで機動隊が駐留して、引き揚げて行きました。更に昭和四五年三月三日から五日まで、機動隊の保護のもとに入学試験をやりました。もちろん、ここで処分問題が出てきました。教員に暴力をふるった学生ははっきりしている。法学部に進級予定の学生なのです。ところがこれも、教養部と法学部との間での足並みが揃わないこともあって色々なことがありました。私は厚生補導協議委員をやっていて、佐川先生に頼まれて教養部長補佐として学部長会議に出席し祖川法学部長、芳賀経済学部長と渡り合いました。

【小針】当時、法学部・経済学部はやっかいな問題には手出ししたくないという感じだったのでしょうか。

【菅野】そうです。だから、文学部・教育学部の共同の研究棟は封鎖されたけれども、法学部や経済学部の研究棟は封鎖されませんでした。

【小針】当時はまだ片平丁ですよね。昭和四三~四七年当時、本部・文系四学部及び理学部は片平丁、医学部・歯学部は北四番丁、工学部の大半は荒巻字青葉、その一部は桜小路、農学部は北六番丁、そして紛争の中心の教養部は川内にそれぞれ置かれていて、付属図書館本館は片平丁にありましたね。

ところで、菅野先生が学生の生活・就職指導、福利厚生、保健衛生といったことを所管する厚生補導に初めて携われたのは、何年あたりからですか。当時、大学紛争時の厚生補導の仕事の大部分は民青系、三派系学生の無茶な要求、例えば、一サークルに一部屋を与えよ、といった三派の要求を斥けることでしたね。

［菅野］　昭和四四年だと思う。一サークル一部室の問題は二度目に厚生補導委員をやったときと記憶しています。

■学生運動の様々な姿

［小針］　私は、教養部時代に一度、厚生補導の先生方がずらりと並んだところに引っ張りだされてお叱りを受けたことがあります。

全学連が力をもってきて、私が入学した昭和四三年あたりから、大学どころか日本が大変な状態になってきたんです。昭和四三年、大学に入ってこのままでは日本は赤色革命、つまり共産主義革命に見舞われ、天皇伝統が崩壊してしまうという極度の危機感から、私は日本学生同盟（日学同）という民族派の学生団体に入ったのです。東京から委員長初め二名の幹部が仙台にやってきました。この委員長について来た二人が後に三島さんの楯の会に入りまして、その内の一人が三島さんと共に市ヶ谷で自決された森田必勝さんだったのです。その三人がマイクを使って教養部の学内で宣伝をやった。後でそれが問題になりまして、「無届けの活動である。あれはどういうことだ」といわれて私が呼び出されたのです。菅野先生もいらっしゃったと思うのだけれど、諸先生の前に座らされて、「どうなんだ」と言われました。

私は言ったんです。「確かにやったけれども、民青が握っている学生自治会執行部だって、毎日のように昼食の時間帯にあんな大きなスピーカーでやっているじゃないか。三派だってやっている。あれはみんな大学に届け出てやっているのか、そこのところをはっきりさせてくれ。外から彼らを呼んだ私も問題かも知れないが、そういうことで私がここに呼びつけられ、こんなことで尋問されても、答えようがない。

あっちもきちっと届け出をしてやっているというならば、私たちの落ち度は認める。そして、これからはきちんと届け出てやっていく」という風に答えた経緯があります。

これに関連してここで当時の学生運動について一言申し上げておきますと、日常性の打破を叫び、学費値上げを口実に学園を混乱に陥れ、赤色革命を標榜する全学連、日共・反日共系を問わずそれを実質的担っている（極）左翼勢力の台頭がみられたので、それに対する対抗勢力みたいなものは微々たるものだったのですが、学生団体として登場してきました。私の所属していた日学同もその一つであったわけです。その外にも、例えば生長の家系統の「生長の家学生会全国総連合（生学連）」とか、世界キリスト教統一神霊協会（統一原理）系の全国大学原理研究会（全大原研）といった学生団体がありました。日学同とこういう連中が集まりまして学生協議会みたいなのを作って、ストライキ反対・全学連打倒をやったことがあるのです。数としては微々たるものでした。教養部で主として原理の連中がストライキ反対のビラ配りをやった途端、何十人にも取り囲まれて、結局のところは強制的に排除されたようなこともありました。正直いって私は恐怖感を抱きました。このとき感じたのは、学園の民主的な運営といっているが、その実は民青的運営ではないのかということです。先生の中にもそういった連中と繫がっている人もいて、「これはどういうことか」と感ずる所もありました。

私も確かに学生運動をやっていました。掲げる旗は赤旗ではなく日の丸でしたが、学生運動といった場合に、運動の上に「学生」というのを付けますよね。そこで、対大学教官といいましょうか、それに対する対応については、自分としては非常に苦慮しました。

例えば、イデオロギー的には自分と違っていても学者としては立派な教官がいる。やはり、学問研究とは真理の探究であろう。それを、政治によって歪めてしまっていいのか。つまり、あれは左翼だからといって大学から排除するというのは、一人の学生としてはどういうものなのかなと。「学生」運動として許されるのか、ということです。

私たちはただの政治運動をやっているのではなくて、青いと思われるかも知れないけれど、あくまでも「学生」という看板を掲げてやっている。そこには純粋性がなければいけないのではないか。だから学問的批判はやるべきだけれども、政治的な圧力を道具にして思想的に合わない教官を排除するというのはどうなのだろうか、という点で悩みました。ただ運動が過激化するにつれ、随分ひどい先生もいるので、「こんなのは大学に置いていてもしょうがないから叩き出せ」みたいな心情にかられて来たことも事実なんです。人間、余裕が無くなってくるとだんだん考え方も先鋭化していくものだと後に感じるようになりました。きっと、その行き着いた先が、例の凄惨な連合赤軍リンチ殺人事件でしょう。

私と同じクラスに反帝学評の青ヘルの奴がいて、政治的な立場は違ったのですが、そいつが捕まればクラスメートとして皆でカンパとかやったこともあるのです。だから、学生運動って一体何だろうな、と思いましたね。学生運動というある種の限界の中で、拙いけれども学生の目からみた社会の矛盾に対して、私たちは世の中に問いかけた。それは右も左も同じではないでしょうか。

[菅野]　そういえば、暴力的な反帝学評の青ヘルがいました。ある学生を処分する前に、一応あちらの言い分も聞かなければいけないというので呼び出しをかけました。事情聴取の役目を仰せつかった私を含めての三人の教員が別室で待っていたのですが、その建物にヘルメットをかぶりゲバ棒をもった彼らが入ってきました。厚生補導員二人が応対したのですが、一人が三〇分位でノイローゼ状態になって倒れ、一人が捕まって吊し上げをくっているというので、これはもう見過ごせないと思い、私が出て行きました。最も犯罪的な厚生補導員が来たといって、今度は私が取り囲まれて、一晩じゅうやり合い。問題の学生

(処分の対象になった学生ではありません)は、私の前に座って足を蹴飛ばすんです。一晩中やり合って過ごしました。

夜が明けても、私は一切彼らの要求を聞きいれませんでした。彼らは、何のために徹夜したか分からない、等と猛烈に憤慨していましたが、夜が明けると機動隊が来る危険性があると思ったのでしょう、引き揚げてゆきました。

[小針] 彼は私とクラスが同じでした。入った時はそんな風ではなかったのですが、やはり踊らされたのではないかと思います。もっとワルはいた筈なのです。ただ、彼は体が大きいので、実力部隊のメンバーとして使われ、理科実験棟を占拠させる、そういう使われ方をしたのではないですか。理科実験棟の占拠は大変なことで、鉄筋の階段なども切り落とされた、と聞いておりますが。機動隊が突入した時も彼は最後まで止まっていたようですね。

[菅野] その点は感心だと思った。大言壮語していた外の学生は皆、姿をくらましたのに。

[小針] そういう点は本当に馬鹿真面目ですね。

■憲法研究の途に入るきっかけ

[小針] その当時、先生の中にも色々な人がいました。だから先生方に対する不信感もありました。進歩的文化人といわれた人もおりましたが、私たちはチンポ的文化人と言って皮肉りました。東北大学に入って、小嶋先生と菅野先生に巡り会い、憲法にこういう「真っ当な」先生もいるんだという事で驚きました。別に思想的に同じである必要はありません。淡々と学問の何たるかを説かれる訳ですね。お二人とも。そこで、私はこれなら憲法を採れると確信しました。

或る時、小嶋先生に「君、学生運動の道をとるのか、学問の道をとるのか、ちゃんと選択しなさい」と言われたことがありました。「だけど先生、憲法学者にだって二足のわらじを履いているような人もいるじゃないですか」といったら「学問はそんな甘いもんじゃない」といわれて「そうですか」と。そこで、ハッと目が覚めて、「じゃあ、真面目に考えます」といって。

それで私も悩んで、こんなのでいいのだろうかと思い、三年のときに学生運動から退いたつもりです。ただ、小針が脱退すると色々な問題が出てくるといって脱退が受理されなくて、結局、四年までかかってしまったところもあるのです。

最初、私は大学の先生を馬鹿にしていた所もありました。その中で、ああ、こういう先生もいるんだということを肌で感じたのは、小嶋先生、菅野先生という二人の先生に巡りあった時ですね。これが、東北大学に入学して私の手にした最大の収穫でした。

［菅野］　ぼくの研究室に来たのは何時でしたか。

［小針］　一年生か二年生の時です。例の「日本国憲法無効論」を引っ提げてね。

［菅野］　小針君は「日本国憲法は無効」と言って聞かないのでしたね。

［小針］　今の憲法は無効であると。その時のバックボーンになっていたのは、先ほども話に出ました三枝先生でした。

三枝先生といっても若い方にはなじみがないでしょうから手短かにご紹介しておきますと、三枝先生は当時国士舘大学の教授でしたが、前述したように、年齢などもよく存じ上げませんでした。前にも触れましたが、その著『真説・新憲法制定の由来』の奥付を見ますと、明治二一（一八八八）年に山梨市（旧後屋敷村）のお生まれで、旧制第一高等学校を経て、大正三（一九一四）年、東京帝国大学法科政治学科をご卒業されました。その後、外交官になられ、在巴里国際連盟事務局事務官、ギリシャ国代理公使、大使館参事官などを歴任されました。昭和五〇（一九七五）年、原書房から復刻されましたが『国際軍備縮小問題』（復刻原本、昭和七（一九三二）年）で法学博士の学位を授与された方です。この大著は一〇〇〇頁を超え、注目すべきことに、当時第一級の国際法学者であった立作太郎博士が「序」を寄せられております。このような方とは知らずに、私は高校生時代に手紙を通じてですが、ご教授頂いたわけです。年齢差、六〇歳以上、まるで孫みたいなものでした。

話を前掲書の「はしがき」にかえますが、それは現行憲法を無効と断ずる檄文で、「序文」は憲法学会理事長澤田竹治郎、「推薦の辞」は元東京弁護士会長菅原裕、その両氏が書かれております。澤田竹治郎氏は、元行政裁判所長官・元最高裁判所判事などを歴任された方です。錚々たる方々が筆を執られたわけですね。また、元東京弁護士会長菅原裕氏は「現行憲法失効論」を唱え、『改訂版　日本国憲法失効論』（時事通信社発行、時事通信社出版局発売、昭和三七年）を著されました。その他、「現行憲法無効復元論」を主張された井上孚麿《イノウエタカマロ》先生がおられまして、『増訂　憲法研究』（政教研究会発行、神社新報社発売、昭和四四年）を世に送り出しました。

このような状況の中で、私の憲法観、むしろ日本国憲法観と言った方が正確かもしれませんが、形成されたわけです。その成果である「現行憲法無効論」を引っ提げて菅野先生の研究室をお尋ねしたということになりますね。よくもまあ、菅野先生は私をまともに相手をしてくださったものだと今では思っております。

■三枝先生との出会い

〔小針〕　ところで、どうして三枝先生に私がご教授頂くことになったのか、簡単にお話致します。高校時代から私たちの世代には民青系の連中もいたのです。建国記念日を巡りましても色々な議論があったのです。クラスの討論会などもあって、民青系の女の先生が世界史の先生で、五分か一〇分位、毎回、そういう討論会をやるわけです。建国記念日が決まった時もまた討論会がありまして、賛成したのは殆ど私一人位なものでした。

実をいうと私は警察に目をつけられていまして、「小針という生徒がいるようだけど、彼はやや右翼っぽい。何をやっているのか」ということで、担任の先生に呼ばれて、「君、課外活動を何かやっていないか」、と聞かれました。「課外活動」というと、草野球とか何かの感覚で私は受け止めました。ところが、そんなことではなく「政治・思想運動をやっていないのか」という話だったから、「今はやっていないけど、そのうちどこかの政治団体に入るつもりだ」と言ったわけです。

そうしたら、そんなことになると、職員会議でそれを検討しなければいけないということになってしまって、家にも担任の先生が見えて色々話し合いました。父を亡くし、母一人、子一人の家庭です。先生も含め三人で相談しました。結局、母親の知り合いの方が理事をしている「政治刷新国民運動」というのがありまして、それは大川周明の流れを汲む憲法改正を掲げた組織なのですが、穏健な団体で言論だけでやっているところなものですから、そこに入会しました。

そこには『政治刷新』という機関誌がありまして、そこの機関誌にまめに自分の書き物を出すと、添削して載せてくれたのです。そして、この機関誌で私が岩手の片田舎で孤軍奮闘しているのを三枝先生が知り、君も私と同じ境遇かということで、八〇前の先生だとは私は知らなかったのですが、それで手紙を頂いて文通を始めたのです。

それで、ポツダム宣言がどうだとかこうだとか、高校生の私には分からないのだけど、とにかく送られた先生の難解な論文を読んで感想文を書いてやりとりしていたわけです。それから東北大学に入った。そのときに、確か相原良一先生が私の一年か二年生の時に仙台にいらっしゃって、この仙台ホテルでお会いしたのです。相原先生のお名前は三枝先生の前掲書「はしがき」にも「東京水産大学教授・憲法学会相原良一常務理事」という形で出ておりましたし、お手紙も頂いた記憶がありますので、存じ上げておりました。その時、相原先生以外にも大学の先生がおられまして、三人で話をしまして、その中でたまたま菅野先生のお名前が出てきたわけです。

そういうことで、どうも菅野先生は左でもないようだと思いました。そこで、私は憲法無効論を叩き込まれてきたから、それを引っ提げて先生の所に行ったわけです。

そして、黒板にいろいろ書いて、菅野先生から「貴方は現行憲法無効と言っているけど、それでは明治憲法が有効だということになるが、法の実効性は法の効力の必要条件なのだよ」と説明され、私は有効な反駁もできず、ただ茫然としておりました。私は三枝先生のことしか知らないし、三枝先生を崇拝しておりましたので、自分の見解に絶対的な自信があったのですけど、菅野先生にお会いして、色々お話を伺っているうちに、違った見方もあるのかなという気持ちを抱き始めたということです。

［菅野］ あの時、君に答えたことを、「宮沢憲法学の一側面」で相原良一さんの現行憲法無効論を紹介して註で批判したとき、その註の中に書いておきました（参照、『続・国権』二八八〜二八九頁）。

■菅野先生とお目にかかって

［小針］ 今にして思えば、私は、憲法が妥当するということ、憲法が無効であるということの意味する

ものは何か、そういう問題の立て方をしなければならなかったと思うのです。

ただ、憲法といっても、憲法秩序そのものを指すのか、それとも日本国憲法というタイトルの成文法を意味するのか、或いはこの秩序なり成文法なりを構成している個別の法規範を指すのか、きちんと分けて議論しなければならなかった、これが反省点ですね。確かケルゼンを読んでいくと、ゲルトゥング（Geltunng：有効性・妥当性）のところで、個別の法規範（Rechtsnorm）のゲルトゥング問題と法秩序全体（Rchtsordnung）のゲルトゥング問題とを区別して議論していたように思うのです。

そこのところがよく分からなかったのでしょうね。そもそも憲法が妥当するというのは一体どういうことなのかという大問題を引っ提げて、高校時代に既に分かった気がして私が菅野先生のところにお邪魔したということです。

【菅野】 あの時の私の答えは、恐らくこうだったのではないかと思う。「君のような議論を徹底させると、現代のソヴィエトでも依然として有効なのはロシア帝政時代の法令であり、フランスでも王制、アンシャン・レジーム（Ancien Régime）時代の法令が現在でも有効だということになるのではないか」と言ったような記憶があります。

【小針】 「では今、フランスで有効な憲法は何だろうとなるわけです。そこのところも考えてごらん」みたいな話をされたと思います。

ところで、「大日本帝国憲法（略称、明治憲法）復元改正論」というのは、大日本帝国憲法という憲法なるものがまだあって未だに燦然と光り輝いているのだけれども、それを日本国憲法という暗雲が遮断している。光が遮断されているだけだから、その暗雲である日本国憲法を無効として取り払ってしまえば、大日本帝国憲法の光が燦々と再び降り注ぐのだと。そうはいっても大日本帝国憲法が制定された時代状況は今と違うわけだから、大日本帝国憲法を時代に合うように改正すればいい。「明治憲法復元改正論」ってそういうことを説く見解だと思うのです。井上先生や相原先生の説くところでもあったわけです。

それを継承しているのが生長の家系統の連中だったのです。とにかく無効論では同じだったのですが、その先になると明治憲法の復元改正か自主憲法制定か道が分かれます。

【菅野】 相原さんとは日本法哲学会で一緒になって、個人的に親しくいろいろ話をしたけど、非常に礼儀正しい方ですね。

【小針】 人柄とか何かはいいのです。その心情・信条も基調としては同じなのです。

三枝先生に戻りますが、三枝先生に託されたところもあるのだけれど、残念ながら私はついていけなくなりました。問題は批判の仕方で、マッカーサーを徹底的にやっつけるのはいいんですが、私からすれば罵詈雑言、罵倒にちかい。だから、感情丸出しではなく、冷徹な論理性をもって批判は行うべきものなのではないかということです。もう少し学問的論証性が必要なのではなかろうか。

こんな印象を持つに至り、小嶋・菅野両先生に教えを乞うことになりました。一〇〇パーセントひっぱたくのは菅野先生なのですけど、「あの野郎が」とか「この野郎が」というやり方ではなくて、論証に裏打ちされた理詰めの批判を行うわけですね。時には、余りにもねちっこくてやり過ぎではと思う時もありますが。

私の学問観というのは、自分の信条は信条だけど、それとは違ったものとして学問というものがある。だから、自己の信条からはもう少し距離を置いて、事物の理を見極める。したがって、場合によっては学問は自己自身を冷たく遇する、つまり自分の信条を否定すらすることもある。これは大学に入って、自分としては非常に苦しんだところですが、反面それは私にとって非常に大きな収穫だったのではないでしょうか。

【菅野】 私自身、正直いうと、六〇年安保の頃、左傾したことがあるのです。ただ、書いたものには一切出さなかったが、デモに参加したり、そういうことはあります。

【小針】 六〇年安保の時のそういう人たちは、今からいうとナショナリストなのです。

【菅野】 かもしれません。反米感情が出たのだと思う。

【小針】 私は今も、強く抱いています。

【菅野】 あの頃、資本論なども三分の二ぐらいまでは読んだかな。だから、マルキストと議論しても大丈夫なだけの蓄積はもっていた。それがまずいと思ったのは、大学の紛争のお蔭かもしれない。つまり、彼らのいっていることを極端に実行すれば三派みたいなことになる。破壊しかなくなるということを、身をもって知らされた。そういう点では、大学紛争というのは私にとってプラスだったかもしれないと思っています。

■生活観・社会観に大きな変化を味わう

【小針】 一言だけ申し上げますと、私は国家主義というか民族主義とか天皇崇拝とかを政治信条として活動しましたし、その心情は運動から退いた今でも胸に秘めています。ただ、私たちが国家主義とか民族主義とかを唱えていた時、私たちこそが民族主義運動の前衛であって、そのようなものとして日本を、そして日本民族をリードしていかなければいけないという気負いがありました。前衛とはリーダーと同じ意味と理解しておりました。左翼的に表現すれば、共産主義革命運動の前衛といったことになるのでしょうか。それに関連して先駆性理論といった言葉も耳にします。今思い起こせば、随分傲慢な考え方だといえます。自己を中心にして国家、否、宇宙は回るというような錯覚に囚われていたわけですね。つまり私たちは目覚めたる前衛である。世の一般人、つまり凡人たちは平凡な日常生活を繰り返す盲《めしい》たる民である。こういった思い上がった気持ちでした。

ところが、国家社会の営みに思いを致しますと、別な姿が見えてきたのです。毎日、朝の七時とか八時になれば黙々と職場に向かう人達がいる。そして、夕方の五時過ぎになれば疲れはてた顔をしながらも家路を急ぐ人たちがいる。この何の変哲もない平凡な生活こそがまさに日常性の最たるものですよね。実は、国家社会というものはそういう平凡な人たちによって成り立っているのではないか。いろいろな文句もあるであろう。それを我慢しながら日々働いている。そういう人たちが頑張っているからこそ、国家社会の営みが、こうして何事もないかのようにとうとうと流れているのではないか。私たちは声を張り上げ、がなり立てているけれども、こういう生産とかこういう世の中の営みの中にあってどのような位置をしめているのだろうか、こんなことを考え出しますと、今までと全く違った見方が出てくるわけです。

つまり、自分たちは前衛であって民族主義の意識レベルでは進んだ存在であるという見方が次第に失せ、下手をすれば私たちこそが国家社会の寄生虫みたいなものではないかと考え始めたのです。勤労して生産活動に従事しているわけではありませんし、学業の方も今一つで、国家・民族のためと称して会社などを回って運動資金を貰うなどというのはとんでもない話ではないか。このような考え方、物の見方に変わっていったわけです。

本当に社会を支えている人たちは誰なんだろう。日々支えるということは大変なことではないか。カッコよく三派も「日常性打破」などと言っているけれど、日常性というのはそんなに簡単に打破出来るのか。日常性を維持するというのはどんなことなのか。このような疑問にもかられ、運動から次第に遠ざかっていきました。

【菅野】大変なことだ。「日々の勤め」を果たすというのはね。

【小針】日常性打破を叫ぶ連中がストライキをやって、学業を放棄する。それどころか、学部にまで押し掛けて、授業や試験を妨害する。それで単位をとれずに、落第するのは当たり前。これが日常的で常識的な大学のあり方ですね。ところが、試験は受けたくないが、落第するのは敵わない、だから俺たちを留年させないで進級させせろ。これムシが良すぎるんじゃないか。君たちの考え方って、なんだ。ストライキはやる、定期試験はさせない、だけども単位はくれと言っているだけに過ぎない。これがそのいうところの日常性打破なのか。確かに、試験も受けず単位だけはいただき、その上、進級まで出来るのであれば、これ以上の日常性打破はあり得ない。だけど、これは極めて非常識です。貴方たちの言っている革命とは一体何なのだ。この程度なのかということです。そんなに進級出来ないことを恐れるのだったら、ストライキをやらなければいいじゃないですか。それだけの話です。

【菅野】ともあれ、そんなこんなをしている中で、私は、昭和四五年の二月に東北大から法学博士の学位を授与されました。もっとも、博士号はやむを得ず取ったのです。というのは、教養部という所は全学の縮図で、理科系が非常に大きな割合を占めている。理科系には、学位をもたないのは一人前ではないという社会通念があって、理科系では、学位をもっていないと教授にしない。お情けで定年間近に教授にするという慣習があった。文学博士はなかなかとりにくい。しかし、法学博士、経済学博士はとれる筈だから、博士号をもたなければ教授に出来ないという暗黙の了解があったので、私としても取らざるを得なかったのです。

もう既に柳瀬先生も定年で居られず、主査は小嶋さんで、副査として樋口さんと藤田さんがついた。そして偶々そのときの法学部長が世良さんで、応援してくれたものだから、昭和四四年の一二月初めに学位論文を法学部の教務に提出して、次の年の昭和四五年の二月に学位授与が決まった。

〔小針〕　随分早いですね。

〔菅野〕　そして、昭和四五年の四月に東北大学大学院法学研究科兼担になっている。既にもう大学院の授業をやっていた筈なのだけど、履歴の上では学位を取ったあとのことになっているのです。そして、同年の八月に東北大学教養部教授に昇任したという経緯です。

昇任したのはいいのだけれど、まだ大学紛争は継続していて、審議員に選ばれました。審議員というのは学部の授業と教養部の授業との間の調整をはかる全学の会議ですが、教養部の執行部の末席に連なるのです。

〔小針〕　野党ではないのですね。

〔菅野〕　野党でない。そして、昭和四五年一一月二五日、三島由紀夫氏の自決があった。これはやはりショックで、銃剣を胸に突きつけられて、「日本国憲法は無効か有効か、イエス・オア・ノーで答えろ」といわれたら、自分はどうするだろうかと思ったものね。三島由紀夫氏の『仮面の告白』という小説は非常に印象深くて、これは仮面ではなくて「素顔の告白」じゃないかと思ったけど、確かに一種の天才でしょうね。

■長引く大学紛争の中で

〔菅野〕　昭和四六年も、沖縄全面返還の訴えで学生ストがあり、昭和四七年一月三〇日に、西洋史、特にイタリア・ルネッサンスの専門家の西村貞二先生が教養部長に就任して、その時、学生は学費値上げ反対無期限ストに入っていた。これがまた大変で、抗議と封鎖、そして期末試験も出来ない状態。それで昭和四七年の三月一九日に期末試験実施のために機動隊を導入して、二一日まで試験を実施した。ところが受けたのは、二年生約二五〇〇人の内一〇〇〇人だけ、だから一五〇〇人が留年した。特に医学部は結束が固い。裏切ったら後が大変だ。それで殆ど受験しなかった。

その時、私は執行部の一員だったものだから、一つの講義棟の責任者にさせられて、マイクをもってあちこち見て回った。そうしたら、定年間近のドイツ語の中野先生と二人の長老教授が言い争っている。何だろうと思って黙って聞いていたら、中野先生は、学生が筆記試験をよしてくれと強く要求したので、それに応じて中止しようとしていた。タカ派の長老の先生たちがそれを非難して、中野先生もむきになって言い合いになっていた。

それで私は責任者なので教室に入っていって、丁寧に中野先生に、「先生、教授会での申し合わせがありますので、想い起こしてください」と頼んだら、すぐに中野先生、「あ、分かりました」といって筆記試験をやった。中野先生に私が不当に圧力をかけたと三派に物凄く恨まれました。後に私が不法監禁された理由の一つなのです。

また、学生が座り込みをやっていたのを機動隊が排除しようとして、女子学生が怪我をした事件があった。試験を受けるために構内に入る学生にいちいち学生証を提示させて検問した。私の受け持ちの検問所の所に女子学生に対して暴行を働いて云々ということを書いたビラをベタッと三派が貼った。検問にあたった若い教官は、それを引き剥がそうとするから、「一寸待て、後で問題が起こると困るから」と言って、西村教養部長の所に行って、「あれは剥がしていいか」と念を押して戻ってみたら、もう引き剥がしてあった。しかし、菅野がその責任者だから、菅野の独断でやったと三派はいい、これも私を不法監禁した理

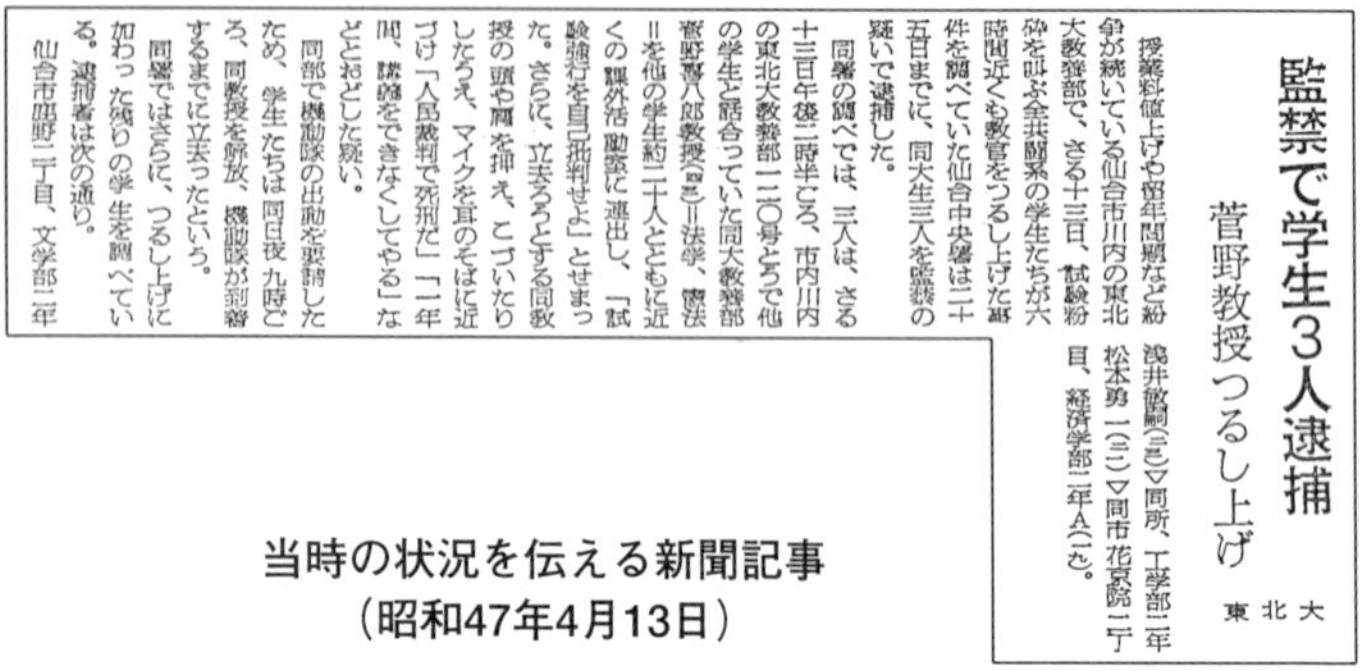

監禁で学生3人逮捕
菅野教授つるし上げ
東北大

授業料値上げや留年問題など紛争が続いている仙台市川内の東北大教養部で、さる十三日、試験粉砕を叫ぶ全共闘系の学生たちが六時間近くも教官をつるし上げた事件を調べていた仙台中央署は二十五日までに、同大生三人を監禁の疑いで逮捕した。

同署の調べでは、三人は、さる十三日午後二時半ごろ、市内川内の東北大教養部一二〇号ところで他の学生と話合っていた同大教養部菅野喜八郎教授(四三)＝法学、憲法＝を他の学生約二十人とともに近くの課外活動室に連出し、「試験強行を自己批判せよ」とせまった。さらに、立去ろうとする同教授の頭や肩を押え、こづいたりしたうえ、マイクを耳のそばに近づけ「人民裁判で死刑だ」「一年間、講義をできなくしてやる」などとおどした疑い。

同部で機動隊の出動を要請したため、学生たちは同日夜九時ごろ、同教授を解放、機動隊が到着するまでに立去ったという。

同署ではさらに、つるし上げに加わった残りの学生を調べている。逮捕者は次の通り。

仙台市堤町二丁目、文学部二年浅井敏嗣(二三)▽同所、工学部二年松本勇一(二二)▽同市花京院二丁目、経済学部二年A(一九)。

当時の状況を伝える新聞記事
(昭和47年4月13日)

由の一つにしている。

更には昭和四七年の四月八日、古い体育館で教養部長団交があった。あらかじめ私は、厚生補導委員会と学生の間で決められた時間をすぎたら退去命令を出す権限を教養部長から与えられていた。福田義一さんと二人でマイクを担いで行って、もう時間が過ぎたので退去命令を出した。初めはなかなか巧く言えなかったが、だんだん慣れてきて、「体育館内の学生諸君に告げる。直ちに体育館から退去せよ。警告する。これは退去命令である」と繰り返した。そうしたら動揺して、一般学生がみんな出ていったものだから、三派は、「菅野、ばかでかい声を出しやがって、あの野郎」というわけで、これもまた私の罪状の一つになった。

そして四月一三日に不法監禁されました。それ以前の四月何日だったか忘れましたが、法学部の三派のシンパサイザーが会ってくれというので、会って話をしました。その時はリーズナブルな話し合いでしたが、もう一度会ってくれという。そこで、時間を決めて研究室で会うことにした。今度は初めから喧嘩ごしで、反帝学評の学生がヘルメットをかぶって武装して私の研究室になだれ込んできて、私を鉄格子のはまった学生控室に引っ張っていった。

向こうから経済のH教官がきたから、これは不法監禁だといったのだけど、彼は知らん振りして行くし、六時間位、パイプ椅子に座らされて自己批判しろというのです。私は自分の意志で此所に来たのではないから、一切話さないと宣言しました。けれど、とても聞くに堪えないようなことをいう。そういう時は、「これはモノローグである」と断って、いい返しました。

彼らはなかなか利口で、夜になると、お茶とパンをもってくる。手をつければ不法監禁でなくなる、自分の意思でそこに居たということになる。だから手をつけない。そうしたら今度は、一番たちの悪いのが、煙草の火を貸せという。貸してもいいけども、それなら私を外へ出せというと、そんなけちなことをいうのだったら借りないという。煙草の火を貸せば、やはり同意してそこに居たということで不法監禁は成立しない。少なくとも、そう判断する非常識な裁判官がいる。本当に彼らは狡いと思った。

評議会も了承して、機動隊を入れて私を救おうとしたら、早くも情報を聞きつけて、彼らは退去した。退去間際に三〇代後半の男が来て、彼らに指図していました。

【小針】 情報を聞きつけるというのは、どういうことなのでしょうか。

【菅野】 あれは恐らく警察署の前で見張っていたのではないかと思います。だから六時間位ですんだのですが、腹が立って、そのあと二、三日家で寝込みました。

【小針】 例えば、小用があるという時には連れて行ってくれるのですか。

【菅野】 丁度教官が救出に来てもみ合っていた時、尿意を覚えたからその辺にした。二回位やったかな。それも不法監禁の証拠になった。

あと、外にトイレがあって、そこに行けという。だけど、ちゃんと後からくっついて来ている。弁護士もそこを突く。あの時、何故逃げなかったかと。私は足が遅いし息切れする性質だから、逃げたってすぐ捕まるのは目に見えているので、逃げなかったのだといったけど、そういう調子でね。

この時、警察に調書を取られましたが、ひどく時間がかかった。最後に、是非厳しく処罰して欲しいといってくれという。親告罪じゃないから、私はそういう事はいわないといった。私は刑事事件にするつもりは初めからなかったのです。

ところで、進級認定会議が四月二〇日にあって一五〇〇人の留年が決まった。私などは「戦い勝てり」で、家に帰って高枕で寝ていたのに、理科系の教官は真面目なのです。三派からリアクションがあることをこちらが予想せず、注意しなかったのが失敗でしたが、理科系の先生が研究棟にいて捕まって、七人程暴行を受けた。殴られたりひどい目にあわされた。それで、私は警察に行って調書に「これは刑事制裁に値すると思料する」というのを付け加えた。その後、検察庁にその書類がいって、検察官にいろいろ聞かれた。流石に検察官は一時間足らずで調書を作成しました。

その時、私が「これは不法監禁になるぞ」ということを学生に何回か警告したことを非常に重視していました。

そして今度は裁判。証人になって出てゆく。調書をとったのは年配の検察官でしたが、法廷に立ったのは若い検察官で、証人台に立つについて、「先生、心配する必要がない」という。昨日、裁判長に会って、先生の体に指一本触れさせない保証をとりつけたからと。そこで私は、「たった一人で教壇に立っているのだから、裁判所の証人台にあがるのに危惧感などひとつももってない」と笑いました。

結局、執行猶予つきの有罪判決が出て控訴審までいった。控訴審で争った時に出たビラがこれです。これが、捕まった時の新聞記事。これは教官の談話のビラで三派学生と親しい教官が学生に話したことをビラにしている。私に関するビラは何種類も出たのだけど、残念ながら残ったのはこれだけです。

これを見ると、彼らには、私に引っ掛けられたという意識が強いのですね。だから二度とそういうこと

お待たせ！名優・菅野喜八郎再出演

菅野喜劇再演に結集せよ！

裁判の当時に出されたビラ（昭和52年6月27日）

はしまいと。

それから、昭和五〇年の六月二三日にサークル棟が不法占拠された。その時、運悪く私は厚生補導委員長になっていました。しかも、うちの息子が二年生の時、親父の悪口を書いたビラや看板が出たものだからストレスがあったとみえて、穿孔性十二指腸潰瘍で倒れました。

■紛争の中にも見られる人の姿

〔小針〕その頃ですよね、息子さんが大病なさったとか、昭和五〇年でしょう。丁度五〇年の五月一日に私は岩手県立盛岡短期大学に赴任しましたから、そのあたりですよ。先生のところに伺ったとき、お子さんが倒れたとか……。

〔菅野〕サークル棟を不法占拠される前に、私は厚生補導委員長として丁寧に学生のビラを読んで分析し、「これは不法占拠もあり得る。今からその場合の対処を考えておいた方がいい」と執行部で主張したのですが、高橋富雄さんが部長でしたが、「そんなことあり得ない」といって耳を傾けない。厚生補導委員長がそういう危険性があると判断したのだから、予め考えておけば打つ手もあったのです。不法占拠させておいて、条件を出して、それを認めてやるという手もあったのです。

だけど、執行部が全然そんなことを予め検討していなかった。不法占拠された時点では高橋富雄さんは川内に居なかったので、私が判断しなければならず、直ちに出ていけといった。それで後に引けなくなって長引いて、昭和五〇年の八月二〇日に八名の学生を懲戒処分にしました。警備員から鍵を奪って、新しくできたサークル棟のドアを開いて占拠したのだからね。

懲戒処分に付したら、学生は裁判所に提訴した。昭和五〇年、行政事件、懲戒処分取消請求事件。

【小針】　懲戒処分は退学。

【菅野】　一人は退学。その外は無期停学だと覚えています。学生の暴行は益々凄まじくなって、昭和五一年の一月から二月にかけて講義棟を封鎖したり学校の施設を破壊したり、期末試験も妨害する。

昭和五二年の二月六日、期末試験妨害をやりました。どうしても期末試験をしないと進級させることが出来ないので、五二年の二月一三日に機動隊を導入して定期試験を実施しました。そうしたら、学生が河北新報に投稿し、東北大は大学の自治を自らの手で葬って機動隊の助けを借りて期末試験をやった、という投書が掲載されたのです。

私は腹を立てて、匿名などというのはカッコ悪いからちゃんと名前を出して、「正当な物理的強制力を独占しているのは国家である、一〇名の学生でも、ゲバ棒を持ってヘルメットをかぶれば、これを阻止する手段をこちらはもたない。しかし、もし期末試験を実施しなかったらどうなるか。入学試験が出来ないではないか。それでは社会に対して大学の負っている責任が果たせない。大学が負っている責任を果たすために、大学の自主的な判断に基づいて正当な物理的強制力の独占者である国家に対して援助を求めるのは、何ら大学の自治に反するものではない」という趣旨の原稿を書いて投稿し、それが河北新報に載りました。

これも大分彼らを刺激して、三派の全国機関紙に、反動教官の主張として載ったらしい。

【小針】　懲戒処分になって、退学者まで出た。だけどあとで、そういう連中かどうか分からないのですが、復学したとか。

【菅野】　そうです。結局、学校側が腰砕けになって、昭和五二年の八月一七日に教授会で処分解除をしてしまった。

【小針】　なんでですかね。

【菅野】　暴力に屈したわけです。

【小針】　だって、一旦処分を出したのでしょう。

【菅野】　そうです。それで、そのときに教授会で反対したのは私一人。正確にいうと、教授会で懲戒処分解除の問題が出るということを前の日に知ったから、常日頃仲良くしている化学の新井万之助さんに、明日、処分解除の案が出るらしいけど、私は反対演説をぶつが一人だけでは効果がないから、君も同調してくれと電話をかけました。あの強気の新井さんが、まさか自分だけに喋らせるんじゃないだろうなという。とんでもない、私はそんな卑怯なことはしないからと言って先ず私が反対演説をやり、続いて新井さんも反対演説をやりました。後はしんとして声なし。

その時は教養部長はまだ御園生さん。数学の御園生さんという方は、評議員としては非常に有能でしたが、学部長としての器ではなかったなと思います。

紛争中、つくづく感じたのは、学部長としての一番大きな器は西村貞二先生だということです。あの人は、普段の会議では黙って何もいわない。ところが皆が困って、例えば講義棟が全部封鎖されたことがあって、もう駄目だ、事務長も教務委員長も私も、これはもう講義出来ないと諦めた。そうしたら西村先生が、一寸待て、手があるんじゃないかというのです。米軍の施設が木造だけどまだ残っているから、あれを使って講義をやれるのではないかと。成る程。それをやったら三派の方が参って、封鎖解除して出ていった。

それから、やはり部長の器だなと思ったのは、講義をいつ再開するかを決めた時。大学の構内では会議が開けなくて、温泉に行って会議を開いた。その時、予定の日に再開しなくても良いのではないか、講義再開を何日からにしようと前に決めて公にしたけれど、それより一週間ずらしたらどうかとか、そういう意見が大多数だった。私は予定通りやった方が良いということをいったけど、ごく少数なのです。

そのとき、西村先生は最後に纏めて、「お話を聞いていますと、予定通り再開するのが良いという方が多数意見のようですので、そういう風に決めます」。みんな、あっけにとられました。あの人こそ部長の器だと思った。小回りは利かないから、評議員になったら駄目だろうけども。御園生さんは小回りが利くので、評議員としては有能だったのですが。

【小針】小回りではなくて、大局を見通せないと駄目なのですね。

【菅野】一度決めたら貫くしかないのです。

【小針】先生のご感想をお聞かせ願いませんか。教訓などでもよろしいのですが。

【菅野】私自身はタカ派を一貫して、却って長い目で見てプラスしました。というのは、三派学生に同情的なことをいう人は、みんなカネをねだられたり酷い目にあっている。一番悲惨だったのは教育学部の某助教授です。信用のおける人から聞いたのだけど、仲のいい夫婦だったが三派に甘い顔したら、毎日押しかけて来て、晩飯は食うやら長距離電話をかけるやらで夫婦仲まで壊れてしまって、しかも東北大を辞めて東京に出ていったそうです。

三派学生に甘い顔をした人たちは、金額は人によって違うだろうけど、大分カネを吸い上げられたようです。私が親しくしていた一般の教官でも吸い上げられている。私のところには一度も来ません。どうせあいつは駄目だろうと。

【小針】そこまで三派の連中は堕ちていたのですかね。

［菅野］ 堕ちていました。
［小針］ それじゃあ、革命もへったくれもないでしょう。
［菅野］ ないですよ。酷いものです。
［小針］ 私などは、自分たちの新聞を取っていただくにも、畏れ多いから先生たちの所などへは行かなかったですよ。そんな破廉恥なことが何故出来るのかな。
［菅野］ 甘えです。私の学生時代は彼らよりずっと大人でした。大学の教授をそんなに過大評価しなかった。偉い先生が一番沢山いた時代だったけど、こちらもそんなに卑屈な気持ちにならない。対等な存在ぐらいに自惚れていたから。三派の学生は、教官の悪口を言う癖に、一方では酷く甘えている。だから子供です。
［小針］ 私も偉そうな事は言えませんが、ストライキに賛成したわけではないし、受けるものはちゃんと受けてということで、私などの時も昭和四三年以後、例の無期限バリストで進級出来ないのが二百数十名になってしまって、一五〇〇名まではいきませんが、結構大変な時代だったですよ。
［菅野］ 五一年九月二〇日に大内秀明という人が学部長になった。それからその大内政権が一期続き、私は、教授会には出ませんでした。
［小針］ その人は社会党系で、総評の顧問か何かやった人でしょう。
［菅野］ 彼はある意味で政治力がある人です。私は、教授会にたまにしか出なかったので、私立大学だったらクビになっていたね。国立大学だからあれで済んだけど。
［小針］ 私学の場合の方が教授会の出席というのはやかましいですか。
［菅野］ 物凄くうるさいです。

［小針］　理事会としては、教授会などうるさくない方がいいから、あまり熱心に出席しない方が却っていいのかと思っておりましたけど。実際は違うんですね。

［菅野］　少なくとも日大法学部はそうです。

■大学紛争でしばらくは論文が書けなくなる

［小針］　では、この昭和五一年頃あたりから菅野先生はあまりいい感じはなかったのですね。それにしても、菅野先生の東北大学時代というのは大学紛争の毎日に明け暮れた、もったいないような時代だったんですね。

［菅野］　そういう毎日を過ごしていました。三派学生が私や高橋富雄さんを辞めさせようとしているという噂もあり、私は勝手にしろという気持ちでした。例えば教授会が三派の圧力に屈して退職勧告を出しても絶対に辞めるものか。辞めさせるには評議会を通らなくてはならないし、更に文部省にいくのだから、絶対自分から身を引くなどという馬鹿なことはしない。却って煩わしくなくていい、と思って。

しかし、本当に困ったのは論文が書けなくなったことです。あまり長い間、学校行政の方に首を突っ込んだために、今みると酷いものです。この七年間に出したのは論文と翻訳一つ。その翻訳も短い、カール・シュミットの「政治の概念（Der Begriff des Politischen）」の訳です。論文というのは、今読み返すのも厭な、「P・ジーゲンターラの憲法改正作用論」、これは『行政行為と憲法　柳瀬博士東北大学退職記念』（有斐閣　昭和四七年）に書きました。

［小針］　柳瀬先生の東北大学退職記念といえば、先生は、昭和四四（一九六九）年、『法学』の第三三巻第一号（柳瀬良幹教授退官記念号）にも「憲法改正規定の改正——法段階説についての一考察」を書かれま

したね。記憶が定かでなく、内容が中々思い出せないのですが、ケルゼンとメルクル両者の法段階説を比較検討しながら、二つの法段階説があるとか説かれていたように思うのですが、どうもはっきりしません。二つというのは実質的な法段階説と形式的な法段階説だったような気がしますが。いずれにせよ、学園紛争も一段落して、先生が研究者の生活を再出発されたのはここら当たりからでしょうか。

【菅野】　あの論文は紛争前に発表したものです。とにかく、「P・ジーゲンタ－ラの憲法改正作用論」、これは今でも見るのが厭で、付き合いで書いた論文の典型です。それで一寸鬱病になってしまった。

その後、論文書く能力を取り戻したのは、昭和五二（一九七七）年で、『ジュリスト』臨時増刊に「日本国憲法三十年の軌跡と展望」というのがありますが、あれの「抵抗権」の項を引き受け、同じ年に世良晃志郎先生の還暦記念論文集に、「ジョン・ロックの抵抗権概念」を書きました。この辺からまた調子が出て来たのです。

「憲法改正規定の改正」、「抵抗権論についての若干の考察」を書いたのが昭和四二年（一九六七年）、つまり東北大に移った年のことで、それから大学紛争が始まったのです。その後、昭和五二（一九七七）年、東北大学の紛争のしこりが解けるまで、私の研究業績はブランクに等しい。私は元々才能がないし、その上、一方向にしか頭が回らないものだから、紛争の中で三派対策を考えている時は学問の方に頭は全然いかない。そんなもので。

【小針】　それは、無理だと思いますよ。

【菅野】　それが出来る人もいたのです。高橋富雄さんは両方出来るといってました。

【小針】　菅野先生の場合は集中型だから、神経が分散してしまって集中出来ない状態になってしまうのではないですか。

■樋口さんとの論争

［菅野］　駄目なんだね。要領が悪いからしょうがない。

それからなんとか論文を書き続けて、昭和五三（一九七八）年から、日大法学部に移る昭和六三（一九八七）年まで、小嶋さんが編集された『憲法の争点』に書いた二項目を含めて一四論文を書きました。一九七七年の日本哲学会の依頼で報告した「ケルゼンの強制秩序概念と授権規範論」、長尾さんが編集した『新ケルゼン研究』（木鐸社、一九八一年）に寄稿した「ケルゼン管見――擬制としての根本規範」、「ホッブズの抵抗権？・」（法学四六巻二号、一九八二年）、「自衛隊の『合法=違憲』説所見」『法の理論5』（成文堂、一九八五年）を除くと、樋口陽一さんの論文を媒介しての「八月革命説」の間接的批判、樋口さんの「批判的峻別論」批判――宮沢先生の法律学における「科学学説」と「解釈学説」の二分論に係わるので宮沢学説批判の面もあります――、そして後二つは、基礎理論に限ってのことですが、真正面からの宮沢批判です。

私の論文は多かれ少なかれ、他人の学説を論難しながら、その問題についての自分の考えを述べるという形式を採っています。私の書いた最も長い論文の「ホッブズの抵抗権？・」にしても、ドイツのマイヤー＝タッシュのホッブズ論を批判しながら、ホッブズのいう「臣民の自由」の性格を究明し、「臣民の自由」はドイツ刑法の免責緊急避難に類似しているのではないか、とすれば正当防衛のアナロジーで捉えられている抵抗権と全く性格を異にする、ということを論証したものです。この論文は準備に着手してから完成するまでの五年間の歳月を要しましたが、いくつかの副産物があって、後に五つの小論に結実しました。

宮沢先生の憲法理論への批判ですが、そのきっかけになったのは、樋口さんが昭和五六（一九八一）年、日本法哲学会で報告した「日本憲法学における『科学』と『思想』」です。このとき学会に出席して報告を聞き不審な点を問いただしましたが、翌年、『一九八一年法哲学年報』（有斐閣、一九八二年）に掲載された彼の報告を精読して、私の八月革命説の理解と余りにも違うこと、そして彼のいう批判的峻別論は何たるかが全く理解できないのに驚きました。樋口さんなりの八月革命説理解に基づく八月革命説擁護論と、同一報告（論文）中で展開されている「批判的峻別論」とが如何なる関係に立つのかも不明だったので、先ず彼の八月革命説擁護論を検討し批判したのが私の「八月革命説覚書」です。

この批判に対し樋口さんは、「『八月革命説』理解の視点——学説の『両面機能説』補説」で反論しました。それを再批判したのが「八月革命説覚書後記」ですが、「後記」の方が「覚書」より長くなってしまいました。

他方、彼の八月革命説擁護論と何処でどうつながるのか今だに私には理解できないのですが、同一論文中で展開された「批判的峻別論」という彼の説を「『批判的峻別論』偶感」で批判しました。これに対し樋口さんは「『批判的峻別論』批判・考」という、私の語感からすると奇妙なタイトルの論文で反論しましたが、「再論『批判的峻別論』」でこれに応酬し再批判することで、学会の一部の注目を惹いたこの論争は終結しました。上掲の論文は凡て『続・国権』に収められていますが、なお『論争』二二六～二二九頁を参照いただければ幸いです。

■小嶋先生を送る

［小針］　小嶋先生が亡くなられたのは、昭和六二年の三月二五日。

ところで小嶋先生という方について改めてきちんと紹介しないでお話をすすめてきてしまいましたが、最後に、ここでご紹介させていただくことにします。私の恩師でもありますので。

小嶋先生は大正一三年二月山口県にお生まれになり、旧制の第三高等学校文科甲類を経て東京帝国大学に進まれ、昭和二二年九月同法学部政治学科を卒業されました。ご卒業と同時に宮沢俊義教授のもとで、同大学院特別研究生になられ、研究生活に入られました。三年半の特別研究生を中途退学して、昭和二六年四月、東京都立大学専任講師となり、昭和三七年三月には東京大学より法学博士号を授与されました。東北大学教授憲法講座担当、同大学院法学研究科授業担当ということで東北大学に赴任されたのは昭和四〇年四月のことでありました。爾来二十有余年にわたり同法学部において教育研究に尽力されました。

小嶋先生の年来の主要課題は、日本財政制度の比較法史的研究にあり、わが国の憲法学にあってこの分野の第一人者であり、学界に多大な貢献をなさいました。その研究姿勢は独善を排し、諸外国の同種類似の制度を極めて客観的かつ比較法史的に考察され、その論理は真に緻密であり、その説くところは透徹した分析のなせる業でありました。時流に迎合することなく、学びては思い、思いては学ぶ孤高の研究者でもあられました。まさに、「とらわれぬ把握態度」(『日本財政制度の比較法史的研究』i頁)をその生涯にわたり求め、究めようとした憲法学の「匠」といって良いでしょう。また菅野先生とは異なり、実定憲法の解釈学を中心に研究され、更に芦部先生がアメリカ判例の研究を通じて憲法訴訟論に向かわれたのに対し、小嶋先生は明治憲法体制の第一次資料に基づく実証的研究に進まれ、日本学士院紀要上の「明治憲法起草過程の資料的研究」を初め、多くの研究成果を発表されました。先生没後、その成果は、小嶋和司憲法論集として『1　明治典憲体制の成立』(木鐸社、一九八八年)、『2　憲法と政治機構』(木鐸社、一九八八年)、『3　憲法解釈の諸問題』(木鐸社、一九八九年)、『憲法と財政制度』(有斐閣、昭和六三年)および『日本財政制度の比較法史的研究』(信山社、平成八年)に集約されております。

［菅野］　小嶋さんは戦後学界に登場した憲法学者中第一人者です。短歌をよくし、陶器収集を趣味とさ

れていました。小嶋さんが亡くなる直前ぐらいに、市原昌三郎先生が日大法学部長代理として小嶋さんの見舞いを兼ねて病状を探りに仙台に見えられました。私が案内しました。正直なところを教えて欲しいというので、芳しくない旨話しました。

［小針］　昭和六一年の五月あたりに小嶋先生をお訪ねしたときはまだお元気でした。そのときか、その後葉書でしたか、記憶が定かではないのですが、そろそろ学位論文を取り纏めたらどうかという話があって、数ヶ月かかって何とか書き上げ、七月か八月に直接法学部に持参したことを覚えております。その時にはもう入院されておりまして、大変驚きました。あっという間の出来事でしたね。そこまで悪い状態だったとは存じあげませんでした。

［菅野］　そうです。手術はしたのですが、手のほどこしようがなくすぐ縫い合わせました。

［小針］　そこまで酷いということは予想もしておりませんでした。小嶋先生が翌年の昭和六二（一九八七）年に退官されるというので、日本公法学会が昭和六一年に仙台で開催されたわけです。そのときに、鈴木さん、堀内さんが小嶋門下を代表してお見舞いに行ったのではなかったでしょうか。

［菅野］　私は小嶋さんの奥様に頼まれて、手術した直後、お嬢さんと二人で執刀医から話を聞きました。何時高熱が出ておかしくなっても不思議に思わない、と言われました。

そして、仙台公済病院に暫く入院されていたのですが、厚生病院に移ったのが悪かったと思います。それまで丸山ワクチンを打っていたのですが、厚生病院は官僚的で頼んでも打ってくれない。丸山ワクチンは、個体差はありますが人によっては効くことがあるのではないかと思います。というのは、公済病院では丸山ワクチンを打ち続け、苦痛は余りなかったのです。ですから、少なくとも苦痛を和らげる効果はあったのではないかと思うのです。

【小針】　私が病院をお訪ねしたのは昭和六二（一九八七）年の三月二五日です。その前日だったと思いますが、菅野先生にお電話しまして、どうもただならぬ様子を感じておりました。実は、当日二五日の午前中に、在職していた盛岡短大で確か入試の合否判定のためだったと思いますが教授会があり、それに出ていたのですが、何か妙な胸騒ぎがしてなりませんでした。そこで、急遽二五日の午後に仙台へ向かったのです。そして、私と笹川隆太郎君、二人でお見舞いしました。門下生が私たち以外にもいたような気がします。菅野先生にも病院でお目にかかったような気も致しますが、記憶があやふやです。お見舞いは、午後の三時か四時頃だったかと思います。先生は激しい息づかいで、床に伏しておられました。何か目がこちらを向いたようにも思われましたが、よく分かりません。退室後、菅野先生と一緒にちょっと病院を出て二時間位して戻ったら、お亡くなりなっていた。

【菅野】　昼の食事をしていたのです。そうしたらそこに布田君が血相を変えてとんできて、危ないんだ、すぐ病院の方にというので戻りました。小嶋さんの御母堂が、是非私に病室に入って看取ってくれとおっしゃるので、入室して小嶋さんのだんだん冷えていく足をさすったのを覚えています。

【小針】　それから、近くのホテルを拠点にして菅野先生の菩提寺で葬儀ということになったのでしたね。三月三一日まで生きられなかった。これが今でもなんとも遣りきれないのです。無念でなりません。小嶋先生にとっては非業の最期だったのでしょうか。

小嶋先生はほんとうは昭和六二年の四月一日から日大に行かれる予定で、本などもみんな運んだのでしたね。その小嶋先生の代わりに菅野先生が日大に行かれることになって、先生の研究舞台が東京に移ったわけですが、そこからは次回に伺わせて頂くことにしましょう。

対談　第三日目

一　日本大学法学部へ

［菅野］　小嶋先生が、定年目前の昭和六二年三月二五日に亡くなられたところまで、前回お話ししましたね。

ところで、その後間もなく、当時の日大公法の中心人物で一橋大学の名誉教授の市原昌三郎先生から、私に日大法学部にこないかという誘いがありました。正直いって驚きました。なぜならば、私は憲法学者ではないのですから。

［小針］　ちょっと待ってください。菅野先生は私の憲法の先生のはずですが、それは一体どういうことなのですかね。

［菅野］　私は、制度とか手続というものに余り興味がないのです。その点では、よほど小針君の方が憲法学者なのです。私は研究者ではあるけれど、本来、恥ずかしくて憲法学者と名乗れない代物です。私は、そういう自分の弱点をよく知っていました。ただ還暦を間近にして、この機会を逃がしたら第二の就職口は到底望めないという気持ちがあったので、それでお受けしたわけです。

■学部での憲法の講義に悩む

［菅野］　ところが、いったい法学部でする憲法の講義というものはどうなんだろうという不安が、日大にいく前から非常に強く、案の定、いってみたら、私の講義は、憲法解釈とか判例の紹介は二の次、三の次で憲法基礎理論に近いようなことばかり。だから、学生も呆れてしまって、聴講表はたくさん出るのだ

けど、出席者は非常に少ない。さらには、日大法学部の同僚たちが私に期待していたものと私の講義内容が非常に違うので、白眼視されました。

それから、前任者の水木惣太郎先生のいわば花形講座を受けついだ形になったので、憲法講座担当を希望していた人達に嫉妬され、その上自分の欠点知っていたので、二、三年ウツ状態が続きました。

念のために申しますと、水木惣太郎という方は、日大法学部の憲法担当教授であった方で、その著作集は大著七冊で、次のとおりです。

一、憲法講義〔改訂版〕七九二頁
二、基本的人権〔憲法学研究Ⅰ〕六五〇頁
三、議会制度論〔憲法学研究Ⅱ〕七二六頁
四、比較憲法論〔憲法学研究Ⅲ〕四八二頁
五、憲法逐条講義〔憲法学研究Ⅳ〕五六四頁
六、比較憲法史〔憲法学研究Ⅴ〕六二八頁
七、選挙制度論〔憲法学研究Ⅵ〕四五四頁

これらの諸著は今でも引用されています。


【小針】当時、菅野先生の講義を受講されていた学生数はどれくらいだったのですか。

【菅野】登録は五〇〇人ぐらいいたのではないかな。だけど、出てくるのは非常に少ない。

【小針】何十人か。

【菅野】おそらくそうだろうね。

【小針】学生から何か言われたということはありますか。

[菅野]　それはないけどね。

[小針]　その点は羨ましいですね。今の学生は積極的に言ってきますからね。

[菅野]　いわないから、それで助かったかもしれないが、ともかく自分でこれはいかんと思って、鬱になって、一年勤めおおせるかどうかと思うぐらい落ち込んだのです。

幸い、市原先生が陰でバックアップして下さり、又、後に法学部長になった柳沢弘士という民法の教授が、当時、法学研究所の所長をされていたのですが、着任して間もなく、私が『続・国権の限界問題』を出したとき、私の部屋にわざわざ訪ねてこられて、出版助成の申請をするよう勧めてくれ、これが私にとって励ましになりました。

出版助成というのは、日大法学部の教員が本を出した場合、それが専門書であれば、上限が二〇万円の範囲内で買い取ってくれるという制度なのです。それをぜひ申請しろといわれたのです。ちょっと考えさせてくれといったら、そんなこと考える必要ないというのです。ちょうど一〇年前に出した『国権の限界問題』が手元にあったので、柳沢氏にそれを進呈しました。

柳沢さんの専門は民法ですが、法学の各分野に興味をもち、C・シュミットの尾吹の『憲法理論(Verfassungslehre)』の翻訳をいち早く買い入れて読んでいるような方です。それで、私の『国権の限界問題』も精読したらしく高く評価してくれ、それで幸い、柳沢さんの知遇も得ることができました。

ところで、柳沢さんは日大法学部出身で、しかも金時計を貰った人です。つまりトップで卒業して、在学中ではないかもしれないが、卒業してすぐ司法試験に通って、司法修習生を経ています。普通だったらその段階で日大の法学部に戻って専任講師になれるのですが、主流派と合わなかったらしく、すぐには戻れず、弁護士事務所に勤めて金をためドイツに私費留学している。そして、ケーメラーという民法学者について不法行為論を研究し、帰国してそれを発表し、それが日本私法学会で高く評価されて、私法学会から研究報告の依頼があり発表しました。だから、二〇歳代で既に名前が出た人です。「法学方法論」などにも興味をもってその領域の論文もあり、私もそれを読んでみましたが、一気に読めたから中々のものだと思いました。

〔小針〕　菅野先生は日大に移られてから二年何ヵ月間、もんもんたる状態であったというわけですが、何をきっかけにそのような状態から脱却することができたのでしょうか。それをお聞かせいただけますか。

〔菅野〕　一つは、ゼミを持ったことです。とくに二期、三期のゼミ生との間に非常によい関係がもてました。これはゼミ長がよかったのです。

〔小針〕　二期、三期というのは年次なのですか。

〔菅野〕　そうです。そのときの二人のゼミ長の行田篤彦君と平山賢寿君がよく補佐してくれて、ゼミをうまくまとめてくれ、それが一つの慰めになりました。

それからもう一つは、これはぼくがいって二年目か三年目に起こった事件がきっかけになりました。

■日大でも事件に遭遇する

〔菅野〕　それは、当時の法学部長は商法の教授だったのですが、その人がほかの学部長達と語らって総長を告発するという事件があったのです。総長は激怒して、理事会は法学部長を罷免し、学部長代行として村田光義という先生、この方は清宮四郎先生の甥ごさんで、慶応大学の経済学部出身、専門は経済学説史ですが経済原論を担当されていました。この方を理事会は法学部長代行に任命しました。

その村田さんは柳沢さんと懇意の間柄。だから、代行就任は柳沢さんの身代わりみたいな意味をもっていたのです。村田さんが私に、研究担当になってくれないかと電話をしてきました。これは役職ですが、研究担当なら引き受けてもいいかなと思って受諾しました。研究担当というのは、たとえば研究室の配分をやったり大学院関係事務を統括する、そんな役職で、閑職なのです。それで引き受けました。

ところが、研究担当を引き受けるということは、柳沢グループに完全にコミットすることになるので、ある人から考え直した方がよいという助言を受けましたが、一度引き受けた以上、断るわけにゆかない。いろいろな経緯があって、四カ月くらいの間、代行の期間が続きました。その後正式の学部長選挙があり、柳沢さんが学部長になり、柳沢さんから、今度は法学研究所の所長をやってくれないかという話がありました。

所長を四年も勤めた人間が言うのは変なのですが、法学研究所というのもよく分からない。要するに司法試験を初めとする各種国家試験の受験勉強を手助けをする、そのためのいくつかの授業をしたり参考書を揃えたり、あるいは無料法律相談に応じ、あるいは学内学会開催の手助けをするとか、年に一回、『法学紀要』という雑誌を出す、申請者に出版助成金を与えるかどうか決めるとか、そういった仕事なのです。

【小針】　菅野先生の研究者生活は、東北大のときもそうですが、日大に移られたときでもこの手のお話しに事欠かない運命なのですね。

ところで、日大の法学部というのは大所帯だと思うのですが、教員数はどれ位だったのですか。

【菅野】　一五〇人を越えます。

【小針】　教授会というのは教授だけによるところなのですか。

【菅野】　教授だけの教授会と、助教授も含めた教授会と二種類あった。

【小針】　講師は入らないのですか。

【菅野】　講師は入りません。教授だけの教授会で人事を決めますが、そのときは助教授代表が三人入る、そういう仕組みでした。

ところで、法学研究所の所長をやったけど、私には弁護士の資格がないし、やっていることがやっていることだから法律相談に応ずることはできないし、司法試験も受けたことがない。そんなわけで、しようがないから先ほどいったように『法学紀要』に毎年一本ずつ論文を書くことで自分の存在理由を示して、なんとか四年間、勤めおおせたというわけです。というより研究所の事務担当者が非常に有能なので勤まったという方が正確でしょう。

【小針】　そのころの論文は、年一本のみならず、二、三本はありますよね。

【菅野】　平均すると一本半くらいだろうと思います。

【小針】　二本ぐらいのときもあったと思います。菅野先生からは抜き刷りをいつも頂戴していましたから覚えていますが。

【菅野】　そんなことをやっているうちに、鬱状態から抜けてきたのでしょうね。学校行政の方にコミットして学部長を補佐したといっても、柳沢さんは事務処理にかけてもきわめて有能で、どれだけ補佐になったのか、学部運営に貢献できたのか怪しいのですが、ともあれ執行部の一員になって学校行政に関与しました。

本来ならば、職責を怠って学校行政にコミットしたのだから後ろめたさを感じ、鬱がひどくならなくてはいけないはずなのだけども、そこは不思議なもので、かえって鬱を軽減するのに役立ちました。

それでも、やはり後ろめたさは残る。教育者としては失格だし、学校行政というと聞こえはいいけれども、要するに役職に就いて手当てを貰っている。これは、ほかの連中からすると極めて羨ましくて癪にさわることでしょう。それでよけい反感を買う。だから、私は論文を一所懸命書いたのです。

二　日大時代の研究——ロック、ホッブズ

【小針】　菅野先生の当時の心の状態はよく分かりました。ところで、菅野先生は、同僚を前にして学内学会で研究発表をなさっているでしょう。それも、何本か憲法と法哲学の境界領域の難かしそうなテーマを選んで。

【菅野】　私が学内学会で報告したのは二回です。一つは、「『自然状態において人間は自由かつ平等である』という命題について」。もう一つは、辞めるときの、退職記念講演で、信山社から出た、新しい論文集の題名にもなっている「抵抗権論とロック、ホッブズ」、この二つです。学内学会の発表を軽視する人多いのですが、私にとっては真剣勝負でした。

【小針】　これはかなり重いテーマですよ。なにせ、法思想としては自然法・自然権思想にかかわりますし、まさに法哲学と憲法学の間のテーマでしょう。それに、抵抗権については、それは果たして実定法上の権利たりうるか、たりうるとすればどのような意味においてか、それともそれは単なる政治論、いわば論者の政治的主張にすぎないのか、といったことも問題になるように思われます。この問題に対して近代憲法の政治思想的基盤ともいうべきものを構築したと目されるロック、ホッブズの研究をもって応じようとするのですから、大変貴重ではありますが難儀なことのように思えてなりません。

【菅野】　そう、「抵抗権論」は重いテーマです。あの宮沢先生が「抵抗権論についてのあとがき」（『憲法Ⅱ〔新版〕』一七二頁以下）で自分が憲法の研究に「手をつけて以来、三〇年以上にわたって、私の頭にこび

りついてはなれない問題、しかも、考えれば考えるほど分からなくなる問題、そして、いったん自分なりに解決できたと思っても、もういちど考え直してみるとすぐにその解決が少しも解決になっていないと気がついてがっかりする問題のひとつ……というよりむしろ、随一である」と告白されている難問で、しかも古来幾多の人々が取り組み、第二次大戦後はドイツの若干の州憲法が抵抗権について明文の規定を置き、後にドイツ連邦共和国基本法が憲法改正手続きを経て二〇条に一項を追加して、「すべてのドイツ人」は抵抗権をもつと明示した関係で、抵抗権に関するドイツの文献は相当数出ています。研究発表はどんな場で行われようとも、学者としての鼎の軽重を問われますから、完成稿を携えて口頭発表し、あとで詳細な註をつけて論文として公表しました（参照、『抵抗権論』）。

そういうわけで日大での生活は、東北大の時代と比べると非常にいい点もあったし非常に困った点もあったと言うことができると思います。

振り返ってみますと、東北大で一番良かったのは、大学院をもったことです。大学院をもつことによって、小嶋和司さんと藤田宙靖さんの手助けをして英才を育てるのに若干貢献し、また逆にこちらも院生諸君から刺激を受け、その上、資料収集に協力していただいて、私の研究にとって大いにプラスになりました。この機会に、私としては小針君を始め、新、森田（寛）、布田、稲葉、井坂、神橋等の諸君に謝意を表します。

［小針］　当時、私も東北大の大学院で菅野先生に教えて頂いたのですが、そのようにいわれると英才でなかったので恥ずかしい限りです。

ところで、菅野先生は日大に移られてから、ケルゼンというよりもホッブズ、ロックの方にだいぶ傾斜されて、そちらの方の研究論文をバンバンと出されたように受けとめているのですけど、そのあたりは、どうだったのですか。

［菅野］　事実、そうでしょうね。もっとも、最初に日大で発表した二つは、東北大時代から暖めていたもので、あらかた原稿ができあがっていたものですし、また他の幾つかは東北大時代に得たアイデアを基にしています。

『論争』の中で収めている「いわゆる峻別論について」という論文と「カール・シュミットの憲法概念」、実はこの二つは日大に移る前に殆ど原稿ができあがっていたのです。この二つをいわばお土産として日大に移ったということになります。

■ロック、ホッブズ研究のきっかけ

［小針］　菅野先生の研究テーマが、ケルゼンとかシュミットあたりからホッブズ、ロックあたりに移行していくきっかけというか、そのあたりのことを少しお話ししていただけますか。

［菅野］　それは、何と言っても、宮沢抵抗権論批判の副産物です。宮沢抵抗権論のアキレス腱は抵抗権概念だと私は見ています。ではいったい、宮沢先生自身が他の人々と同様、代表的な抵抗権論者と認めているジョン・ロックが抵抗権という語の下に何を考えていたのか、ロックの抵抗権概念はどうなのかを確かめるために「J・ロックの抵抗権概念」（『社会科学と諸思想の展開　世良教授還暦記念論文集　下』創文社、一九七七年、『抵抗権論』所収）を書きました。宮沢先生の抵抗権概念はロックのそれと合致するか、しないまでも類似しているか、を知るためです。もしロックの抵抗権概念が宮沢先生のそれと合致ないし類似せず、私が構成した抵抗権概念と合致ないし類似すれば、それだけで私の宮沢抵抗権論批判は成功したことになります。宮沢抵抗権概念は抵抗権という語の用例に即せず、不適当だということになるからです。

【小針】　菅野先生のご研究の流れは、やはり宮沢先生という原点があるのですね。その原点の透徹した分析を通して宮沢先生の「思考前提」を徹底的に解き明かす、このことに先生は精力を注がれた、ということでしょうか。

【菅野】　研究の原点ではなくて、批判の主な対象ですね。私の仕事の半分以上は様々な形での宮沢憲法学基礎理論に対する批判です。直接批判の対象とした拙論は三つ、あとは芦部、樋口両氏への批判を通しての宮沢批判です。少なくとも関東、東北、北海道の憲法学は宮沢憲法学の大きな影響下にありましたからね。一般に戦後憲法学は宮沢憲法学を抜きにしては語れないといっても過言でないでしょう。だから批判に値するのです。

【小針】　ところで、尾吹先生も菅野先生が日大に呼んだのでしたね。菅野先生はすさまじいばかりに人を呼んでいますね。

【菅野】　私が呼んだというより、柳沢さんがひどく彼に惚れ込んだのです。もちろん、私も尾吹に来てほしかったのですが、柳沢部長が「ぜひ尾吹先生にきてほしい」というので、私が彼に声をかけたのです。尾吹もああいう質《タチ》なので、定年後の再就職など望めず、千葉大定年前に移ることを承諾しました。私と尾吹は一つしか年が違わないし、同じ大学出身で一体化していると見られていたので、案の定、教授会では反対論が多く、通すのに大変だったけど。

【小針】　失礼ですけれど、思想の違いという点から、日大の税法の北野先生あたりなどは反対されたのではありませんか。

【菅野】　いやいや、北野さんは最初から賛成しました。北野さんという人はなかなか好感がもてる人です。思想的には左かも知れないけれど、学者としての業績の有無についての判断は公正な人です。私が「尾吹を採りたいので宜しく」と挨拶にいったら、彼は、大賛成だといいました。

［小針］　そうだったのですか。尾吹先生は、私以上にこわもて的な感じで、「尾吹先生には近寄らない方がいい」みたいなところが若い連中の中でも知らず知らずに出てきていたでしょう。私は、直接お会いしてみて、なにも特別なことは無いという気がしましたけどね。

■翻訳・語学力について

［小針］　„Verfassungslehre"は、尾吹先生の訳と阿部照哉先生の訳と二つありますね。尾吹先生の訳は厳格で、私はやはりこちらの方がいいのではないかと思うのです。古本屋だと、阿部先生の方が高いのですが。

［菅野］　値段が高いのは発行部数が少ないのか、それとも阿部さんの訳書には、後ろにワイマール憲法の条文の翻訳がついているせいかな。

［小針］　だけど、訳自体をみると、私には尾吹先生の方がきちっとしているように思えるのですが。

［菅野］　ぼくも同感だ。尾吹には並々ならない語学の才能があります。ケルゼンの、'General Theory of Law and State' 本文四四六頁の大著の訳を、『法と国家の一般理論』として木鐸社から出していますが、彼のいうところでは四カ月で訳了したとのことです。あれだけの大冊を四カ月で訳了するというのは、大変な語学力と国語力だね。

［小針］　その点は菅野先生と一緒ですね。もっとも、以前、シュミットの「政治の概念」（『危機としての政治学』所収、ダイヤモンド社、一九七三年）でしたっけ、菅野先生が訳されたことがあったでしょう。私が

喫茶店に連れていかれたときに、「菅野先生、これにサインしてください」といったら、「おれ、自信ないから勘弁してくれ」といって、絶対サインしてくれなかったですね。

［菅野］　そうだったか、すっかり忘れた。あのときも、鬱だったのです。鬱状態になると私は何から何まで自信を失います。あの翻訳、長尾さんは評価してくれたけど。

［小針］　ぼくは、ドイツ語の語学力とか何か、尾吹先生も菅野先生も大変なものがあると思っています。

［菅野］　私の語学力というのは、読むだけの語学力なのです。しかも、読むのも論文に限られている。外国語を学ぼうとするとき、何か原語で読んでみたいのがないと駄目ですね。私がドイツ語を自発的に勉強したのは、訳も分からずカントやヘーゲルを原文で読んでみたいと思ったため。フランス語をやったのはマラルメの「エロディヤッド断章」の上田敏訳に魅了されたため。私の経験では、簡単な文法書と定評ある引きやすい辞書を手許に置き、一年くらいは授業に出席し、授業と関わりなく読めそうで興味のある本を辞書を引いて読むのが能率的です。詳しい文法書は辞書のように必要に応じて引く、もちろん、専門の外国書購読の授業があったら出席して勉強しなければなりません。語学の良くできる哲学の先生の話によると、五〇頁読めるようになったら、その外国語は、専門に役立てることができるそうです。専門の本となると、その分野の知識をある程度もたないと手がつけられません。また辞書に百パーセント頼ることができず、内容から推して意味を推測しなければならないことが屢々あります。専門書を読解するには、その人の知識、経験、論理的思考力の凡てを傾注する必要があります。単に語学力の問題だけではありません。私は語学の才能に乏しく自分の専攻する分野の外国語の書物、英独仏とラテン語を少々読めるだけですが、参考になれば幸いです。

ともあれ、日大にいって良かったことは、一つには、柳沢学部長の知遇を得ることによって、六年ぐらい役職に就いたこと。役職に就くと、ぼくに対して反感をもっていても、それを露骨に示すのはなかなか大変なのです。なぜなら、役職の人に睨まれるとひどい目にあうというのはあり得ることだからです。私はそんなことしませんが、人によっては職権を濫用して意地悪することがあります。それで、少なくとも表面的には私への風当たりが和らいだのだと思います。

■学会出張の副産物

［菅野］　日大に行って良かったことのもう一つは、年一回ですが学会出張のための旅費が必要なだけ貰えるようになったことです。東北大教養部の時代は出張旅費は少なくて、九州や北海道で学会が開かれるとき、学会出張が認められませんでした。日大では、北大で日本法哲学会があったときに女房を連れて出席することができました。もっとも女房にまで旅費が出たわけでありませんが。そのとき、たまたま「法的思考の現在」というタイトルで何人かの人が報告したのを拝聴しました。黙って聞いていたのだけど、報告者が何をいおうとしているのかさっぱり分からない。討議の資料として、一〇〇〇円で「一九九〇年度日本法哲学会学術会議報告テキスト集」を売っていたので買って目を通し質問に立ちましたが、ろくな答えを得られなかったので、東京に戻ってからそのテキスト集を基にして三人の報告と統一テーマの火付け役の田中成明さんの批判を短期間で書きあげました。

　ところが、そのテキスト集の表書きをみると、「このテキストは学会当日の相互了解《ママ》とシンポジウムの議論の活性化のために編集、作成されたものです。それ以外の目的のための使用は、報告者及び編集者の承認なき限りご遠慮ください」とあったものだから、そのままその批判を論文として発表するわけにいかない。それで、『一九九〇年度法哲学会年報』が出るのを待って書き改めて出したのが、『論争』の中に収まっている「『法的思考』概念について」という私の論文なのです。この論文は、亀本洋・松浦好治・森際康友の三会員の報告を批判したものです。亀本会員の法的思考概念についての説明の欠点を指摘しながら、法的思考とは精神作用としての法の適用だという私なりの法的思考概念を構成・提示し、松浦・森際両会員の法的思考とか法的空間概念は極めて曖昧で何を主張しようとしているのか理解できないといった批判をし、註で一九九〇年日本法哲学会の統一テーマ「法的思考の現在」の火付け役になったと見られる田中成明会員の「法的空間」概念は不明確であり、その上、こうした概念を構成する必要性が論証されていないと論難しました（参照、『論争』五四～七九頁）。その後、田中会員は『法的空間』という本を出しましたが、私の批判に一言半句も触れていません。どうも法哲学専攻の方々は仲間うちにしか通用しない隠語（jargon）で物を考え、論文を書いているらしいと思い、それも一つの原因で、日大法学部の定年のとき、日本法哲学会の理事会にあてて正式に脱会届を提出し、脱会しました。新しい言葉をつくることで思考が拡大することはありますが、その場合、その言葉が表す概念を明確に規定すること、造語の必要性ないし有用性の証明は造語者の責任だと今も思っています。

そんな具合にありがたい話で、札幌まで旅行できて、小樽もついでに見物して、論文のタネまで拾って帰ってこられるようになりました。一年に一回とはいえ、学会出張旅費に制限がなくて、必要なだけは出してくれるとは有難い話です。

［小針］　旅費はほんとうに制限はないのですか。何百万でもいいのですか。

［菅野］　それはないけれど、日本国内で開かれる学会であれば、必要な旅費はちゃんと出してくれたから。

■法学上の言葉について

【小針】ところで、話が少しずれるかもしれませんが、法学上の言葉について少し気になるところがあります。先ほど菅野先生がいわれた「法的空間」という場合もそうですが、法理論において学術用語といえども多義性は避けられませんが、レトリックに流れるところも多いような気がします。

私はちょっと読んでみたのだけど、「法的空間」とはなんぞや、と。なんで「空間」という概念を使わなければいけないのか。「空間」といえば三次元のはずなんですね。それは法的な「場」だとか別な言葉ですでに使われているわけですが、なぜ三次元的な意味合いをもっている「空間」というものをもってこなければ説明できないのか、そこのところがよく分かりません。率直にいいますと、ことさらにレトリックにこだわり、時の流れに身を委ねるような学問のあり方には違和感をおぼえます。そのような姿勢は、表現手段としての言葉に現れるわけです。

「法的空間」という表現も今流のレトリックみたいなものと私などは受けとめているのですが。

あとは、これは菅野先生にお聞きしたいのですが、ラートブルフは偉大な法哲学者だと思います。彼は本来刑法学者ですよね。ドイツは実定法を踏まえて法哲学（レヒツフィロゾフィー：Rechtsphilosophie）をやる。わが国は、法哲学はあくまでも法哲学であって実定法を踏まえていないのではないでしょうか。いわば、「法哲学も（auch-Rechtsphilosophie）」なのか「法哲学のみ（nur-Rechtsphilosophie）」なのかの違いです。

【菅野】それは語学力の問題が絡みますね。ドイツ人はドイツ語で良い文献が読める、また同じインド・ヨーロッパ語族だから、フランス語でも英語でも、われわれよりもずっと習得しやすい。日本人は、英語なら英語という一カ国語を読めればまあいいほうです。もっとも清宮先生は内務省に一年間勤めた後、研究室に戻ろうとしたら先輩に、おまえ、英独仏三つ読めるかといわれて困ったそうです。

そこで研究室に入ってから、何人かと一緒にフランス語の勉強を始めたらしい。末弘厳太郎先生がそれを見て、お前たち、そんなことをやっていたら、いつまでたってもフランス語は読めないぞ。おれが教えてやるといって、法律の本を使ってフランス語の専門書の読み方を教えてもらった、だけどフランス語は身につかないとみえて、一応読むけど隔靴掻痒の感がある、つまり靴の上から足を掻く感じがすると清宮先生はおしゃっていました。

私もフランス語は弱いのですが、上田敏訳「エロディヤッド断章」に陶酔し原書で読みたいと思って、旧制二高時代、課外授業でフランス語のごく初歩を学び、辞書を引き引きモッパーサンの短編小説を読みました。教員時代、カレ・ド・マルベールのものやアムセルク（P.Amselek）の『現象学的方法と法理論』なども読みましたが、フランス語の文献に基づいて論文を書いたのは六〇歳すぎてからのことで、「L・デュギの憲法理論管見」と「L・デュギの抵抗権論」がそれです（『論争』所収）。この論文を書くため大量の文章読みましたが、それが読めたのはデュギの文章がやさしくて論理的なためです。読みやすいというのは、一つは初等文法で読みとけるということもあるけれど、もう一つは、彼と私の思考波が近いということですね。ある程度読みなれると、少々語学的に問題があっても、多分こういうことといっているんだな、とスーと推測できる。デュギ論を書くことで、初めてフランス語の勉強を論文作製に役立てることができました。

■論文の「思考前提」を見抜く

［小針］　菅野先生の「思考波」というのは非常に興味あるところですが、私が先生から学んだ言葉は「思考前提」ということです。「小針君、学説はいろいろあるのだけども、われわれにみえてくるのは流れ

出てきたものだけだ。学者というのは考え方の根っこの部分、思考の土台の部分に在る前提は表面に出さないのだ。それを見抜けるかどうか、読み取ることができるかどうか、先ずそれを、君、考えなさい」と。それを「思考前提」という。「そこのところが見抜ければ、その学説を本当に叩くことができるのだよ」と伺いました。

【菅野】そのいい例が、宮沢先生の抵抗権論です。いったいあの根底にあるものは何なのかなのか、宮沢先生の抵抗権の定義こそが問題なのだということを見抜ければ、宮沢批判が可能になるわけです。

【小針】なかなかそれ気づきませんよね。

【菅野】それを見抜くためには、こちらにも相当の予備知識と直観力が必要です。

【小針】だから、抵抗権論といい、八月革命説といい、あれだけ菅野先生のように、この学説はこういうものに拠って成り立っているというのを分析・摘出したのは、かなり私にも衝撃的で、さっきいっていた通りなのですけどね。だから、「思考前提」、これは未来に贈る言葉だと思っていますけどね。

■辞典の大切さ

【菅野】話をまた戻しますと、あと日大に移って良かったと思うのは、毎年の個人研究費が四〇万ほど出るのです。そのうち四万までは消耗品費として使えます。その消耗品費を利用していろいろな辞典を買った。たとえば『岩波仏教辞典』とか『字通』といった漢和辞典も買いました。

【小針】『仏教辞典』をお買いになったのですか。

【菅野】安いものだけどね。あるいは『西洋史辞典』とか、白水社の『仏和大辞典』とか研究社の『英和大辞典』とか、ああいうものが買えて自分のものになるから、これは非常にありがたかった。

【小針】　菅野先生のご研究に、『仏教辞典』とか必要でしたか。
【菅野】　たまにですがね。言葉の正確な意味知ろうとするとき役立ちます。ぼくの今の書斎は、ちょっとした図書館です。人名辞典だとか地名辞典だとか、英語の固有名詞発音辞典だとか揃っている。だから、必要なときにパッパッと広げて調べることができる、もちろん西洋史年表、日本史年表も手許にあります。
【小針】　元に戻しますが、菅野先生からは、「ノッホ（noch）、ドッホ（doch）」、こういうことについて私は初めて教わりました。ドイツ語の先生はそんなことといわないもの。「小針君、ノッホ、ドッホ、これはどういう意味だ。不変化詞だけど……」と。
【菅野】　そう、不変化詞、一筋縄ではゆきません。
【小針】　これの訳し方が語学の場合は大変なのだよと。関口存男さんに、こんな分厚い本があるから、君、読んでみたまえ、寝ながら読めますよとかいって。ドイツ文を正確に捉えようとすると、doch、nochの用例を知っておくのは必要だということ分かりました。
【菅野】　東京へいくと古本屋がずいぶん多いのです。日大に勤めて良かったと思う第三番目は、古本屋が非常に近いものだから、散歩がてらにひやかせる、ということです。
　比較的安い本は路上に置いている。それで、例えば片山正男の『ドイツ文法辞典』とか『独和大辞典』、あるいは『独和小辞典』とか、そういうものが買えた。片山の辞典は髭文字を使っていたから、今の学生は使えないので安く買えました。
【小針】　あれは今、ドイツ人でもなかなか読めないのだそうです。
【菅野】　そうらしい。若い人は読めないというね。だから、古本屋に出るとなると一〇〇〇円、二〇〇〇円くらいの売値です。

【小針】だけど、中身はすごいでしょう。

【菅野】立派なのだ、偉いものです。

【小針】学術的価値と値段とは違いますからね。

【菅野】古本だと多くの場合、学問的価値と本の値段は合致するらしいのですが、片山の独和辞典は髭《ヒゲ》文字を使った所為《セイ》で需要がなく不当に安いのでしょうね。今一番大きな独和辞典は小学館の『独和大辞典』ですが、そこに出ていない単語が片山の辞典に出ているのを発見しました。handhaftという単語、私の手許にある幾つかの辞典引いても出てこない。あるいはと思って片山の大辞典・小辞典引いたら、出ていました。必要があってイェシェック（H. H. Jescheck）の『刑法教科書（Lehrbuch des Strafrechts）』第五版、今でも広く読まれている本にこの語が出てきたのですから、現在刊行されている独和辞典に出ていないのは不思議です。

【小針】そこのところなのですね。時代がたったからいらないというものではないんですね。

【菅野】辞典は、古いのは古いなりに有用です。古い時代のものを読もうと思うと、それに近い時期に出た辞典が役立ちます。

【小針】その当時の本だったらその当時の辞典をみていかないとだめですから。

【菅野】あと、よかったのが、平成七年かな、大学がお金を出してくれて、一カ月、ドイツとオーストリアに女房と一緒に行けた。赤坂夫妻に案内してもらって、ケルゼン＝インスティテュート（Kelsen＝Institut）に顔を出して、拙著『国権の限界問題』、『続・国権の限界問題』の二冊を寄贈しました。

■論文発表の機会の大切さ・有難さ

【菅野】　日大に行ってもう一つ有難いのは、日大を辞めたあとでも、日大の法学部の機関誌に元教員は論文を発表することができるのです。これは有難い。

【小針】　自分の母校ですが、東北大はだめです。離れればもう終わりだ。修士論文とかそれに毛がはえたようなものは載せてくれますが、しかし、東北大を出てしまったら、もうだめです。投稿は認めていないから。人が多いからかどうかは分からないのです。われわれから寄附金を集めて、最初は四回だった発行を、たしか六回に増やし、それに、在外研究だかに補助費を出すとかいって一億ぐらい集めたのです。しかし、結局、研究室を出てしまった者には見返りがありません。

【菅野】　何もプラスになっていない。だから今度また、寄付云々と言ってきたろう、今度は東北大全体の。私は三口、三万円だけ寄付した。初めは無視しようと思ったけど名誉教授だから。

【小針】　こっちは、発表論文を一本でも多く大学設置審を通すためにほしい、だから格の上の雑誌に載せてもらえればなと思っても、『法学』は掲載してくれない。その点、お聞きすると、日大は親切なところじゃないですか。

【菅野】　私は、辞めたあと論文三つ、日大法学部の機関誌に発表させてもらいました。これはほんとうに有難いと思っている。その点でも東北大よりも日大に親しみを感じています。川内にたまに行くのは、文房具を生協で買うときだけです。

【小針】　ところで、東北大はやはり教養部対学部という図式があって、そこで私からみても図書の貸出とかなにか、これは私の記憶違いかもしれませんが、教養部の先生は学部の先生と対等な扱いを受けてはいないなと、私は院生ながらそう思いました。

【菅野】　そうだよ。だけど、幸いぼくは大学院のセミナーを持ったので、あなた方にコピーをお願いするとかなんとかして非常に助かったのです。
［小針］ 純然たる教養部の先生だったら、ちょっと。
［菅野］ ずいぶん研究上、制約があったでしょうね。
教養部にも独自に紀要はあったのですが、年に一回発行です。一度だけ投稿しました。「『学説の両面機能性』ということ」（『続・国権』所収）です。
［小針］ 中央図書館の図書貸出などのところでどうだったか、ぼくはわかりませんでしたけれども、窮屈な思いをさせてしまったのではないかという気はしています。それが日大法学部に行かれて、しかも大学院も担当されて、研究所の所長もなさったということで、菅野先生としてはむしろ日大の方が非常に活躍できた場ではなかったかなと私はみております。

■日大への感謝を論文執筆で果たそうとした

［菅野］ 院生の吉田隆君の協力を得てのことですが、そういえるかもしれない。ただ、日大の学生諸君には非常に悪いことをした。ぼくは教育者失格です。その罪ほろぼしのつもりで、研究者として、「日大の法学部　侮るべからず」ということを東大・京大の連中に知らしめるため毎年論文を執筆しました。
［小針］ でも、先生を慕っている学生はいたと思います。
［菅野］ それは分からないけど、とにかくぼくは教育者としてはだめだった。
そういう点、非常にすまないと思っていますが、日大法学部に貢献するところがあったとしたら、一つは、研究論文を平均して一年に一本半ずつ発表したこと。もう一つは、あまり役にも立たないけども、学部長を補佐して学内行政である程度功績があったこと。

【小針】それから、尾吹先生を始め、著名な先生を招聘されたでしょう。

【菅野】私が赴任する前、一四、五年も日大では憲法講座が空いていたのです。それですったもんだが絶えなかったのですが、私が赴任して憲法講座の担当の後継者を決め、後顧の憂いないようにしたのも、日大に対する私の恩返しの一つだったと思っています。

【小針】そういう点からいけば、甚大な功績をお尽くしになったと思います。

私は、日大でかつて憲法講座を担当されていた水木惣太郎先生の本も何冊か持っています。あの先生はいろいろなものを書かかれておりますね。

【菅野】水木惣太郎先生というのは九州大学の出身なのです。

【小針】英・米・仏・独・ソ連までその視野に入れて比較憲法を研究されましたし、またそれを講じられるとなると大変なものだと思いますね。主権概念・基本的人権・選挙制度・議会制度、とにかくいろいろなことを研究されておられるでしょう。並大抵のことではありません。

【菅野】そういう点ではパイオニア的な存在でもっと高く評価されてしかるべき方です。清宮先生と年は近いね。水木先生が在職中に清宮先生が日大にゆかれたのです。

【小針】それは専任で入られたのですね。水木先生、清宮先生。そして水木先生のあとが十数年間ブランクに。

菅野先生のお話ですと、憲法というのは日大法学部においては由緒正しきものであって、大家でないとだめで下々《シモジモ》の者では担当できない、ほんとに紫の袱紗《フクサ》に包まれた授業科目ではないのですか。ただ、あれだけの業績をあげられた水木・清宮両先生についていえば、なるほどと思いますが。

【菅野】そうなのです。事大主義というかそういう雰囲気があって、憲法の講義を担当させるということになるとずいぶんうるさい。

日大法学部では昇任とかあるいは新採用の場合、教授会でどういう講義を担当させるのかも決める。だから、憲法の担当として昇任または新採用だということが教授会で了承を得ていれば問題ないのだけれど、たとえば外国法担当で採用もしくは昇任した人の場合、その人に憲法の講義をして貰おうとすると、新たに教授会でその点について承認を求めなくてはいけない。そうすると、ひどくもめる危険性があるのです。

民法、商法、刑法、刑訴、このあたりは、日大出身とは限らないけれども、司法試験を受けて司法修習生を了えた者、もしくは裁判官の経験があるとか弁護士の経験がある者と大体決まっているのです。憲法の場合は幸いそういう枠がないから、私がいけたわけだけど。

【小針】 けっこうきつい基準設定をしているのですね。自分たちはできるというふうに……。

【菅野】 できるというより、もともと法律学校だから、実務的な経験がないとその分野はまずいということだったのだろうね。それなりの合理性はある。

清宮先生から赴任前に話を聞いたのだけど、「いや、あそこは人間関係が難しいところでね」とおしゃった。はたして、やはりそうでした。私は幸い市原先生に引っぱられて移り、柳沢、村田両先生の知遇を得たものだから、うまくいったけれど。

日大は定年が七〇。私は昭和三年一〇月三日生まれなのです。その前の日が定年という規程があるので、平成一〇年一〇月二日付けで定年退職。ただし、講義は終わっていないので、次の年の三月まで非常勤講師として、研究室はそのまま使って日大に勤務しました。そして、三月一五日かな、研究室をきれいに掃除して明け渡して、仙台に戻ったのです。

三　憲法思想の研究テーマをふりかえって

［小針］　菅野先生は、平成一〇年一〇月二日付で日大法学部を定年退職され、翌年の三月一五日まで非常勤講師をされて、仙台に戻られたということでしたね。それで、現在は悠々自適のご生活をなさっておられる。

［菅野］　それが、自由というのは有難いようで必ずしも有難くないということをつくづく感じましたね。芥川がいうとおりだと思う。自由だと自分でみな決めなくてはいけないし、もともと怠け者だから、自由になると何もしないでごろごろして運動不足になる、そういうところがあって、考えものだなと思いました。

［小針］　先生は、自然状態で人間が自由で平等であるということはどんなことなのか、まさに今、実感なさっているのではないですか。

さて、ここまでは、菅野先生のパーソナルヒストリーを追って時代との関わりの中でお話いただいたわけですが、ここからは、菅野先生の研究されたテーマとの関係で、さらにつっこんでお話をして頂きたいと思っています。菅野先生は多くの論文を書かれていますが、その多くは木鐸社から出された三冊の論文集、『国権の限界問題』（昭和五三年）、『続・国権の限界問題』（昭和六三年）、『論争　憲法‐法哲学』（平成六年）と、信山社から平成一三年に出された『抵抗権論とロック、ホッブズ』にまとめられています。

■ホッブズのオブリゲーション概念を究めたい

［小針］　菅野先生は、日大時代にホッブズ、ロックに関する論文八編を出されました。お辞めになって、

何か引きずっているものがあるのではないかと思うのです。それはなんとか生きているあいだにやりたいと思いますが。

【菅野】一つある。それはなんとか生きているあいだにやりたいと思いますが。

【小針】それはなんですか。

【菅野】それは、ホッブズのオブリゲーション（obligation）概念です。というのは彼は『国民論、デ・キヴェ（De Cive）』の中で奇妙というか面白いというか、おかしなことをいっている。"tie, tenere"（縛る）という言葉と"oblige, obligare"（義務づける）という言葉は通常同義語として使用されているが実は違うのだということを註の中で述べています（cf. De Cive, chap. 14, art. 2）。"tie"というのは強制する（compel, cogere）という意味で"oblige"の方は「……すべきである（ought to）」の意味なのだというのです。そうだとするとH・ウォーリンダーに追随して私がホッブズの倫理学・法学の基本命題と考えている"no man is tied to impossibilities."“nemo tenetur ad impossibile”は「何びとも不可能事を強制されない」という余りにも当然至極の主張ということになって、彼の「臣民の自由」についての私の捉え方が間違いだということになってしまいます。もっとも解釈の仕方によっては私の見解は維持可能ではありますが。果たしてホッブズ自身"tie, tenere"と"oblige, obligare"とを峻別して本論を展開しているかというと、『国民論』の中ですら怪しい、『リヴァイアサン』になると、もっと疑わしいのです。この辺りを今うろうろしています。

【小針】同じ話なのか違うのかわかりませんが、たしかハートの「コンセプト・オブ・ロー」の中で、「ビー・オブライジド・トゥ」ということと「アンダー・ジ・オブリゲーション」は違うのだと。

【菅野】そこでハートが言っている「オブライジ」というのは「強要する」という意味ですね。

【小針】ビー・オライジド、強盗からカネを出せといわれて、やむなくカネを出す、これはせざるを得ないと強いられている状態です。これに対して、「アンダー・ジ・オブリゲーション」というのは債権的な関係で、借金を背負っていれば、これはお金を返さなければいけない。それは強いられていていてという事実の問題ではなくて債務の問題ですから。

【菅野】「ねばならぬ müssen」と「べきである sollen」の区別ですね。

【小針】「べき」ですよね。だから、これは喜んで、「やあ、ありがとうございました、ほんとうに助かりました」、とカネを返すかもしれません。だけど、それは「アンダー・ジ・オブリゲーション」なのです。債権債務関係だから。ハートはそういうことをいっているのです。

【菅野】ただ、ハートの念頭にある“oblige”とホッブズのそれとは違います。ホッブズは明らかに“oblige”を“ought to”の意味で使っています。そして“tie, compel”と区別しているのです。先に話したように私にはどうもホッブズがこの使い分けを一貫したのかどうか、とくに“no man is tied to impossibilities”という彼の命題が彼の倫理学と法学のなかで演ずる役割が納得できません。あるいは私の盲点なのかしれませんが。私の知る限りでは欧米のホッブズに関する論文のなかで、これを問題にしたのは見当たりません。毎年公表される多くのホッブズ論の盲点なのか私の勘違いなのか、自信ありませんが、イギリスのホッブズ研究者がこの点を看過しているということがありうるかも知れません。

ところが、ヨーロッパやアメリカのものを、私がみた範囲ですが、その問題に気づいてやっている様子はない。だから、毎年量産されるホッブズ研究にもずいぶん穴があるのです。日本人はとうてい本場の連中と張り合えないと思う方がおかしいので。

【小針】要するにあまりに近すぎて、却って見えない場合だってあるのではないですか。

【菅野】遠くからみたほうがよく見えるということはある。

【小針】　今の「人は不可能事にはタイされない」というのですが、先生の論文にはよく出てきますよ。

【菅野】　それだけに気になります。たとえばホッブズが挙げている例としては、自殺しろという主権者の命令は不可能事にタイするものだから、それに従わなくてもいいというのです。つまり服従しなくとも神の前では罪にならないという訳です。

Warrenderも私も「タイとオブライジの間に、そんな区別はない」という前提でホッブズを解釈しています。これは義務づけ論にとって大きな意味を持ちます。だけど、「デ・キヴェchap. 14 art. 2」の註をみると、はっきり区別している。

【小針】　なぜ区別しているかですね。

【菅野】　De Civeの中でも区別しないと読める箇所がある、例えばchap. 2 art. 8です。しかも、『リヴァイアサン』の方ではほとんどタイなどという単語は出てこない。

【小針】　なんでそこは変わっていったのか。

【菅野】　そこなのだ。ホッブズ先生は何もいっていません。幸い、『デ・キヴェ』、『リヴァイアサン』の英語版・ラテン語版と両方の独訳・仏訳が手許にあるので、そういうのをみんなつき合わせて、タイとオブライジを彼が厳密に区別しているかどうか、調べています。

【小針】　「デ・キヴェ」というのは、スペルは。

【菅野】　「DE　CIVE」、civeはキヴィス（civis）、「国民」の奪格です。

■学説の根底をなすキー概念の把握

【小針】　菅野先生の研究されたものを私なりに拝読して感じられるのは、日本の学会でも欧米の学会でも、ある人の学説というか考え方は広く流布している。だけど、その学説の根底をなすキー概念というか根本的な概念の分析はきちっとなされていないのではないか。欧米の学者なども、なんだこれはという感じでのほほんと使っているかもしれません。そこを菅野先生はきちっと分析して、批判することにかなり力を入れていらっしゃるのではないかと思いました。その点を注意深く読んでいくと、意外に今まで理解されていたことはとんでもないというかそれとは違ったものが出てきて、そうすると従来の理解は間違ったものだということが分かることによって、誤解して立てられたものが崩れるということもあるのではないでしょうか。

［菅野］　そうしたところがあるようです。ヨーロッパなどですと、例えばホッブズやロックをやるにしても、少なくとも表面上は問題を狭めて、それに焦点を当てて分析するという論文が多い。ところが日本の場合だと、ホッブズやロックをやる場合、ひとつかみにして「ああだ、こうだ」という類のものが多いようです。

［小針］　菅野先生にご推奨いただきましたある憲法の先生の教科書を私は一所懸命読んだのです。やはりホッブズとかロックとかルソーだとか出てきます。私も教科書を世に問うときには触れたいと考えて、私が書いた『憲法講義 全』という教科書の「改訂新版」でもそこに触れたかったのですけれども、菅野喜八郎先生の論文を読んでからは、私はとてもおっかなくなって、ホッブズ、ロックなどに簡単に触れることはできなくなった。それ以来、今ではこれにはあえて触れないようにしています。

しかし、実をいうと、それが根っこになって自己の憲法学説を構築しているのです。そこで、今の日本国憲法の解釈は、という展開になっていくのです。個人の自由とはいったいなんだ、自由の制約というのはどう考えていったらいいのだろう、その根っこの部分に政治思想史というのが出てくるのです。そんなときに、こんなにたやすく使えるのだろうかと。私はそらおそろしくて、やはり『国権の限界問題』とか、先生が出された三巻本、四巻本ぐらいのもの、それはひととおり目を通しておかないと、とたんに翌日あたりに菅野先生から電話がかかってくるのではないかなという気がしてならないのです。かつて価値概念・道具概念で痛い目にあっていますので。私がこの言葉を論文で使ったら、「小針！　価値概念、道具概念とはどういう意味で使っているのだ」といわれました。

論文を書くときに、「言葉づかいとか概念とかというものに注意せよ！。分かったふうなことを書くな」という縛りというか、知的廉直や抑制的な思考態度、これが出てくる。だから、読み方がどうの、論文の書き方がどうの、章立てがどうの、それはあるのですが、大学を去られて今は悠々自適の生活をされている菅野先生にひとこと感謝申し上げますが、細かな方法論とかハウツーものではなくて、ひとりの学究の徒として何をよりどころにして考えていかなければいけないのかと迷ったときに、「思考前提」とか、「奇をてらう」なとか、「概念の使い方はどうなのだ」とか、そういう基本的な枠組みみたいな心構えを教えていただいた、これが意外に私にとって大きな財産でした。

［菅野］　どうもありがとう。なかなかそういうことをいってくれる人はいません。

［小針］　それをぼくは常に念頭に置きながら。だから、個人としての尊重、憲法一三条の前段、それを講ずるときに必ず私は、菅野先生が「個人主義的世界観の表明だ」と言われたことを思い出します。では、個人主義的世界観とはどういうことだ。これは自著の「はしがき」に僕は書いていて、菅野先生は大変な先生だ、こういう難しい命題をたてているのだけれども、とどのつまり「初めに個人ありき」。このこと自体も大変な意味かもしらんけど、今時点でいえば、そこに集約して一先ずそれで押さえておきますよ、という形で私は講義などでは話しています。

■ザインとゾルレンの二元論

［菅野］　私の研究生活をふり返ってみると、きわめて単純ないくつかの考え方の上に乗っかってやってきました。

一つは、ケルゼン流にいうとザインとゾルレン（存在と当為）の二元論です。もっと別な言い方をすると、言明（Aussage）・認識命題と規範（Norm）をきちんと区別し、一方から他方を結論として引き出すことは論理的に不可能だという、そうした考え方です。

この考え方をもっと砕いて私流に述べたことがあります（『論争』二六頁の註です）。私は、ザインとゾルレンの二元論というのは、ある意味できわめて常識的な考え方ではないかと思っているのです。どうしてかというと、「冷厳な事実認識と自分の主観的な願望とは別であって、両者は区別しなくてはいけない」という考え方が、ザインとゾルレンの二元論ではないかと思うからです。

たとえば、一部の公立中学校には悪質ないじめがあるというのは冷厳な事実認識の表明であり、言明だということになる。その命題だけからは論理必然的に公立学校からいじめを一掃すべきである、そういう結論は出てこない。そして、公立中学校からいじめを一掃すべきだというのは私の主観的な願望の表明です。ただし、この願望は社会的な広がりをもっていて、私ひとりだけの願いではない。だから「べきである」という言い回しがなされる。そこで規範とは、社会的な広がりをもった人々の願望の表現であると考えるわけです。

それが私の基本的な考え方の一つです。もちろんそれはケルゼンから得たわけですが、それ以外にもM・ウェーバーとか碧海さんのものから影響を受けて、私なりに今、言い換えたわけで、それは『論争』に書いておきました。

【小針】　これは非常にわかりやすいです。

■言葉の意味をコンテクストから判断する

【菅野】　もう一つ、私の研究の根底にあるやり方は、自然言語というのは多義的だから、これはどういう意味で使っているのかということをコンテクストから判断しなくてはいけないということです。その一番いい例が、C・シュミットが積極的（実定法）意味の憲法（Verfassung im positiven Sinne）とは、憲法制定権力の担い手が国民の政治的統一体の様態と形体について下した基本的な政治的決定（grundlegende politische Entscheidung）だと述べている箇所です。決定には二通りの意味があって、決定するという行為を意味するときと、決定行為の所産である命題を意味する場合があります。日本では清宮先生を初めとし多くの人々、ドイツでもW・ヘンケやH・エームケは、シュミットの言う政治的決定を行為と解したため、積極的意味の憲法は規範ではなくて事実の世界に属するのだと理解しています。しかしそうだとすると、例えばシュミットの憲法改正限界論は理解できなくなってしまう（参照『論争』二〇一―二〇五頁）。そこで私は、ここにいう決定が行為だとすれば、それは実在（reales Sein）（机とか椅子のような物理的存在と感情、意欲、表象のような心理的存在は時間的存在として一括して実在と呼ぶ（参照、横田喜三郎『純粋法学論集1』有斐閣一二二頁））だから「事実」ということにはなりますが、決定行為の所産であれば命題、しかも広義の規範、当為命題ということになるのではないか、ということを四〇年前に指摘しました（参照、『論争』一九四―二一八頁）。

【小針】　政治的決定にいう決定が決定行為だとすれば実在でしょうね。一定の時点で為されるのですから。

【菅野】　決定行為の所産の方は命題ですから、数や概念と同じように観念的存在です（参照、横田・前掲書一二七〜一三二頁〕。例えば、「ドイツは立憲民主国家たるべし」というような当為命題が、この場合の「政治的決定」なのです。ちなみに、「積極的〔実定的〕意味の憲法」と「絶対的意味の憲法」の峻別は、私と尾吹との合作みたいなものです。それまで両者を同一視する人が、日本では多数を占めていました。尾吹の文章を引用しましょう。

「憲法制定権力の決定である意味が、同時におのずから存在する事実であり、かつ、正しさのゆえにおのずから妥当する規範体系でもあるというのは、手品以外の何ものでもない………。それほどでなくても②〔純粋な規範的体系〕の自然法の否定としての実定的意味の憲法を①〔個別国家の事実的状態〕と混同して、これを事実的概念とみなす誤解はまったく一般的である〔清宮四郎・憲法Ⅰ・第三版・二頁以下、ヘラー、ケギ、バッホーフなども同様〕。宮沢教授が、シュミットのVerfassungを『憲法法』と訳した〔憲法Ⅱ新版・一一四頁〕のも『憲法』の方は法に非ずと見ているからであろう。このように出発点からつまづいてしまえば、シュミットの体系の……独創的な面は理解も評価もされないことになる」〔『憲法徒然草』三嶺社、一〇三頁〕。

「絶対的意味の憲法」と「積極的〔実定的〕意味の憲法」或いは単に「憲法」、そして「憲法制定権力」の三者は、戦前の日本では混同されていました。黒田覚先生が混同されたものですから、多くの人々がそれに追随したのです。

〔小針〕　先生が「積極的意味の憲法」といったのは、尾吹先生流に直すと「実定的意味の憲法」ですね。

〔菅野〕　「実定的意味の憲法」。だけども、「実定的意味の憲法」と翻訳する方が普通になっているので、私もこれはみんなに合わせないとまずいと思うから、これから「積極的意味の憲法」を「実定的意味の憲法」ということにします。

【小針】でも、先生の「積極的」というのと「実定的」とはちょっと違うのでしょう。

【菅野】それは違う。「実定的」というのは、元来、人格神又は人間によって定立されたという意味、「定立された（gesetzt）」という意味ですから、成文・不文を問わず、憲法は実定法であり、「実定的」なのです。ちなみに規範受命者をユダヤ人とする、いわゆるモーゼの十戒のようなものをホッブズは実定神法と呼んでいます（cf. De Cive, Chap. 14, art. 4）。「優れて憲法」いう意味を与えようとして黒田覚先生に倣って「積極的意味の憲法」と訳したのです。しかし衆寡敵しないから譲歩します。実定的意味の憲法はシュミットの憲法学で大きな意味をもっています。このことは、彼自身、自分の「憲法論にとって憲法と憲法的法律（Verfassungsgesetz）との区別は、むしろすべての爾余の論述の出発点なのである」（VL. S. 21）と明言していますからね。

【小針】Verfassungsgesetz の定立と Verfassungsgebung とを区別しろといっているのでしょう。

【菅野】そういうことです。

【小針】Verfassung と Verfassungsgesetz といった場合、実定的意味の憲法 Verfassung im positiven Sinne は Verfassung ですか、Verfassungsgesetz ですか。

【菅野】実定的意味の憲法は前者、フェアファスングです。いわゆる憲法の実体、魂と見て Verfassung といったのでしょう。

【小針】フェアファスングスゲゼッツは、憲法律とか憲法的法律とかと訳される。

【菅野】憲法律と訳す人の方が多いけど、私は憲法的法律と訳しました。どちらでもいいのですが、「憲法」とこれとの区別がカール・シュミットの憲法論の出発点になっているのです。シュミットが「憲法」の具体的な例を示している文章、引用しましょう。

「『ドイツ国民がこの憲法を制定した』とか、『国家権力は国民に発する』とか、あるいは『ドイツ国は共和国である』といった諸命題（Sätze）は、これは一般に法律ではない。したがって憲法的法律でもない。これらの命題は法律や規則以上のもの、つまりドイツ国民の政治的実存形態を示し、憲法的法律の規定をも含めての、それに続くすべての諸規定の基本的前提をなすところの具体的な政治的決定なのである」（VL. S. 24, 尾吹訳三五頁）。

ここで決定といっているのは、明らかに「国権は国民に発する」とか、「ドイツ国は共和国である」というワイマール憲法の規定を指しているのだから、決定というのは、決定するという行為ではあり得ない。決定行為の所産の命題を指しているのだとみざるを得ない。

では憲法的法律の具体的な例としては何を挙げているかというと、ワイマール憲法の一二九条の「官吏の身分調書はその官吏に閲覧の機会を与えなければならない」です。これは私の「カール・シュミットの憲法概念について」（『論争』二〇四頁）で引用しています。

ところが、清宮先生の影響が強いものだから、芦部さんも佐藤（幸）さんも皆それに乗ってしまって、カール・シュミットの実定的意味の憲法は事実なのだと思い違いした。それを批判したのが、日大に移ってから書いた「カール・シュミットの憲法概念について」（『論争』所収）と題する論文なのです。けれど、その基になったのは既に『国権の限界問題』所収の論文の中で相当詳しく書いておいたのです。

■エームケと憲法改正限界論への関心

［小針］　菅野先生の研究のすすめ方、方法論の一端が、そしてそこで明らかにされたことがわかったような気がしますが、そのことと先生の「憲法改正限界論」への関心とは、どのように結びつくのですか。

【菅野】 そもそも私が憲法改正限界論をやろうと思った一つのきっかけは、「日本国憲法無効論」です。日本国憲法無効論は、憲法改正限界論を一つの前提として日本国憲法が無効だと主張している。もう一つは、たまたま私が大学院特研時代に、ホルスト・エームケ（Horst Ehmke）というドイツの人の「学位論文（Dissertation）」が出たことです。『憲法改正の限界（Grenzen der Verfassungsänderung, 1953）』という、二〇〇ページ足らずの薄いものですが、日本の学会の関心を非常に集めました。ドイツでも評判の良かった論文なのですが。

それを読んでみたら、だいぶエームケ先生はカール・シュミットやケルゼンを誤解している。私がドイツ人だったらもっとましなものが書けると思った、それが直接のきっかけだったのです。

エームケは、カール・シュミットを次のように批判しているのです。

「憲法を決定と同一視し、その内容をなんら顧慮するところなく決定を憲法と名付けるならば、こうした仕方で得られた憲法概念をもってしては、憲法の中核、ケルンはなにかという問いを理解することは不可能だし、ましてそれに答えることができない。ドイツ国民が決定したということは、彼が何を決定したのかという問いに対する答えにならない。決断主義的な憲法概念は、根底において形式的概念であって、それ自体としては、われわれが今、解決しようとしている憲法の本質的中核、ケルンは何かという問題を考察する基準たり得ない」（参照『国権』六六頁参照）。

【小針】 このエームケの批判を菅野先生はどのように感じられたのですか。

【菅野】 この批判は、間違っている。というのは、決定といっても何かについての決定であるのは当然だし、その点についてシュミットは、政治的統一体の様態と形体についての決定だと限定しているのですから、形式的で無内容といえないはずです。

そこで、『国権の限界問題』で、W・ウェーバーを引用しました（七四頁の註（4））。ウェーバーは、ワイマール憲法の制定に際し、これまでの政体の維持、社会主義的な要素を加味した自由民主制の採用、ロシア革命にならってのプロレタリア独裁制の採用という三つの可能性が存在し、かかる状況下で自分の未来を規定するのは、実存的な決定を行うのだという真の政治的な情熱が国民を満たした、と指摘しています。

ここで述べている三つの可能性の中からの自由民主制の採用決定行為がカール・シュミットのいう憲法制定行為であり、以後、ドイツ国は自由民主国家たるべしという決定行為の意味、決定内容、決定行為の所産、これがカール・シュミットの実定的意味の憲法だというのが私の考えです（参照『国権』七四頁註（4））。

【小針】なるほど、そのように考えれば、憲法の実質的中核、この場合はワイマール憲法の実質的なケルンは、今述べた決定内容だということになり、カール・シュミットの憲法概念は十分、憲法の実質的中核は何かという問いに対する答えを提供してくれるといえるはずだという訳ですね。

【菅野】そういうことです。そのように考えたのです。

さらに同じ本の中で今度はフェリックス・カウフマン（Felix Kaufmann）を引いておきました（『国権』七四頁の註（6））。カウフマンは「表現行為とその行為によって表現される内容とがしばしば混同されることがある。例えば、判断Urteilという言葉には、判断行為と共に判断内容をも意味し、命令Befehlという言葉も同様に、命令行為とともに命令内容をも意味する、……こうした二つの意味の混同は方法論的な誤りのカオスをもたらす」と述べています。

これは傾聴すべき意見で、この主張は、シュミットが愛用する「決定」という言葉にそのまま当てはまるわけです。決定行為と決定内容とは同じく決定 Entscheidung という語で示されても、この二つの概念はまるで違う。

それをさらにはっきりさせるために「カール・シュミットの憲法概念」（『論争』二〇八頁）で、リッケルトの「定義論」を引用しました。H・リッケルト（Heinrich Rickert）は次のように述べています。

「例えば次の二つの文章、『この家屋のバウ（Bau）の進捗はすみやかである』と『これはみごとなバウだ』を例にとると、ここでバウという言葉が二つの異なった意味で使用されていることが直ちに判明する。それは、一方ではそれによって家屋が生成するところの生起過程を、他方では家屋そのものを指している。こうした二重の意味を -ion と -ung〔ドイツ語の接尾辞〕で終わるほとんどのすべての言葉がもっており、定義、デフィニチオン（Definition）という言葉もそうである。どんなに自明と思われようとも、人びとが定義という語のもとに、あるときは、定義するという行為、Akt des Definierens（definitio）を理解し、またあるときは、この定義行為の所産、das Produkt dieses Definierens（definitum）を理解することが可能だということを自覚するのはきわめて重要である」。

これはつまらないようなことですが、カール・シュミットの憲法論をとらえようとすると非常に大きな意味をもってきます。

〔小針〕　先生が先に引用した文章、もう一度よんでみましょう。

「『ドイツ国民がこの憲法を自分自身に与えた』、『国権は国民に発する』、あるいは、『ドイツ国は共和国である』といった諸命題（Sätze）は一般に法律ではない。したがって憲法的法律ではない。……これらは法律や規則以上のもの、つまり政治的諸決定なのである」（VL, S. 24）。

「一般に法律でない」というのは規範ではないという意味ではなくて、単なる法律ではないという意味ではないのですか。

【菅野】　法律の中に憲法的法律も含むならば、そういう意味にも取れますね。ただ、私が重視したのは三つの「諸命題」が「政治的諸決定」といっている箇所です。命題は行為のはずがありません。ちなみにシュミットはノルム Norm という言葉をケルゼンと違った意味で使っているようです。その内容が正しいので妥当するもの、絶対的正義規範の意味で使っているようです。その顕著な例は、前にも引いた、「憲法は、その〔内容の〕正しさの故に妥当する一箇の規範に基づくものではない」（VL, S. 76）です。

■根本規範の理解の仕方について

【小針】　シュミット流の実定的意味の憲法と、実質的意味の根本規範（Grundnorm）というのがありますね、そのあとの根本規範、つまり憲法前文かなにかに具体化されている、あらわれ出てきている、憲法改正の限界にもなり得るようなそういう根本規範というのと実定的意味の憲法とはどんな違いがあるのですかね。

【菅野】　私は同じものだと思います。

【小針】　今のお話を聞いていて、それであるならば、実定的意味の憲法と、いわば実体的なというか、清宮先生がいっている根本規範とは重なってきますね。

【菅野】　同じなのです。

【小針】　ということになれば、この場合の基本的な政治的諸決定というのは、決定行為の所産ということで、通常の意味の規範と捉えなければいけない。

【菅野】　それが四〇年前からの私の主張です。

［小針］ですけど、「C・シュミットの憲法概念について」（『論争』所収）が出てから、佐藤幸治先生は、カール・シュミットの「憲法」について誤解があるけれど、これは単純に事実状態の意ではないとか、と解説を変えましたよ。

［菅野］それでもいいと思う。ただし『国権』で、カール・シュミットのノルムという言葉の使い方の特殊性を指摘しておきました（六四頁）。彼は内容の正しさの故に効力を持つ命題を念頭に置いているのです。

■レヒットザッツ、レヒットノルム

［小針］ぼくもそうとらえているのです。内容的な正しさとは、単なる当為（Sollen）ではないというのですね。

［菅野］そうです。ところがケルゼンの場合だと、Norm 概念は非常に広い、彼自身は Norm と当為命題 Sollsatz を区別していますが、私は区別する必要がないと思っています。

［小針］では、ケルゼンの場合、レヒツザッツ Rechtssatz（法記述命題）とレヒツノルム Rechtsnorm（法規範）、これは一緒くたに使ってみたり区別してみたりということはなかったですか。

［菅野］どうも彼はヨーロッパに居た頃は、レヒツノルムとレヒツザッツの両者を同義語として用いていたのではないかと思う。そして、アメリカに移住してから、レヒツノルムの本質は命令なのだが、レヒツザッツの方は法規範の内容であるとか、法律関係を記述する（describe）する命題なのだというように説を変えたのではないかと思います。

［小針］そうすると、法であれ何であれ、対象を記述する命題ということになる、それは言明というこ

とになるのではないですか。

【菅野】　言明です。したがって真理値を持つ、つまり、真か偽か何れかということになります。「日本の刑法によれば、『人を殺した者は死刑又は無期若しくは三年以上の懲役に処せられるべきだ』」というのは Rechtssatz、しかも真なる Rechtssatz ということになります。

【小針】　そうなるとその命題は真理値をもちますよね。

ある命題が「言明か、当為命題・規範か」は、その命題が真理値をもつ、つまり、その命題が真か偽か何れかであるか、そうではなくて他者の意思規定を目指すに止まるかによって決まると見て良いのですね。宮沢さんのいわゆる科学学説は真理値を持つけれど、解釈学説の方は他者、とりわけ法権威の意思規定を目指すのであって、真偽について語れないと、ぼくはこういう具合に理解しています。

【菅野】　それでいいと思います。そして、言明というのは何らかの対象についてのわれわれの認識判断の内容を言葉で表現したものです。

【小針】　「ここに湯飲み茶碗が二個ある」、これは言明です。「あるべし」だったら、規範。

【菅野】　広い意味での規範になる。当為命題ということになる。

ケルゼン先生は、長期間にわたって学者としての生活を続けたものだから、説が変わってきているのです。私が是とするケルゼン、私が自分の中に取り込んだケルゼンというのは、むしろアメリカに渡ってからのケルゼンなのです。ドイツ観念論というのはあまり私の肌に合わないのです。

【小針】　私は、むしろドイツ観念論の方が菅野先生に合うのかなと思っていたのですけれど。

【菅野】　論理実証主義とか日常言語学派の方が肌に合います。

【小針】　では、ハートなどはどうなのですか。

［菅野］ ハートは合う方なのです。ただ英語が難しくて、なかなか自分のものにできないところがあるけど。

［小針］ 英語というのは、考えてみるとかえって難しいですね。英米のアングロサクソンの実用主義というのか、そういう考え方になじんだ人たちはこういう議論に興味をもっているのですか。

［菅野］ J・オースティン（一七九〇～一八五九年）の大学での講義、評判が悪くて受講者は少なく、短期間で大学の教壇から降りましたが、彼の講義録、未亡人によって出版された『法理学講義（Lectures on Jurisprudence）』は後世のイギリス法学に多大の影響を与え、分析法学派の開祖となりました。アメリカ移住後、ケルゼンは、純粋法学は分析法学に類似していると評され、自分で両者を比較し純粋法学の優越性を説く論文書いていますが、一読した印象では、ケルゼンのオースティン理解は余り深くないと思いました。ところで、一九七九年、ケルゼンの『規範の一般理論（Allgemeine Theorie der Normen）』、ウィーンで出版されましたが、その英訳が一九九一年にオックスフォード・プレスから出版されました。その英訳は出来が良く、しかも一読しただけですが「イントロダクション」が非常に優れています。

［小針］ それは、英語圏の人たちが翻訳しているのですか。

［菅野］ そう、彼らが翻訳している。

［小針］ 理解できる人がいるということですね。

■アメリカでのケルゼン研究はすすんでいる

［菅野］ 理解できるどころか、ケルゼンの規範論の哲学的理解は日本よりも上になっている。尾吹がアメリカに留学したときは、まだアメリカ人はケルゼンに殆ど興味がなくて、ゼミナールでケルゼンのこと

を発表したら褒められたというけど、今はすごく研究が進んでいる。それは英訳を見て分かりました。『規範の一般理論』というのは遺稿集で、それを編集したのはクルト・リングフォーファー（Kurt Ringhofer）とロベルト・ワルター（Robert Watter）。ロベルト・ワルターという人はウィーン大学の教授で、現在、ケルゼン＝インスティテュート（Kelsen＝Institut）の所長をやっているはずだけど、遺稿の編集、これが雑なのです。というのは、アリストテレスの文章をケルゼンが原文のまま引いている箇所があるが、私みたいなごく初歩しかギリシャ語をやっているにすぎない者でも、引用文が間違っているのが分かる。それは、ケルゼンは年をとっていたから、書き違いしたのかも知れませんが、ロベルト・ワルターが編集するときになんで訂正しなかったのか不思議です。

さらには、アリストテレスを引用する場合、原書では、たとえば「メタフィジークの第何巻の第何章」というふうな引用の仕方をしている。だけどこれは世界共通の約束があって、第何巻の第何章だけでなくて、第何巻の第何章、ベッカー版の何ページの右の欄とか左の欄の何行目という引用の仕方をしなくてはいけない。それをドイツ語版のほうでは、第何巻第何章だけでとどめている。ところが英訳では、ベッカー版の第何章の何ページの右欄、左欄の何行目ときちんと示している。

それから、誤植だかギリシャ語を書き違いしたのか分らないようなところはちゃんと直しているし、しかもイントロダクションを読むと、よくケルゼンを分析している。ウエスタン・オンタリオ大学の哲学の教授（professor of philosophy at University of Western Ontario）のマイケル・ハートニー（Michel Hartney）という人の翻訳です。

［小針］　このあたりはいかにも菅野先生というところですね。

［菅野］　ともかくも、ケルゼンについての、少なくとも規範論の理解は、アメリカ、イギリスの方が相

当以上に進んでいるのではないかと思いました。これは一つには、ハートのせいだと思う。ハートは分析法学派を自任しているけれども、同時にケルゼンから影響を受けて、自分の法理論体系を展開し、彼の主著の『コンセプト・オブ・ロー（Concept of Law)』は世界的な評価を得ていますから、あの影響があるのではないかと思うけどね。

【小針】「アルゲマイネ　テオリー　デア　ノルメン……」。

【菅野】これは、マンツ-フェアラーク-ウィーン（Manz-Verlag-Wien）から一九七九年に出版されています。その英訳の題名は、『ジェネラルセオリー・オブ・ノームズ（General Theory of Norms)』です。

【小針】法律学の場合だと各国各様みたいなところがあるから、ある国で偉いといっても……。

【菅野】ほかの国では見向きもされないということがある。ケルゼン自身がそれで苦労したのだからね。アインシュタインと、対照的です。

【小針】理系の言語といったら世界共通言語でしょう。法律の場合だと、各国の文化とか法伝統とかいうのが入ってきますから。

【菅野】しかも、英米法系と大陸法系は違うからね。

【小針】だから、視点はどういうものなのか私は中身はわかりませんが、ハートを介しながらもケルゼンが着目し始められているのは驚きです。アメリカ人にとってケルゼンは何者だということになると思いますね。

■国際法学者としてのケルゼン

【菅野】ケルゼンは、アメリカ人にとっては国際法学者だったのではないのかな。なんといっても国連憲章を独力で全部注釈したのは、ケルゼン一人だから。小林宏晨さんの話では、ドイツの法学者が何人かで分担して今、国連憲章の注釈書をつくっているということだけど。

【小針】　国連憲章のコンメンタールですか。それを一人で書き上げるなんて大変なことですよ。私もフランス語圏で刊行されたコンメンタールをもっていますが、それはジャン・ピィエール・コとアラン・ペレが編集した一〇〇〇頁ほどの大部のものです。（Jean-Pierre COT et Alain PELLET, LA CHARTE DES NATIONS UNIES, 2e éd., 1991）。

今、私なども困ったなと思うのは、国際法、国連憲章のような宣言的なもの、これを読み取って解釈していく場合に、当時の国際情勢とかそういうものを織り込みながらやっていかないと読めないのではないか。憲法の解釈というようなアプローチをもってしても、国際法というのは厄介な部分があるのではないか。それを一人の人間がよその国にいって、英語を使ってやったのですか。ケルゼンは大した人ですね。

【菅野】　英語。だけど、おそらくはドイツ語で書いて、金を出してアメリカ人に翻訳させたのでしょう。

【小針】　でも、一応コンメンタールでしょう。

【菅野】　しかも一〇〇〇ページ近い。

【小針】　とんでもなく大変な仕事だと思います。

【菅野】　やはりケルゼンはユダヤ人だ。国際連合にひどく期待をもったのでしょうね。

【小針】　「シュターツレーレ・オーネ・シュタート『国家なき国家学』（Staatslehre ohne Staat）」と彼の「一般国家学」はけなされましたね。

【菅野】　世界国家（civitas maxima）の出現を彼は夢見たのでしょう。

【小針】　だから今、イスラエルは大変になっています。

【菅野】 大体、ドイツ人はケルゼンには冷淡です。さすがにオーストリアはケルゼンの母国だから尊敬されていますが。

【小針】 エスターライヒ（オーストリア）Österreich ですよね、ケルゼンは。そして、ドイツも社会民主党のときだと、若干あれではないですか。ケルゼンはそっち寄りでしょう。

【菅野】 ケルゼン先生、かえって亡命してあちらで花を開かせたというところがありますね。しかし、必死だったろうと思う。六〇くらいのときにアメリカに渡って。あの人は会話力とかそういうのがあまりなかったようだ。

【小針】 だって、ラートブルフも渡ったのでしょう。

【菅野】 いや、ドイツに居たのではないでしょうか。亡命したという話は聞いていません。ラートブルフは、ナチに対して強い反感をもっていたことは確かだけれども。

【小針】 あの人は、第二次大戦後、「揺れ動く自然法論」みたいなものを唱えましたね。

【菅野】 いや、完全に自然法論者に変わった。偶然かどうか分かりませんが、それと符節が合ったのが、尾高先生のノモス主権論ではないか、と思います。

■研究の源流にたちもどりたい

【小針】 私は、美濃部先生の『日本行政法』、あれはこんな分厚い本だけれども買って持っております。上巻はひととおり目を通しました。あと、次は佐々木さんのほうにいこうと思っています。わが国の戦後憲法学、なんだかんだいっても立憲学派が主流になって、あるいは穂積八束、上杉さんたちの流れはほとんど途絶えているといっていいと思うのです。ましてや筧《カケイ》さんの神学的というか神話的あれは、井上孚麿さんだったかな、そして相原さんのあたりでどうなっているのかなと。今なお読み継がれているのは、むしろ佐々木、美濃部といったほうがいいのでしょうが、そこらあたりのところ。
　私は、佐々木先生が携わった京都学派の「公法雑誌」を全巻揃えて、図書館に短大時代に置いてもらって、自分のところにもほしいので、研究費で今の大学の研究室に置いているのですが、本当を言うとそれを読みたいです。そして、京大系の考え方はどんなものか、しばしば佐々木先生はパール・ラーバント（P. Laband）流だ、そして美濃部先生はゲオルグ・イエリネック（G. Jellinek）流だといわれている、ほんとうはどうなのかを知りたいと思っています。
【菅野】　私には分かりません。つきとめるとなったら大変な労力を要するでしょう。
【小針】　分からないのだけど、自分で確認してみたいのです。現在執筆中の『防衛法概観』というような仕事もまあまあいいけど、ほんとうをいうと、そういう源流にもう一度立ち返って、自分の憲法学とはなにかを確かめたいのです。そうでないと、細かいことをやって迷宮にはまり込んで、結局おれはどこにいるんだっけとなって、富士山の樹海に紛れ込んだようなものです。
　だから、もう少し別なところに離れて、自分がやっているのは憲法学全体としてみた場合何なのか、もっとでっかいところからみていった場合、なんなのだという視点がないとだめなのではないかと思っています。
【菅野】　それは理想的です。根源はドイツにあるといっても佐々木先生の場合、相当オリジナリティがあるのではないでしょうか。ドイツ憲法学からヒントを得たとしても、先生自身の頭で考えていたことも相当あるのではないのかという感じがします。
【小針】　京大は西田哲学などがありましたけど、あそこは一種独特の文化があるのではないですか。それがなんなのか。エトヴァス・ノイエス（etwas Neues）新しいものではないけど、エトヴァス・オリギナーレス（etwas Originales）というか、佐々木先生の着想はどこから得られたのか、そこまで突きとめている人は京都学派でもいないのではないのかな。

【菅野】佐々木先生独特のもの。

【小針】だから私は知りたいのです。あの先生は解釈というものに対しては、自己完結的で、認識作用の問題と受けとめているのではないですか。だから答えは一つしか出てこない。解釈が違うと、それは許さない。なぜこうなのか、とことんまでやる。そこのとことんまで、というところは菅野先生も似ているのかなと思うのですが。

■鵜飼信成先生

【菅野】いやいや、私にはあんな強靱な思考力はない。というのは、この対談の準備もあるので、佐々木先生の『憲法論文選一』の中の「日本国憲法の成立過程についての二、三の事実」を読み返してみました。そのなかで、佐々木先生の『日本国憲法論』への鵜飼信成先生の書評に佐々木先生が反論しているのですが、その思考の肌目の細かいこと。

鵜飼先生は非常に正直な人だと思う。というのは、晩年、有斐閣から『司法審査と人権の法理』を出されたのですが、その論文集の中に佐々木先生の『日本国憲法論』への書評が入っているのです。その「あと書き」で「佐々木先生から非常に好意的な反論をいただいた。大変感謝している。それに対して私は反論できなかった」とはっきり書いている。

【小針】それは紳士的ですね。

【菅野】「それはそれで自分はよかったと思っている」、というようなこともいっていますが、反論できなかったことを素直に認められた、鵜飼先生の知的廉直性に敬意を表します。

【小針】鵜飼先生という存在は、ぼくなりにとらえていきますと非常に重要な方で、あの方ではないですか、英米法を研究なさっていたのは。

【菅野】そうそう。

【小針】当時は憲法でも行政法でもドイツ法が君臨していたときですから、占領軍にこられて、占領軍はアメリカ人ですから英米法の発想できていたでしょう。日本人でそれに対応して、何をいっているのかつかまえるということについてはうまくいかなくて、そのときにほんとうに貴重な方は鵜飼先生で、その筆頭だったと思います。英米法の研究者で。

【菅野】そして語学がよくできる方で、大陸法もよく知っているのです。珍しい方です。

【小針】ええ。それはカレ・ド・マルベール的な、もちろん大陸法系の人だけどもドイツの公法学もよく知っていて、フランスの憲法学も知っている、それだと両者を架橋できるのだけれども、そういう非常にほんとうに貴重な人材が嘗てはいたということです。

日本の雰囲気はある時はアメリカなりフランスなりドイツなりに一辺倒になってしまって、あとはみんな蹴飛ばしてしまうというところがありますね。こうしたやり方は改めていくべきではないかなと思います。

ところで、佐々木先生の場合は詰め将棋をやるようなものなのではないですか。何手分か読んでバッシバッシ打って、こうきたら今度はこちらへやる。しかも、かなり先が読める。だから、よほどのことがない限り、佐々木先生はその実力を示さないのではないでしょうか。

■佐々木先生の凄さ

［菅野］　鵜飼先生は、八月革命説、宮沢説に拠って佐々木先生の『日本国憲法論』の書評をされたのです。代理戦争みたいなものです。宮沢先生は、ポツダム宣言を受諾することによって国民主権主義が確立したが、その根拠は、バーンズ・リプライ（Brynes Reply）の中で、ジャパニーズ・ピープル（Japanese People）の自由に表明された意思によってアルテイメイト・フォーム・オブ・ガヴァメント（ulimate form of government）は決定せらるべし、とあるのを了承してポツダム宣言を受諾したことに在る、そしてそこにいうジャパニーズ・ピープルというのは、天皇に対する意味での国民を指しているという前提で八月革命説を構築された。そこを佐々木木先生がとらえて叩いている。

「筆者は、ポツダム宣言の people が、天皇に対照して考えられた国民でない、ということを説いたのである。しかし、主権が国民にあるという場合の国民ではない、と説いたのではない。……ポツダム宣言が Japanese people という場合には、その people について、主権が people にあるとかないとかというようなこと、を考えて、それから people というたのではない。ポツダム宣言は、聯合国がわが日本国に対してなす要求を示したものであって、国家における主権の論を説いたのではない」（『憲法学論文選二』一〇一―一〇二頁）。

つまり、「国民主権論」などという法理論を問題にしたのではなく、今後日本がどう行動すべきかを要求しているのであって、国民主権論のような理論をポツダム宣言とバーンズ回答が問題にしているはずがないではないかと批判している。

佐々木先生とはとても論争できないね。宮沢先生とだったらやれる自信があるけれども、佐々木先生とはだめだ。

【小針】だから「あんた、何読んでるの」、じゃないですか。そういう問題のとらえ方をしていない。

【菅野】そうなのだ。鵜飼先生には気の毒だけど、あれでは反論できない。しかし、反論できなかったと、晩年、論文集を出すときに正直に告白された鵜飼先生は偉いと思う。

【小針】ほんとうは屈辱でしょうね。

【菅野】そうだろうね、あれはどうにもならないだろうね。

【小針】実をいうと、鵜飼先生を叩くことによって宮沢先生も叩いたけれども、本当の狙いは宮沢先生の先生である美濃部先生だったのではないですか。

【菅野】敵は本能寺にありで、実は美濃部批判だったと私も見ています。

【小針】あんたの弟子、何考えてるのと。そもそもあなた自身、何考えてるの。

【菅野】そういう調子だ。ただ、もう既に美濃部先生は亡くなられたあとだったから、「亡くなられたので、その回答を得られないのは残念である」という出だしで書いている。

実に佐々木先生は、すごいと思う。先生のもの、一回、二回読んでも意味が分からない。言い回しが特殊だということもあるし。

【小針】今、お聞きしましたが、二重否定みたいなのが出てきていて、スーッと頭に入らなかったですけどね。

【菅野】ぼくも二回、三回読み直さないと頭に入らない。柳瀬先生の話だと、美濃部先生は、佐々木は漢学の素養がないから文章が下手なんだといっていたらしい。しかし、それはどうかなと思う。

【小針】ただし、おれはあんたが言っている問題を扱っているんではないよという話。

【菅野】そういう論法、先生は使われます。批判受けとめられなくて苦しくなると、論点変更したり、相手の書いた文章をよくよまないで反論する人、結構、多いからね。

［小針］　要するに、これは菅野先生もいろいろいわれているのだけれども、小針よ、論文を書くときにフラーゲ（Frage）、問いの定式化をきちっとやれ。それができなければ話にならない。おまえ、何を論じようとしているのだ。定式化できるかどうか、定式化できるということは半分以上問題が解けていることになる。

■レアレス・ザイン（reales Sein［実在］）

［菅野］　そう、それが私の持論です。

私の論文を通じての考え方のもう一つは、ゾルレン sollen（当為）というのは、これはアメリカに移住してからのケルゼンの説明ですが、他人の行態、他人の行動に向けられた人間の意思行為の意味だといっています。これはちょっと聞くと奇嬌な説のようだけど、そうでもない。例えば、私が誰かに向かって手招きをする。この手招きは私の意思行為で、その意味は「こちらへ来て下さい、汝こちらに来るべし」です。だから、ゾルレンというのは他人の行動に向けられた人間の意思行為の意味、したがって、命令行為の意味といってもいいことになります。

そして、「意思行為」と「意思行為の意味」とは区別しなければなりません。意思行為というのは心理的存在だから、レアレス・ザイン、実在に属するけど、意思行為の意味の方は当為命題であって観念的存在です。この両者をはっきり分けなくてはいかんというのが、私の考えを支えている一つです。

この点について私が学問的な恩恵を受けたのはケルゼンはもちろんですが、横田喜三郎先生の『純粋法学論集1』の「法律における存在と当為」という論文です。これは非常に優れた論文です。

【小針】「存在」についていいますと、物理的存在、心理的存在、そして観念的な存在。そして、物理的存在は時間と空間を占める。心理的存在は時間を占める。二つを合わせてレアレス・ザインだ。そこを踏まえないと、先生のお話、つまり「意思行為」と「意思行為の意味」の違いは理解できないと思います。だから存在論ということで、学生にいったことがあるのですけど、分からないですかね。

【菅野】ピンとこないだろうね。横田先生という方は、東京裁判のお先棒をかついだりして人間としてはどうも感心しない人のようだけれども、学者としては優秀です。それは、「法律における存在と当為」という一つの論文を見てもよくわかります。

【小針】天皇批判をやっていて、最高裁判所の長官までなった方ですね。

【菅野】そして文化勲章をもらって位人臣を極めてね。あの人はよほどの人だね。

【小針】でも、鋭いところを突いていますね。

【菅野】それは鋭い。「法律における存在と当為」、あれは美濃部先生のケルゼン批判に対する反論です。美濃部先生はケルゼンを嫌ってね。

【小針】だから、美濃部先生はケルゼン批判をやった。

【菅野】単行本になって出ています（『ケルゼン学説の批判』（昭一〇））。

【小針】あれは高くて手を出せない。

【菅野】ぼくも持っていないし、読んでもいない。

【小針】ぼくも読みたいと思っているところがあるのだけど。

【菅野】あれは重要な文献なのでしょうね。柳瀬先生に言わせると、美濃部先生は、自分より年の若いケルゼンの方に自分の弟子たちがみんな傾斜していくので、腹を立てて書いたというのだがね。

［小針］　ケルゼン学説批判とかなんとか、ケルゼンに対する批判です。

［菅野］　佐々木先生の戦前の憲法の教科書とか行政法の総論、あれは復刻するといいと思う。

［小針］　あれは重要だと思います。佐々木憲法学とはなんなのかということを知っていくうえでは。

［菅野］　このごろは、二、三年も保たないような本が出ている。それよりは、佐々木先生の、戦前の憲法の体系書とか行政法の体系書をね。

［小針］　憲法というか公法学をやるのだったら、佐々木、美濃部というのは一通り読んだ方がいいと思います。

［菅野］　ところが、最近は宮沢先生のものさえろくに読まないで、芦部さんが書いたものあたりから読んで論文を書いているように見えます。

［小針］　今は、下手すると読まれる本は芦部さんの下あたりにきているかもしれません。

［菅野］　今度の『注釈憲法1』を読んで呆れたもの。あまりといえばあまりにお粗末だ。結局、私を含めて不勉強な上に質が悪くなったのだろうけど。

■ワードでなくプロポジションで考える

［菅野］　もう一つ、私が論文を書く上で留意しているのは、ワード（word）でなくてプロポジション（proposition）、命題でものを考えるやり方。これは、「憲法改止限界論」を扱ったときに無意識裡にやったのです。憲法改正に限界があるという命題は、いったい何を意味するのか。「憲法改正手続きを踏んでも既存の憲法を変えるについては限度がある。その限度を越えての既存の憲法の改変行為は無効と評価するべきだ」というのが、「憲法改正に限界があるという命題」の意味だととらえました。

そこから自然法論に立脚する憲法改正限界論というものが当然あるはずだと思って探してみたら、スイスにハンス・ハウク（Hans Haug）という男がいて、この人が典型的な自然法論から憲法改正の限界を主張する議論を展開していたので、それを紹介しました。さらにハウクを批判していながらホルスト・エームケ自身も、私からいわせると一種の自然法論者、憲法というのは特定の内容をもっており、その特定の内容というのは、力の制限と合理化、そして自由な政治的生活過程の保障という意味での実質的全体である、これが憲法だ、というのです。憲法改正権は最重要の憲法上の権能の一つではあるが、議会の特別多数に憲法、今いったような「力の制限と合理化、そして自由な政治的生活過程の保障」という意味での実質的全体である憲法を、除去もしくは侵害することを授権しているものではない、というのが、ホルスト・エームケの憲法改正限界論のエッセンスで、これは『国権』（四二頁）に書いておきました。

こういう考え方からすれば、当然、「力の制限と合理化、そして自由な政治的生活過程の保障」をしていないような「根本法」、それは憲法ではないということになってしまう。そういう保障をしていないような内容のものをつくって「憲法」と名づけてみても、それは法として効力をもたないという考えだから、これも一種の自然法論です。これが、エームケに対するぼくの批判なのです。

［小針］　それは、尾高先生の「ノモス主権」みたいになるのではないですか。

■不可侵の根本規範という考え方

［菅野］　なる。ウェルナー・ケギ（W. Kägi）の場合は、スイス憲法の解釈論をやっているのか、もっと一般的に憲法改正限界論を主張しているのか分からないようなところがあるのだけれども、W・ケギも、人格の尊厳と自由の承認、自由権、平等則、連邦制、法治国家原理、民主制原理、これらはいずれもわれ

われの自由な秩序の不可変・不可侵の根本規範である。これらは、我々の国家に恒常的なもの、コンスタントな諸々の基本価値の法規範的表現であり、我々が我々の国家理念と名づけるところの、かの偉大な要請の法規範的表現なので、こういうものは、憲法改正手続きによるも動かすことはできない、ということをいっている。しかも、ケギは、正義は憲法制定権力をも拘束するということをはっきり明言してます。

【小針】 それはもう自然法論ですよ。

【菅野】『国権』(五一頁) にケギの文章を引用しておきました。

ドイツの場合ですと、ドイツ連邦共和国憲法七九条の第三項が憲法改正の限界を明示したこともあって、憲法改正限界論というのがあたりまえの学説になっている。ところが彼らは、単に改正権の限界を説くにとどまらないで、制定権力の限界まで主張している。テオドール・マウンツ (Th. Maunz) も「憲法制定権力は、なるほど既存の憲法規定によって拘束されることはないが、超国家的人権によって拘束されることになる」と述べているから、これは憲法制定権力の限界論で、自然法論的憲法改正限界論ということになる。

さらにはヴィントリッヒ (J. Wintrich)、この人の面白いところは、合法的に変えることのできない根本規範を、超実定的内容をもつ根本規範と、国民の政治的統一体の態様と形体にとって決定的意義をもつところの政治的基本価値を表現するにすぎない根本規範の二種類に分ける点です。そして、憲法改正の限界になるのは、国家の政治的統一体の態様と形体にとって決定的意義をもつところの政治的基本価値を表現する根本規範にとどまり、超実定的内容をもつものは憲法改正権のみならず、憲法制定権力をも拘束するのだということを明言している点です。

オットー・バフォーフ (O. Bachof) という人も、憲法制定権力の限界を説いていますね (参照、『国権』五四―五六頁）。

【小針】　憲法改正権のみならず憲法制定権力も……。

【菅野】　憲法制定権力も拘束を受ける。

【小針】　そういうことになると、全部が自然法論になりますね。

【菅野】　うん。ただ、ご本人たちは、自分たちが自然法論者だということを正直にはいわないけど。

■無意識的な自然法論の展開

【小針】　だけど、そうではないですか、制定権力も拘束されるというのだから、その論者からすれば、その縛りを無視して、改正なり制定された産物であるいわゆる憲法は、もはや法としての効力を失うはずではないですか。

【菅野】　私もそう思います。日本では、戦後の清宮先生の憲法改正限界論というのは、その実は憲法制定権力限界論です。そして、それをもっとはっきりさせたのが芦部信喜氏の憲法改正限界論で、これは明らかに自然法論的憲法改正限界論です。私はそれを指摘して、彼自身も承認しましたけどね。

【小針】　今の若手の憲法学者などは、ついてこられない、あるいはついてこないのかもしれないが、まさに戦後憲法学の根底をなすのは自然法論ではないですか。そういう発想に立って今の憲法はできているから、それを守っていくのは「護教」と呼んで応しいのではないですか。

【菅野】　それが一番はっきりしているのが芦部さんの立場です。彼は日本国憲法を絶対的道徳化しようとしたと思います（参照『続・国権』三四一頁）。

【小針】　至上価値をもった規範というふうにとらえて。

［菅野］　芦部さんは、『憲法制定権力』という著書を定年間近になって初めて出しました。あれほど遅れたのは、私の批判になんとか答えようと努力したためでないかと思います。「補論」で私の批判に対してある程度答えようとしているけれども、完全に失敗しています（参照、『続・国権』三一三頁註（1））。芦部さんは法解釈学者としては有能かもしれませんが、法理論の素養がないようです。

■憲法改正限界論の二つの流れ

［菅野］　ぼくの一つの仕事は、同じ「憲法改正限界論」といっても、自然法論に立脚する憲法改正限界論と、法実証主義を維持したままでの憲法改正限界論と二種類あるのではないかということを指摘し、各々の限界論から生ずる帰結の差異を示したこと、そして、自然法的憲法改正限界論の代表的な主張者としてハンス・ハウクを挙げ、法実証主義的な限界論の代表的主張者としてカール・シュミットを挙げたことです。

カール・シュミットが法実証主義的な憲法改正限界論者であるということは、彼の『憲法理論』の七八頁で「憲法はその内容の正しさのゆえに妥当するごとき一個の規範に基礎を置くものではない」と述べているところからはっきりしています。その内容の正しさのゆえに妥当する一個の規範というのは、私は疑いもなく自然法とみています。憲法の妥当性の根拠は「主権者」の政治的決定だというのが彼の考えですから、法実証主義者とみるのです（参照、『国権』二〇六頁）。

ところが、カール・シュミット自身は法実証主義者だったということを認めまいとしています。

［小針］　自分でですか。

［菅野］　そうです（参照『国権』九四頁註（14））。

カール・シュミットは、「憲法改正の限界は正しく認識された憲法改正概念から生ずる」という面白いことをいっています。憲法改正の限界がなんであるかは正しく認識された憲法改正概念から生まれてくるという、概念法学の典型みたいなことをいっているのです。そもそも概念というのは言葉のデフィニトゥム（definitum）、定義行為の所産です。

【小針】　憲法改正概念自体からですか。

【菅野】　憲法改正の限界は、正しく解された憲法改正概念から生ずると『憲法理論』の一〇三頁（尾吹訳一二三頁）で明言しています。

では、正しくは憲法改正とは何を意味するのかという問いに対してシュミットは、「これまで妥当してきた憲法的法律のテキストの修正、個々の憲法的法律規定の削除と追加を意味する」と答えるのです（このことについては、『国権』の六四頁を見てください）。

■真正の定義・疑似定義と事物説明・記号説明

【菅野】　ここで私は碧海さんの考え方を使うわけです。碧海さんは、ドゥビスラフ（W. Duvislav）の定義論に拠って、真正の定義と疑似定義というのを区別します。真正の定義、真の意味での定義というのは、言葉のような記号の使い方についての約束ないし提案にすぎない。私は、これこれの言葉をこういう意味で使いますよ、あるいは、使うことにしませんか、という約束あるいは提案にすぎない。したがって、真の定義は真理値をもたないということになります。

これに対して、定義らしい顔をしているけれども、その実は定義でないのを疑似定義と呼ぶ。これには、事物説明と記号説明と二種類ある。記号説明の方がわれわれにとっては重要性があるのですけど、記号説明というのは、ある言葉がどういう意味で現に使われているのか、もしくは使われていたのか、そういう事実に関する命題です。だから言明として真理値をもつわけです。

ところで定義は真理値をもちませんが、適当な定義とそうでない定義とがある。この辺あたりから私は碧海さんの説を自分なりに変造しました。私は、語の適当な定義というのは、その語の記号説明を十分考慮に入れたものだと考えます。

なぜ記号説明を考慮に入れた定義が適当な定義であって、そうでない定義は不適当な定義なのか。たとえばネコを定義してワンワンと鳴く四つ足の動物だ、こう定義してもかまわない。これは、これから自分はネコという言葉をワンワンと鳴く四つ足の動物という意味で使いますよ、という約束にすぎないから、それはそれでかまわない。しかし、あまりにもネコという言葉の記号説明から離れている。そうすると、ネコについて他人に話をする、またはネコについて自分が考える場合、聞いている方は、最初は約束を覚えているから聞いていて理解できるし、また、喋っている方も、最初自分がした定義を意識しているから、それに従ってものを考え喋るが、だんだん記号説明にひきずられる。だから、聞いている方が分からなくなるだけでなく、考えながら喋る方も混乱してくる。そういう意味で、記号説明を十分に考慮にいれない定義は不適当だと考えます。

［小針］　記号説明でいいのですか、事物説明ではなくて。

［菅野］　記号説明といってますね。言語は記号の一種だからでしょう。

［小針］　事物説明と記号説明がありますね。

［菅野］　それを疑似定義と呼んでいる。

［小針］　先生がおっしゃっているのは事物の方……。

[菅野]　ネコという語の用法を問題にしたのですから記号説明です。記号説明はわれわれにとって大きな意味があるのです。たとえば「抵抗権」という言葉も、これをどう定義するかは自由です。しかし、適当な定義とそうでない定義が当然ある。では適当な定義というのは何かといえば、従来、抵抗権という言葉がどういう意味で使われてきたか、また現に使われているのか、そういう事実を考慮にいれて行った定義は適当な定義だけれども、記号説明をまるで無視するような定義は不適当な定義ということになる。このように理解して、私は碧海さんが紹介したドゥビスラフの定義論を利用しました（参照『国権』七二頁註(17)、『抵抗権論』一六七―八頁）。

■妥当な定義と妥当でない定義

[菅野]　碧海さんとずれるのは、妥当な定義とそうではない定義をどうやって見分けるか、そこのところは意見は一致しないと思うけれども、私は、法律学者が扱うような言葉に関していうならば、その言葉が従来どういう意味で使われてきたか、現に使われているのかという記号説明を十分斟酌したうえでの定義でないと、不適当になると考えます。これは「権利」でも「主権」でもそうです。

[小針]　学術的な概念、その辺の使われ方もあるわけですね。

要するに、定義というのはたしかに原理的には自由なのです。だけど、塩と砂糖を言い換えるとかそういうふうにやっていくと、今言ったようにごちゃごちゃになってきます。そうすると、有効な定義というか、みんなにわかってもらえる定義なのかどうかということになると。

[菅野]　碧海さんの定義論というのは法本質論に対する批判です。法の本質とは何か、従来いろいろ議論されてきた。法を法たらしめるものは何か、この問題は、実は定義と説明という二つの視点でとらえ直

さないと、違ったことを同じ土俵でいろいろ議論することになるというのです。だから碧海さんは、法本質論ではなくて、「ザ・定義」という問題と説明という問題とに分けて整理し、この問題を考えていかなければいけないと主張していると私は読んだのです。

その考え方を先のカール・シュミットの主張にあてはめると、カール・シュミットなりに憲法改正という言葉をどう定義するかは自由ですが、カール・シュミットが、正しくは憲法改正というのは憲法的法律を修正・追加・削除することなので、実定的意味の憲法の改変はそこには入らないという。そういうふうに憲法改正という語を定義するのは自由ですが、そのような定義が正しいと断言するについては何か思考前提があるはずだ。その思考前提は何かというと、それは実質的憲法論と呼ばれるものと憲法制定権力論の二つではないのか、ということを法実証主義的憲法改正限界論の箇所では論じました（参照『国権』七七頁註（17））。

カール・シュミットにいわせると、それまでのドイツの憲法学者が考える憲法というのはきわめて形式的だ。高められた法律効力をもった法、つまり、普通の法律よりは改正手続きが難しいのが憲法なのだというふうに、内容を全然問題にしない憲法の定義が行われていた。イエリネックなどがその一例です。だけど、そうだとすると非常におかしなことになる。

イエリネックのような考え方をすると、憲法の持続性と安定性とは、憲法改正についての憲法の一規定の定める手続き、ワイマール憲法でいえば第七六条の定める手続きを守られなければいけないという一点に還元されてしまう。これが実際に決定的な憲法概念だとするならば、ワイマール憲法にとっては、その憲法改正規定である七六条が憲法の本質的中核であって、憲法改正規定こそが憲法の中核、唯一の内容ということになり、全憲法は暫定的なものにすぎないことになってしまう。

「真実態においては、ワイマール憲法は憲法改正規定に従ってそのときどきに書き込まれる白地法にすぎないことになろう。現行ドイツ憲法のすべての規定に次のような但書きが付加されねばならない。すなわち、七六条の手続きによる改正を留保して『ドイツは共和国』である（第一条）、『婚姻は家族生活の基礎である』（一一九条）――七六条の手続きにより別事が定められぬ場合、『国の住民は完全な信仰と良心の自由を享受する』（一三五条）――この自由が七六条の手続きに従って彼らより奪われない限り等々、現在のドイツ国法学がいわば自明のものとして受け入れている『形式的』憲法概念なるものから生ずる結論とはこういうものだ」（VL, S.19, 尾吹訳二五頁）。

イエリネックに代表されるような「形式的」憲法概念からすると、ワイマール憲法の中心になるのは改正規定だということになって、改正規定によって改正されない限り信仰の自由は保障するとか、あるいはドイツは憲法改正規定によって変えられない限りで共和国であるとか、そういうことになってしまう。これがシュミットの主張です。

■ブラックホール説とその歯止め

［小針］　今のお話を私流に解釈して勝手に理解すれば、ブラックホール説ではないかな。要するに、全部七六条、改正手続きに吸収されてしまう。改正手続きが残るだけで、あとはなんでもそこから出てきたり破壊されたりする。

［菅野］　上手な比喩です。それをシュミットは批判しているのです。

［小針］　それに歯止めをかけなければいけないといっているのでしょう。だから、彼がいっている形式に対する実質というのはそこなのではないですか。

そして、実質的憲法論と、もう一つ思考前提とお考えになったのはなんですか。

[菅野] それは憲法制定権力論。もっと具体的にいえば、憲法制定権力と憲法改正権とを区別するという考え方です。

[小針] そこで初めて出ますね、法実証主義的な憲法改正限界論が。

[菅野] 憲法制定権力の前には立ちはだかるものは何もないです。どんな内容の憲法でもつくれる。

[小針] ただし、憲法改正権はそれと違うぞと。

[菅野] 改正権はそうではなく、実定的意味の憲法の存在を前提とし、その同一性を保持しながら、それに抵触しない範囲内で憲法的法律を修正・追加・削除する権限、文字通りのコンペテンツ（Kompetenz）が憲法改正権であるというのです。

[小針] 憲法改正権は、プヴォワール・コンスチチュアン（pouvoir constituant）ではないですか。

[菅野] pouvoir constituant と言う語を憲法改正権の意味で使用する人、相当数いますが、シュミットの場合は、憲法改正権は、立法権や司法権と同様に「憲法によって組織化された権力（pouvoir constitué）」の一つです。これと「憲法制定権力（pouvoir constituant）」とを峻別するのが彼の憲法改正限界論の要石《カナメイシ》の一つです。

[小針] それなら憲法改正に限界が認められますね。改正権は法的全能者のpouvoir constituantでなくて、立法権・司法権と同じレベルのpouvoir constitué（憲法によって組織化された権力）ですから。

[菅野] 実質的憲法論と、憲法制定権力と憲法改正権の区別、この二つを考慮して、彼のいわゆる正しい憲法改正概念というものが構成されているのです。それなのに「正しい」憲法改正概念そのものから、あたかも直接に憲法改正の限界が出てくるかのように、シュミットは言うのです。

［小針］ ただ、面白いですよ。ワイマール憲法は七六条に収れんし、その意味で白地法になってしまうというのは。

■モータル・ゴッドとしての国家

［菅野］ さらに彼の憲法制定権力論の根底を探ると、シュミットの国家観につき当ります。政治的存在として実存しているものは、法律学的にこれをみるならば実存するだけの価値をもっている、そういう考え方なのです。国家というのはモータル・ゴット（mortal God）、死ぬことができる神だというホッブズと同じ考え方です。

［小針］ 国家擁護説ではないですか。

［菅野］ 国家というのは、それだけで価値があるのだということでしょう。

［小針］ 存在するものは価値がある。

［菅野］ 政治的存在として実存しているものは、法律学的にこれをみるならば、実存するだけの価値をもっていると彼は明言しています（参照、『国権』九三頁）。政治的統一体の存在は、なんらかの規範によって正当化される必要はない。法律学にとっては政治的統一体の価値は自明のものとして前提されなくてはいけない、そういう考え方が根底にあって、憲法改正権と区別される憲法制定権力の万能論を彼は唱えたのだろうと思う。

［小針］ ただし改正権は……。

［菅野］ それとは性質が違う。

［小針］ 政治的統一体として存在するもの、これはやはり国家でしょうね。

【菅野】 権力機構をその一部とする国民の政治的統合体、広義の国家です（参照、『抵抗権論』五七―五八頁）。

【小針】 そうすると、晩年の小嶋先生はどうなのですかね。だって、国家が先ず在って、次に憲法典があるという考えでしょう。

【菅野】 小嶋さん自身、あの論文書いた時、いちばん影響を受けたのはカール・シュミットだったと私に話してました。

【小針】 晩年になってくると、シュターツノートレヒト（Staatsnotrecht 国家緊急権）が出てくるし、国家があって憲法典がある、憲法と憲法典は違う。フェアファスングとフェアファスングスゲゼッツとは違うのだというような。

【菅野】 それもやはりシュミットから影響を受けたと小嶋さんから聞きました。だから、同じ「限界論」といっても、このように二種類ある。一つはカール・シュミット流の、自然法論に立脚しないで、実質的憲法論と、憲法改正権と憲法制定権力との峻別によってつくり出された憲法改正限界論。もう一つは自然法論に立脚する憲法改正限界論。

■二つの限界論の差異

【菅野】 『国権の限界問題』の九六頁から一〇三頁で、「小結」として二つの限界論からどういう違った結論が生じてくるかということに触れてみました。

自然法論的憲法改正限界論の立場に立つと、憲法制定権力にも限界があるということになるから、したがって限界を踏み越した憲法改正行為は、絶対的に無効だ。法として人びとを義務づけする資格をもたないということになってしまう。

これに対して法実証主義的な憲法改正限界論であれば、憲法改正の限界を踏み越しての憲法の改変の場合には、これまでの憲法の立場から評価すると、その改変行為は無効ということになるけれども、改変された憲法を頂点とする強制秩序が持続的に実効性をもつに至れば、これは憲法制定権力の発動として制定された新たな憲法ということになる、そんな風に説明することによって、憲法改正の限界を踏みこして出来上がった憲法の有効性を根拠づけることができる。

自然法論的憲法改正限界論からすると、限界を踏み越しての改変行為は絶対的に無効。ところが、法実証主義的な憲法改正限界論の立場に立つならば、憲法改正の限界を踏み越して行われた憲法改変行為は相対的に無効というか、これまでの明治憲法なら明治憲法という従来の憲法の立場からみれば無効と評価さるべし、ということになる。そういう違いが先ず出てきます。

これが日本国憲法の定立行為をめぐる議論に対してどういう意味をもつかというと、大石義雄先生は「限界説をとる以上は改正の限界を超えてなされた旧憲法から日本国憲法への改正は不法であり、無効であるといわねばならぬ」とおっしゃっています。その際、念頭に置いていたのは、カール・シュミットの影響のもとに唱えられた法実証主義的な憲法改正限界論と思われますが、このタイプの限界論からは現憲法無効論が当然の結論として生ずるものではない、ということに注意する必要があります。

法実証主義的憲法改正限界論が頭においておる無効というのは、これまでの憲法、この場合には大日本帝国憲法の眼からみると正当性・妥当性がないということを意味するにすぎません。法実証主義的憲法改正限界論からすると、旧憲法七三条によって設定された憲法改正権とは別個のオーソリティ・根拠に基づいて日本国憲法が法であること、つまり有効であることまで否定するという含みをもたない、つまり憲法制定権の発動として有効と説明が可能です。宮沢先生の八月革命説はそれを踏まえたものです。

[小針]　革命憲法と呼ぼうということなのですか。

[菅野]　そういうことです。だから、憲法制定権力の発動であったというわけでしょう。

[小針]　どういう場合に憲法制定権力の発動があったということが判断できるのですか。

[菅野]　その結果出てきた強制秩序が、安定して長期間継続するかどうかで判断するしかありません。そういう意味では事実が決めることになります。

[小針]　そこは私なども悩んでいるところがあるのだけれど、事実が決めるほかないとなってくると、事実が規範の秩序の妥当性を担保するような感じがしないでもない。

[菅野]　実効性という事実、つまり現に法が適用・執行され大多数の人々がそれに従っているという事実、実効性は法が有効であるための必要条件です。このことはケルゼンも認めています。

[小針]　やはり菅野先生の考えでも、必要条件というわけですよね。

■限界論と現行憲法の法的性格

[菅野]　そうです。芦部さんは大石説に対しては、現行憲法は法的にはいわば八月革命により制憲権を獲得した国民がそれを発動して制定した新憲法であるとし、限界論をとることは必ずしも現憲法の法的性格の否定に至るものではないと強調していますが、法実証主義的憲法改正限界論に立脚すれば、確かにそういう主張は可能なのです。

だけど、芦部さんがとっている自然法論的憲法改正限界論からすると、つまり彼のいう根本規範、人間人格の自由と尊厳の原則を真っ向から否定するような憲法改正が将来、仮に行われたとしたら、そのときには、そうした憲法改変行為は制憲権・憲法制定権力の限界を超えるもの、制憲権の発動ではなくて、あらわな事実力による法の破壊ということになり、それこそその「新憲法」なるものの無効の主張になるはずです（これは『国権』の九八頁で指摘しておきました）。

【小針】　絶対にそうなってしまう。

【菅野】　芦部さんは、この指摘、認めませんでしたが。今述べたような異なった二つの結論が二つのタイプの憲法改正限界論から出てくる、というのが私の考えです。

【小針】　シュミットにとっては、憲法制定権力は法的なものとして捉えられているのか、それとも、そうでないものとして捉えられているのか、そこはどうですか。

【菅野】　私は、彼の憲法制定権力論は、ビィアリング（E. R. Bierling）の承認説の変形だとみています。つまり、彼の憲法制定権力は国民による承認という心理的存在、実在なのであって、法上の力ではないと考えます。

【小針】　憲法制定権力自体も超実定法的な存在となると、ある種の自然法みたいなものを持ってこないと法の効力を根拠づけできないのでしょうね。

【菅野】　その通りです。存在と当為の二元論の立場でシュミットの憲法制定権力論を合理的に再構成すると、それは民主主義的自然法論であって、「憲法」の効力は、「国民の意志は、常に法として行わるべし」という規範から引き出されるという考えだということになる。しかし、これは、あくまでも再構成であって、シュミットの憲法制定権力論そのものは承認説の一変形だと思います（参照、『国権』二一五―二一八頁）。彼にあっては、あくまで憲法制定権力というのは超法的な事実です。そんなものを一体考える必要があるのかどうか、疑問です（参照『国権』二〇三―二〇四頁、『論争』二二二―二二七頁）。従来の法体制からすると正当化できないような新しい秩序が出た場合、その秩序が長期間にわたって実効性をもつようになった場合には、法律学者はその強制秩序は有効な法秩序とみなさざるを得ないし、現に皆そうして、いろいろな法律学的な議論を展開しているわけです。

■法実証主義に対するシュミットの考え方

［菅野］　ところがカール・シュミットは、法実証主義を否定している。それがおかしい。法実証主義というのは、カール・シュミットにいわせると、「法はまさに実際に貫徹する者によって定立されているという命題の承認」、「事実の規範力の承認」、これが法実証主義だという。「今日でもなお、一九四九年一二月初頭、国連でイギリス代表は、中国の新共産政権の承認に関連して、国際法上の承認は、ただ事実的現実をのみ根拠とすると説明している。出現の合法性は国家権力の標識ではない。ドイツの国事裁判所は、一九一八年の崩壊後、当時の労兵委員会に関連してこのことを明言した。しかし、これは法律の教科書やコメンタールにみられる決まり文句、陳腐な言たるにすぎない」と述べています（参照、『国権』九五頁註(14)）。

けれど、こうした法実証主義に対するシュミットの非難が、いったい彼の国民の憲法制定権力論とどう調和できるのか、私には理解できない。現に国民政府が崩壊して中国に新政権が成立し、存続している。この事実は彼の国民の憲法制定権力論からすると、主権者としての国民の意思による、それゆえ、正当に憲法が変えられたということを意味するしかない。そして、これは「従来の秩序よりすれば違法な状態が持続し、それが一般的承認を獲得するならば、この状態は違法の性格を喪失する」という法実証主義者の主張と何も変わりがない。

【小針】 だったら、法実証主義そのものではないですかね。
【菅野】 『国権』でラウシェンベルガーという人の法実証主義についての説明を引用しましたが（九五頁註（14））、私も彼と同意見です。革命にせよ、クーデターにせよ、違法の最たるものです。「不正（法）から正（法）は生じない（ex injuria jus non oritur）」という法諺の極端な例外といえましょう。しかし、法実証主義は実定法によって人々の良心まで義務づけられると主張するものではありません（参照『国権』二八六頁以下、二八九―二九八頁）。
【小針】 だから、シュミットが何を批判しているのかということですね。
【菅野】 それがおかしいのだね。
【小針】 批判したのは自分にふりかかってくるのではないか。
【菅野】 と思うね。だから、どんな偉い人がいったことでも、それを丸飲みしてはいけない。やはり疑ってみるということですね。
【小針】 やはりシュミットは、ナチスとの関係もあったけれども、守るべき何かがあったでしょう。
【菅野】 ホッブズに通底するものがあった、と思います。ホッブズは内乱を極端に恐れた。だから、実効性をもつ強力な国家体制の存続を強く願っています。ホッブズはデヴォンシャイヤー伯爵（Earl of Devonshire）に対する『国民論』の献辞の中で、「世の中には、人間は人間にとって狼（lups）だという諺と、人間は人間にとって神（Deus）であるという諺と、相反する二つの諺が流布しているが、どちらも真である。自然状態においては人間は人間にとって狼であり、国家状態にあっては人間は人間にとって神である」、と述べている。つまり、国家の存立それ自体が、大変な価値をもっている。
【小針】 それこそ国家主義ではないですか。

【菅野】　国家主義というか、国家というものに最高価値をみる。もちろん国家というのは個人の生命を保護するという任務をもつわけだけども、生命・財産を保護する機能を果たす限り、ホッブズにとって国家は地上の神です。カール・シュミットがホッブズに多大の親近感をもって《Leviathan》を書いたのもそれだと思う。やはりカール・シュミットにあっても国家というのは mortal God のようです……。

【小針】　これで二人がつながってきますよね。

【菅野】　つながっていると思う。

【小針】　地上の神か。

【菅野】　もっとも芥川龍之介は『侏儒の言葉』の中で、神にとっての最大の悲劇は自殺できないということである、といっているけれどね。地上の神は死滅可能です。

【小針】　そうなってくると、ホッブズの著作にしてもシュミットそれにしても、まさに国家のアポロディア・弁明の書ではないのかな。

【菅野】　どういう議論でもアクシオーム（Axiom）、公理みたいなのがあるわけで、カール・シュミットの場合には国家の至上価値ですね。ホッブズもそうです。ただし、その場合、くり返しになりますが、国家は、その最小限度の任務、国民の生命や人身の自由、財産を保護することが前提になります。シュミットはデカルトの「吾、思う、故に吾あり（cogito, ergo sum）」をもじって、「吾、保護す、故に、吾、義務づけす（protego, ergo obligo）」が政治学の第一命題だといっています。

「服従の目的は保護」であって、主権者への臣民の服従義務は主権者が臣民を保護できる間にのみ存する、というホッブズの主張の言い換えです（cf. Leviattann, Chap. 21, マクファースン版二七二頁）。保護する能力の無い者が他者を義務づけることは不可能というわけです。国家の最小限の、そして第一の任務は国民の生命の保護です。ロックも、その点では、ホッブズと同じで、国家設立の目的は property の保全だとし、property の冒頭に生命をあげ、自由とか所有物は生命維持のための手段と見ています（参照、『抵抗権論』四一―四二頁、四七―四八頁、一八頁註（14））。

■現行憲法をふりかえってみると

【小針】　非常に下世話な話になりますが、そうだとすると、現行憲法のもとにある日本国は、いったい国民の権利・自由を保護していることになるのでしょうか。拉致されても放っておき、何されても放っておく。ひたすらに平身低頭して、一切交戦権はまかりならぬ。集団的自衛権はもっているけれど使わない。

【菅野】　アメリカが日本を保護している（protegere）から、アメリカは日本を義務づけする（obligare）ことができるわけで、アメリカに頭が上がらないのはあたりまえ。

【小針】　だったら、私たちはアメリカ合衆国の州と実質変わりないということになるのではないですか。

【菅野】　そういうことです。だからド・ゴール（De Gaule）は偉い。原爆をあえて開発した。あれはフランスが独立国家として存立するための不可欠の条件と考えたためです。日本は原爆をもたなくとも、何らかの抑止力をもたないと、どうにもならない。

【小針】　独立しなければいけないということなのですね。

【菅野】　そのためには原子爆弾をもたないまでも、充分な抑止力をもち、これを行使できる体制にしておく必要があります。フランスという国は不思議だと思う。科学でも最先端をいっている。日本は、戦争で負けたのでしょうがないけども、航空機とかロケットの技術が駄目なことは火を見るよりも明らかだ。アメリカから購入するしかない。これでは北朝鮮にやられっぱなしでもしょうがない。下手に北朝鮮の工作船に追いついて機関砲などを撃ったら、逆にあっちにロケット砲でやられて沈められてしまう。あんな装備ではどうにもならない。

【小針】 あれは「武力の行使」ではなくて、あくまで「武器の使用」ということですので。

私はこの区別はよくわかりませんけど。そうすると、ほんとうに市民社会ではあるけれども、日本というのは国家（Staat）ではない。それはアメリカ合衆国の一部である。

【菅野】 合衆国の一部といわないまでも、半国家だね。

【小針】 私が今書いている『防衛法概観』という書物では、「安保条約・地位協定軸」という考え方を提示しましたが、なんと、それに伴って、米軍地位協定を実施する一七ぐらいの法律が出てきました。特例法、特別措置法、……、今のお話を聞くとそこにつながってくる感じがします。いったいだれが国民の生命・身体・財産を守るのか。ホッブズにとっては国家ということになるのでしょうけど［ホッブズの場合も国家の任務は国民の生命・身体の保全です――菅野］、だとすれば、それにあてはまるのは、わが国にあっては、わが国ではなくてユナイテッド・ステーツ・オブ・アメリカではないか。それらをちらりと「はしがき」に書こうと思ったけど、そこまでやるのはどぎついから、やめました。

【菅野】 やめた方がいい。

【小針】 今私が執筆しているものは、「日本のわが国の防衛法制の入門書的なものを骨太の座標軸で示そう」というものです。ただ、書いているうちに、自分はいったい「わが国の防衛法制」を執筆しているのか「アメリカの防衛法制」を執筆しているのか、しばし迷ったときがありました。とはいえ、いったい自分が研究しているのはどこの国の防衛法制かという疑念は、今なおくすぶり続けております。

というのも、今まで防衛法制がらみの立法などしようものなら、野党はこぞって反対してきたでしょう。

とにかく、日本独自の法整備には強い抵抗があったわけです。ところが、例のアメリカがらみの「テロ対策特別措置法」の立法化にあたっては、民主党だって「やれ、やれ」という具合になってきて、サッとい つの間にか決まってしまい、そのうえふたを開けてみたら、自衛隊法の一部改正（平成一三・一一・二法律一一五）で防衛秘密保護規定が定められるに至ったわけです（現行自衛隊法九六条の二）。この防衛秘密の漏えいは懲役五年以下の懲役ですよ。これまでは、「秘密保護法けしからん」だったでしょう。どうなっているんでしょうね。

私は平成一三年の比較憲法学会で「国家秘密」について報告の予定でしたが、報告に旅立つ二、三日前の地元紙に自衛隊の「防衛秘密」のことが出ておりましてびっくり仰天しました。全国紙にはまだ取り上げられていなかったらしく、防衛法をやっている私の知り合いに記事を見せましたら驚いていましたね。報告後、帰ってきてしばらくたったら、もう立法化されている。もっとも、アメリカがらみの「秘密保護法」は、わが国では、既に昭和二七年に「刑事特別法」、昭和二九年には「秘密保護法」という形で存在していたのです。とにかく、今まで考えられなかったことがどんどん進んでいっています。アメリカが出てくると、こうなってくるんですかね。

［菅野］　今度はブッシュが大統領になって、またすさまじいから。

［小針］　悪の枢軸。それで今度は、北朝鮮はビビッてしまった。アフガンのイスラム教徒のタリバン政権に対する攻撃をみてびっくり仰天したのではないですか。テロというのは、普通、警察対応なのです。警察活動だといっているアメリカの人もいます。それが軍事行動ですよ。主権もへったくれもなく、ぶちのめしているでしょう。これは「新しい戦争」といわざるを得なかったのは分かるけど、この度のテロがはたして国連憲章五一条の「武力攻撃」に当たるかどうか疑問になって、書いておきましたが。ほんとう

にアメリカが怒ってしまったから、日本だってぶったまげた。ほんとうに怒ればこうなるのかなと。

[菅野] 武器と武器とのあいだにあっては法は沈黙する(inter arma silent leges)。

[小針] それを書きました。

[菅野] ジョン・ロックだって、財産権をひどく重視して人間の生命をあまりに高く評価しなかったように見えるけど、そうではないのです。

■ジョン・ロックとプロパティについての考え方

[小針] 当然の前提だということになっているのではないですか。

[菅野] 『抵抗権論』の、一八頁の註(14)で、ケルゼンのロック解釈批判を書きましたが、ジョン・ロックだって、自国民の「生命、自由、財産」(property)を守るためには、兵士は、上官の命令に従えば戦死することが必定であっても、従わなくてはいけない、ということをいっています。ただし、絶対的目的、つまり自国民の広い意味でのプロパティを守るという絶対的な目的のためではなくて、上官が兵隊から一ペニーでも無理やり取ろうとすれば、それは許されない。ロックは、絶対的権力と恣意的権力とを区別しているのです。自国民の生命、自由、財産を守るという絶対的権力行使のためには、個々の国民の生命だろうが財産だろうが、制限あるいは奪うことも可能だ。ただ、恣意的な目的のためのそれは許されない(cf. Second Treatise, § 139)。どうも、この辺が誤解されているようです。

[小針] 命をかけてやるという義務は軍人には課せられているのです。„inter arma silent leges"という言葉でぼくは自分の書物を締めたのです。「武器のさ中にあっては法は沈黙することになるのかと自問自答しつつ、筆を置く」というふうにしておいたのです。

［菅野］　それでいいところだね。ともかく、ロックは生命より財産を重視したというケルゼンのロックの解釈は誤っていると思う。

［小針］　それで、ぼくは非常に困ってしまっているのはプロパティです。人によっては「財産」なのです。菅野先生の場合は、プロパティは自然権なのです。ただ「財産、財産」といっても、「では、おれの財布なの」、その感覚になってしまうと困るのですよ。

［菅野］　しかし、『抵抗権論』九八頁から一二一頁にかけて書いておいたけど、近ごろは広義のプロパティを、自然権と訳す人が多くなってきたようです。ただ、どういう理由でpropertyを自然権と訳すのかは人によって違う。私は自然法からくるという見方です（参照『抵抗権論』三七頁）。

［小針］　ロックの自然法を、いくつかに菅野先生は分けていませんでしたか。

［菅野］　自然法を三つに分けました。つまり、行為規範としての自然法を第一次自然法と呼び、強制規範としての自然法を第二次自然法と呼び、組織規範としての自然法を第三次自然法と呼びました（参照『抵抗権論』四七頁註（2）、尾高朝雄『法哲学概念』二一〇―二一三頁、二二四―二二五頁）。広義のpropertyは第一次自然法に底礎づけられた権利です。

■憲法改正限界論の根拠づけの考え方

［菅野］　ここで話を変え、憲法改正限界論の問題に戻りましょう

憲法改正限界論をやったときに、純粋法学が憲法改正の限界の有無についてどういう考え方をもっているのか、それを検討するために、ケルゼンの根本規範論と法段階説を私なりに整理してみたのです。結論的には、ケルゼンの立場は、憲法改正無限界論に帰着する。ゲルハルト・アンシュッツ（G. Anschütz）と

同じ考えです。ところがしばしば、ケルゼンの根本規範は憲法改正の限界になるというふうに説かれています。たとえばホルスト・エームケも、純粋法学の立場よりすれば、根本規範のみが憲法改正の限界になるとみています。

ケルゼンの弟子であるクラフト–フックス（Kraft–Fuchs）も、カール・シュミットの „Verfassungslehre" の書評の中で、もし憲法改正に限界があるとすれば、それは根本規範だけだろう、という風なことをいっている。

黒田覚先生も、ケルゼンの根本規範は憲法改正の限界になると述べています。黒田先生はカール・シュミットの憲法制定権力による決断は、まさにケルゼンの根本規範の書き換えだとするエームケの指摘を容認されるとともに、次のようにケルゼンの根本規範論と憲法改正限界論とを関連づけています。

「ケルゼンは、旧憲法を基礎づける根本規範と新しい憲法を基礎づける根本規範とのあいだに本質的な相違がある場合には、二つの憲法のあいだに法的連続性を認めることはできない。法的連続性の断絶が法学的意味における革命である。ソビエト・ロシアの憲法の妥当性を旧帝政憲法から導き出すことは、できないとしている。これは一つの憲法の立場からは、新しい根本規範を前提しなければならないような結果になる改正はできないということになるわけで、一種の憲法改正の限界性の理論だともいうことができる」。「ケルゼンの場合は、要するに普通の言葉でいえば、主権の所在の変動を伴うような憲法改正はできない、改正手続きを踏んでも主権者を変更するような改正ができない、ということになる……」（「憲法改正の限界性」法学セミナー一九六一年五月号、一七頁）。

■ケルゼンの「真意」をつかんでみる

［菅野］　しかし、ケルゼンのものを読んでみると、どうもそうではないのです。基本的には根本規範論とはどういう考えなのかということからゆかなくてはいけないのですが、そうでない箇所からもケルゼンは憲法改正に限界を認めていないとみられるのです。

『法と国家の一般理論』の中で、「憲法のいかなる改正をも禁ずるといったことすら可能である。そして、事実これまでも、憲法のある規定の改正の禁止とか一定期間における憲法の全規定の改正の禁止を宣言した例がある。こうした場合、一定期間内は立法行為によって憲法のいかなる規定をも改正することは法的に不可能であるし、また、特定の規定、つまり不可変と宣言された規定を改正することは法的に不可能である。改正がより困難ならしめられている憲法規範が立法機関を拘束すると考えられるならば、いかなる改正をも禁ずる規範もまた有効だと考えられねばならない」（二五九頁、尾吹訳三九四頁）、と述べております。

つまり改正禁止規定、たとえば共和政体を変えることはできないという改正禁止規定は、どんなに非現実的であるにせよ、憲法の一部として存在する限り、憲法改正規定と別個の取扱いをする理由はない。改正規定と同様、有効とみるべきだとするケルゼンの考え方は、彼の憲法観、これは形式的憲法観ですが、ケルゼンは憲法というのは立法の特殊な形式、いかなる法的内容をもそこに盛り込むことができる法的形式にすぎないという憲法のとらえ方をしているのを示すもので、これは正にイエリネックやアンシュッツのような形式的憲法観なのです。

つまり、憲法というのは白地法だから、改正禁止の宣言をもその内容として盛り込むことができる。つまり、自己の一部として有効な憲法規定としてもつことができる。そして、こういう規定をもつ限りでは憲法改正権は当然それによって拘束を受けることで、ここに憲法改正の限界が生ずる。

しかし他方、こうした改正禁止をうたう規定がなければ、憲法というのは立法の特殊な形式にすぎず、いかなる法的内容をもそこに盛り込むことができるのだから、自己の最重要部分、たとえば国民主権の原則の否定を結果することになるような内容の規定すらも、憲法改正手続きに従う限り取り込むことができる。換言すれば、改正禁止規定が置かれていない場合には、憲法改正にはなんら限界がない。そういう結論が先に引用した文章から見てとれます。

ゲルハルト・アンシュッツもこれと同じ考えなのです。次に引用しましょう。

「カール・シュミットのような新しい説［憲法改正限界論］は、立法論としては注目に値する政治的要望という資格をたぶん要求してもよいだろう。だが、実定法論としては憲法改正限界論は拒否されねばならぬ。この説は、現行憲法中、なんらの根拠ももたない。まず七六条の文言中に根拠をもち得ない。言語的にいっても、また法律学的にいっても『改正される』という文言中にあまり重要性をもたぬ修正追加のみが改正だといい得ると考えることを正当化する根拠を見いだすこと、言い換えると、ここに定めている立法手続きからきわめて重要な修正を排除することを正当化する根拠を見いだすことは不可能である。かといって、なんらかの仕方で推定可能な憲法制定者の意思の中にもこの説は支えをもたぬ。

ここで紹介した全くの新説、憲法改正限界論は、七六条を作成するに際して協働した国民議会の議員たちのあいだで既に知られていたと想定されてはならぬ。反対に国民議会は、憲法はその根本的な規定に至るまで立法府を超越するものではなく、立法府の自由な処分に任されているのだという、当時争われることのなかった見解に完全に同調していたと想定されねばならぬ」（Die Verfassung des Deutschen Reichs vom 11 August 1914, 14 Aufl. S. 405）。

こうしたシュミットに対する批判の仕方は、憲法改正限界の問題は一般理論ではなくて、もっぱら個々の実定憲法の解釈問題として処理されなければいけないというアンシュッツの態度が前提されているとみられます。シュミット説はワイマール憲法の文言であるとか、制定過程のうちにこれを裏づけるような根拠をもたないから、退けなければいけないとアンシュッツはいっているのですから、一種の解釈論として否定しているわけです。

とすると、ワイマール憲法の文言中に、また何らかの仕方で推測可能な憲法制定者の意思の中に、憲法改正権を制限する意図が読み取れるならば、その憲法についてはアンシュッツも憲法改正の限界を認めることになる。たとえば改正禁止規定が置かれている場合はそれに該当します。もっとも改正禁止規定そのものを、改正手続きに従って削除することが可能か否かという問題は残されますが。改正禁止規定が存置する限りは、アンシュッツといえども、そこで禁止の対象になっている事項は憲法改正の限界になることを認めなければいけないはずですね。

そこでアンシュッツも、憲法改正禁止規定に創設的な効果を認めていることになるから、さきに推測を試みたケルゼンの憲法改正限界問題についての考えと一致する。

だから、決してケルゼンは憲法改正限界論に与みしているのではなくて、古いタイプの学者、ゲルハルト・アンシュッツと同じ態度に立っていることが推測されます。ただ、では根本的には根本規範論とはどういう学説なのか、そこからこの問題を処理しなければなりません。ところで、彼の根本規範論はだいぶ動揺しているのです。

■憲法改正限界論の性格・射程距離

［小針］　もう一つ、個別具体的な国家における憲法改正の限界問題を論じているのか、そもそもそれか

ら離れたジェネラル・セオリー（general theory）としての憲法改正限界の問題を論じているのか、ここのところは一つ整理して把握しなければいけないし、今のアンシュッツ云々の話は、あくまでも個別具体の憲法の解釈問題だとぼくはとらえましたけど。

したがって、今、菅野先生のお話をうかがって、一体憲法改正限界論なるものがいかなる性質の学説・理論なのか、ちょと考えさせられたところがあります。特定具体の個別の実定憲法の解釈問題なのか、という私のとらえ方にもその疑問の一端は現れておりますが。

［菅野］ それでいいと思う。だけど、憲法改正限界論というのは憲法改正規定一般についての解釈理論だというのも、一つの見解だね。

［小針］ 禁止規定がある限りにおいては、禁止された事項は改正の対象となり得ないのですね。

［菅野］ ケルゼンの場合は、少なくとも今引用した文章からみる限りはアンシュッツと同じで、個々の憲法の解釈問題としてその憲法の改正の限界の有無が決まってくるという立場ですから、そうなります。

［小針］ 改正禁止規定があればそれは限界があるけれど、なければないのだと。

［菅野］ だから、ケルゼンは憲法改正無限界論に与みしていることになるのです。佐々木惣一先生は、早くも大正四年（一九一五年）アンシュッツと同じ考えを発表しています。但し、ある意味では国体規定擁護論なのです。国体規定といえども、明治憲法の改正手続きに従ってこれを変えることはできる。それは非常に不都合だから、国体規定の改正禁止規定を設けるべきだ、と主張されています。

佐々木先生は憲法改正無限界論の代表的主張者とされますが、国体規定、明治憲法第一条と第四条については憲法改正禁止規定を設けるべきで国体規定の不可変をはからねばならぬ、という考えなのです。

［小針］ 逆にいえば、禁止規定がなければ改正できるということでしょう。

【菅野】　だからこそ、佐々木先生は明治憲法の改正規定、第七三条に基づき合法的に日本国憲法は成立した、と主張されるのです。

【小針】　禁止規定がないから。

【菅野】　ないから。だから、日本国憲法は欽定憲法だと先生はいうのです。明治憲法は欽定憲法であり、欽定憲法の改正手続きに基づいて日本国憲法が生まれたのだから、日本国憲法も欽定憲法だと。

【小針】　とすれば、日本国憲法も欽定憲法だから、天皇の名において制定された、と佐々木先生は解釈するのですかね。

【菅野】　佐々木先生は「制定」と「確定」とを区別されて、前文で日本国民が憲法を「確定」するといっているのは、日本国民がこの憲法を日本の国家生活の「基本準則」として「固く守るべきものと定める」という意味だと解されている（参照、『改訂　日本国憲法論』一二三六頁）。「全体国民」の日本国憲法順守の決意表明のように解釈されています。少々、無理なような気がしないでもありませんが。

【小針】　根本規範（Grundnorm）というのは説明のためにおくわけだから、一体なんでそれが憲法改正の限界なのですかね。

【菅野】　根本規範を実定法の核心と見るからです。

【小針】　実体化された根本規範と仮説としての根本規範、ごちゃごちゃになっているのではありませんか。

【菅野】　それはケルゼン自身にも一半の責任があります。

ケルゼン自身が根本規範を定式化するとき、おかしなことをやったのです。『国権』の一二二頁で指摘しましたが、彼は『一般国家学』（一九二五年）で、根本規範について、「明瞭ならしめるために簡略化すると、根本規範は法権威、たとえば君主、国民会議、議会等が命ずるごとく行動せよと述べる」と書いています。そうだとすると、君主、国民会議、議会というわば憲法の産物、それが根本規範の内容だというのですから、根本規範に先立って君主等について規定する憲法が在る、ということになって、理屈にあわない。

[小針] 何がある者をして君主というのですか。根本規範の中に君主が登場してくるんですか。

[菅野] だから、ケルゼンのこの根本規範の説明はおかしいのです。さすがに、『純粋法学』(Reine Rechtslehre) の第二版(一九三四年)になると、その欠点に気がついて、根本規範の内容の定式化を改める。

[小針] 君主にしても国民にしても議会にしても、それは憲法規範の創造物でしょう。究極的には、根本規範にその存在を依拠することになるわけですよね。

[菅野] そうそう。だからそういうのはおかしい。最終的には、「憲法制定者の命ずるごとくに行動せよ」といった趣旨の規範が根本規範だといっている。その場合、憲法制定者というのは国民とか君主ではない。現実に憲法草案を審議し可決した連中とか、あるいは一人の人間なのです。

[小針] だったら、それは事実ではないですか。

[菅野] 「憲法制定者の命ずるごとく行動せよ」というのは規範でしょう。根本規範の変化というのもそれで説明つく。日本国憲法を審議・可決した人達と、それから明治憲法の場合は明治天皇だけど、それは人間が違うから根本規範が変わったといえる。彼の根本規範は完全に無内容なのです。

[小針] あれは無内容でないとおかしいんですよ。だって、法段階説が上り詰めていけば、延々と果てしなく続くいわば規範の連鎖になるのですよ、因果の連鎖に対してね。それをとめるために設定している

のだもの。ただそれだけのことだと私は捉えていますよ。だから、先ほどの先生の言うような実効性（Wirksamkeit）は法が有効なための必要条件だという法実証主義の立場に立てば、仮にその出現が暴力的なものだって安定性をもった一定の秩序として存続すれば、それを妥当している一つの法秩序だとみなければいけない。そういう立場からすると、根本規範を想定する必要がない。

【菅野】私も不必要だと思うね。つまり、歴史的に最初の憲法がなんであるかということは分かっている。たとえば、現行のドイツ連邦共和国基本法などは何十回も改正されている。だけど、いちばん最初の憲法は一九四九年五月二三日のドイツ連邦共和国基本法だということは分かっている。

【小針】日本だと、やはり日本国憲法なのですか。先生の言う……。

【菅野】憲法改正限界論に立つか、そうでないか、そこが問題ですね。

【小針】限界論に立つのと、無限界論に立つのでは違ってきますね。

【菅野】無限解説に立てば現憲法は改正憲法で、歴史的に最初の憲法といえない。そもそも根本規範という観念は不要なので、歴史的に最初の憲法が客観的に妥当する法であることを前提すればそれですむというのが私の考えなのです。

【小針】そういうことですね。

【菅野】根本規範などという言葉を使うと、どうしても実体化されるようになる。

【小針】日本の憲法学者で「根本規範」を実体化した典型例が清宮先生。

【菅野】うん。また、エームケとかカール・エンギッシュなんかも根本規範という言葉に惑わされてるね。

【小針】今日のお話は菅野先生の本領発揮、面目躍如といったところですね。これからの大学・大学院では、このような形で話がきける機会が少なくなるのではないかと考えられるだけに、若い人に代わってお話を伺うことができたことで、その意味も大きいと思っています、私にとってもとても刺激的でした。

お昼過ぎにお話をはじめて、気がつけば外は明かりがつくような時間になってしまいました。そろそろ盛岡に戻らなければなりません。また、次回もよろしくお願いいたします。

対談　第四日目

一　ケルゼンの純粋法学と憲法改正の限界

〔小針〕　菅野先生、こんにちは。今日は対談の第四回目。いよいよ最終日となりました。
今日は前回に引き続き、菅野先生のご研究のテーマにそって、さらに深くお話を伺わせて頂きたいと存じます。かつての大学院でのゼミを彷彿させるような展開となり、嬉しい限りです。それではどうぞ宜しく御願いいいたします。

〔菅野〕　前回は、憲法改正限界論に関連して、純粋法学は憲法改正の限界の有無についてどういう考えに立っているのか、純粋法学の場合、根本規範は憲法改正の限界になるということをエームケとか黒田覚先生がいっているけれども、それには根拠がない。ケルゼンの根本規範論を綿密にみていくと、実はケルゼンの根本規範は無内容であって「憲法制定者が命令するとおりに行動しろ」というだけであり、しかもその憲法制定者というのは「国民」といったものではない。A、B、C、D、Eという実際に憲法草案を審議可決した人びとを指して憲法制定者といっているのであって、カール・シュミットのいっている憲法制定権力の担い手とはまるで違う。

よって、ケルゼンの根本規範はなんら憲法改正の限界になり得るものでないし、ケルゼン自身の憲法改正限界問題についての考え方は、ゲルハルト・アンシュッツ（Gerhard Anschütz）の憲法改正無限界論と同じなのだという話を前回いたしました。

■ケルゼンもメルクルも憲法改正規定が改正不可能とは考えていない

［菅野］　今日は、同じく純粋法学に関連づけて、更に論じていくことにしましょう。清宮先生は、「憲法改正規定は憲法改正の限界である。憲法改正手続に従うも憲法改正規定を変更することは法論理的に不可能である」ということをおっしゃっている。またカール・シュミットも、憲法改正規定は改正不可能であるという。アルフ・ロス（Alf Ross）も同様の見解を示しています。

では、純粋法学の立場に立ってみた場合はどうかというと、ケルゼンもメルクルも憲法改正規定が改正不可能であるということを考えている様子がないのです。というのは、ケルゼンもメルクルも、憲法を改正することによって絶対君主制から立憲君主制に変わることは法的に可能であるといっています。当然のことですが、絶対君主制から立憲君主制に変わる場合、憲法改正規定の変更も伴うはずなので、ケルゼンもメルクルも憲法改正規定は改正不可能であるという見解には立っていないと見られます。

［小針］　では、なぜ清宮先生は、憲法改正規定は憲法改正の限界だと主張されたのでしょうか。

［菅野］　清宮先生がなぜ憲法改正規定は憲法改正の限界であるとの見解に与みされたのかと申しますと、法段階説に拠ったからだと見られます。つまり清宮先生は、同じく一つの憲法典に含まれておる憲法規範にも三段階ある。その一番上の段階に位するのが根本規範です。清宮先生の根本規範はケルゼンの考える根本規範と違いまして、むしろカール・シュミットのいう「積極的（実定的）意味の憲法（Verfassung in positiven Sinne）」、明治憲法でいうと国体規定・第一条と第四条を考えている。その次の段階に位するのは憲法改正規定、更にその下に普通の憲法規定、この三段階に区別されるというのが清宮先生の考えなのです。

つまり、根本規範、憲法改正規定、通常の憲法規範のあいだに段階構造があるというところから、清宮先生は憲法改正規定は憲法改正の限界になる、そういう結論を出されたのです。

ところが、本家本元のメルクルやケルゼンは、「憲法改正規定は憲法改正の限界である。つまり憲法改正規定は法的手続で変更することは不可能である」という立場に立っていない。これはどういう理由によるのかというと、法段階説とひと口にいいましても、私の見るところでは二種類あることに由来します。

■メルクル、ケルゼンの考える法段階説

【菅野】その一つは、Bという法規範がその存在をAという法規範に負っている場合、BはAの下位法であると呼ぶことがあります。例えば、広義の立法手続（立法機関の創設方法も含む）について定める法Aに、その法のもとで成立する法B（法律）は、その存在を負っておるわけです。そこで広義の立法手続について定める法は、その法のもとに成立する法律よりも上位法である、ということができます。

この意味で法の上下関係をきめるのは法内容です。法Aと法Bが、その内容からみて、制約するもの（根拠となるもの）と制約されるもの（それを根拠とするもの、同じことですが、それに基づくもの）との関係に立つとき、両者は上下関係に立つことになります。法Aが一定事項の規律をBに授権し、Bがこの授権に基づき、その事項に関し法Bを定立するとき、法Aと法Bとの間に制約・被制約の関係の意味での上下関係が成立することになります。

そういう意味で法の段階構造について語るかと思うと、また別の意味で法の段階構造について語ることもある。それは、法内容ではなくて法形式を問題にして、Aという法の形式的な効力がBという法の形式的効力よりも強くて、BがAに抵触するような内容をもつ場合には、Bは無効と評価されなくてはいけない。そういう意味でAはBよりも上位法である。たとえば、硬性憲法とそのもとに成立する法律との関係はそれです。法形式に着目し、形式的効力の強弱により法の上下関係を考える法の段階構造論と、法Aが

法Bの存在根拠だという意味での法Aと法Bの上下関係を考える法の段階構造論との二種類あるのではないかと思うのです。

そして、法内容に着目してみた場合の法の上下構造と法形式に目をつけてみた場合の法の上下関係とは、必ずしも一致するものではありません。たとえば軟性憲法の国、イギリスの場合、パリアメント・アクト (Parliament Act) によって国家の基本的な体制が決まるわけですが、軟性憲法の国ですから、パリアメント・アクトに定める手続に従って、これまでのパリアメント・アクトの内容を変更することができます。つまり、形式的効力においては両者の間には上下関係がない。だけど内容の面からみれば、Aというパリアメント・アクトが定める手続に従って、それと内容を異にするBというパリアメント・アクトが出てくるのだから、つまりBはAから効力を引き出している、同じことですがAはBの効力根拠ですから、AというパリアメントＡ・アクトとBというパリアメント・アクトのあいだには制約・被制約の意味での上下関係がある、ということになります。

だから、形式的効力の面からみての法の段階構造と、法の内容の面からみての法の段階構造というのは区別されなくてはいけない。同じく段階構造といっても意味が違うのではあるまいかと考えました。

［小針］　つまり、法段階説といっても法内容に着目した場合の上下構造と、法形式に着目した場合の段階構造の二つのタイプがあり、その考え方を日本国憲法の場合にも考えることができるという訳ですね。

［菅野］　そうです。日本国憲法の場合でも同じことがいえます。例えば、公職選挙法は、広義の立法手続について定める重要な規定を含んでいる。しかし、公職選挙法とそのもとでできた法律とのあいだには、法内容に着目しての上下関係、制約・被制約の関係があるはずだけれど、法形式という点からみたら、どちらも法律形式ですから、公職選挙法とそのもとに成立する法律とのあいだには上下関係はなく、同一の

形式的効力を持つということになる。したがって「後法は前法を廃す」の法理によって被制約者である法律によって制約者である、その公職選挙法が改正されることになります。

■清宮先生の憲法改正規定改正不能論

［菅野］ 清宮先生は、この二つの違った段階構造を混同してしまった。その結果、憲法改正手続に従って生まれてくる普通の憲法規定は、憲法改正規定よりも形式的効力においても劣るはずだ。よって、憲法改正規定を変える力をもつことができない。つまり、憲法改正手続によるも、憲法改正規定そのものを変更することは法的に不可能で、憲法改正規定は憲法改正の限界となる、これが清宮先生の憲法改正規定改正不能論だとみられます。

清宮説は、いま、私が指摘した以外に非常に具合の悪い点が一つあるのです。というのは、日本国憲法なら日本国憲法ができあがったばかりのとき、これは憲法改正規定とそれ以外の憲法規定とのあいだには、法内容に着目しての法の段階構造は存在し得ないですよね。両者とも同一の法権威によって定立されたので、清宮先生のいういわゆる普通の憲法規定は、九六条の定める手続に従って生まれてきたものではないから、両者間に上下関係というのはない。そういう難点があります。

よって清宮説に賛成できません。メルクルもケルゼンもそのことに気がついていたから、憲法改正規定は改正不能であるというようなことをいっていないのだと私は見たのです。

［小針］ 法内容と法形式という違いがあるのですが、法の内容のところだと、Bという規範はAという規範にその存在を負うている。その意味での法の段階構造というのは、法の内容の面からみての段階構造ということになるのですね。

【菅野】　そういうことになるね。

【小針】　それは、一種の立法手続の段階構造ではないかというふうにもとらえられるのですが。そうなると、手続というのは一つの形式だから、私の理解ですと、こちらの方がむしろ形式的で、それに対しBという規範がAという規範に抵触するような「内容」をもつ場合には、Bは無効と評価されなくてはいけないというのは、むしろ規範内容が問題となっているので、むしろ実質的であるということになるのですが、そこらあたりは用語法としていかがでしょうか。

私は逆にとらえたりしたこともあって、私の憲法の教科書などは逆に書いております。つまり、憲法の最高法規性についていえば、その形式的側面に着目すれば、憲法はそれが定める改正手続による以外には改正しえない、これを憲法の形式的効力と呼び、他方その実質的側面に触れれば、憲法の規定内容に反する法令等の国家行為はその効力を失う、これを憲法の実質的効力と称する、こんなふうに書いております。先生のお説ですと、二つの規範相互間における依存関係というか、Bという規範がAという規範にその存在を負うているというのは、内容的な視点でみていらっしゃるのではないかという気がするのですが、このあたりはどういうふうに受けとめたらいいのですかね。

【菅野】　Bという規範の存在がAという規範に負っているというためには、内容的な連関を考えざるを得ないのではないですか。

【小針】　そこの場合の内容的というのは、Bという規範はAがつくるという意味なんですか。

【菅野】　つまり、Aの定める手続に従ってBがつくり出される、その意味でBはAの存在を前提し、Aという規範からBは効力を引き出しているという意味です。

【小針】　ある法形式の法の立法手続を、例えばある別な法形式の法が定めている。たとえば、憲法という法が他の法形式である法律という法の立法手続を定めている場合。

［菅野］　同じ法律形式でもいい。だけども、Aというものがなければ Bというものは考えられないという場合は、AはBよりも上の規範です。

たとえば非常に極端な例だけれども、下級審判決の存在が前提されないと、それを破棄する上級審判決が有り得ない。そうなると、下級審判決の方が上級審判決よりも上だということになる。

誰がどういう手続で法を生産するかによって法形式が決まります。国会は国権の最高機関だから、法律は憲法を除く他の法令よりも強い形式的効力をもつということになる。だから内容を捨象して、誰がどういう手続でということで決まるのが形式的効力でしょう。

イギリスのパリアメント・アクトを例に出したけれども、パリアメント・アクトは議会制定法で、そのパリアメント・アクトに依拠してパリアメント・アクトを変更するようなパリアメント・アクトがつくられても、形式的効力は両者は同じなので、「後法は前法を廃する」の法理に従ってパリアメント・アクトの改正、その中には実質的意味の憲法の改正も含まれます。

［小針］　誰がどういう手続に従ってつくるのか、それに着目するのが法形式に着目した効力論ということになりますね。ただ、その場合でも、Bという規範がAという規範に抵触するというのは、実質・中身として抵触するのではありませんか。

［菅野］　そういうことです。

■法の抵触と法の段階

［小針］　そこのところに私はひっかかってしまって、内容的にいえば抵触関係になってしまうから、実

質的効力の問題ととらえてしまったわけです。

【菅野】　それはそうですね。ただ、いまの場合は上位の法形式の法規範の内容と、下位の法形式の法規範の内容とが抵触するということです。そうすると、下位の法形式に含まれている内容の法規範のほうが無効と評価されなくてはいけないということですね。

【小針】　そうなってくると、内容同士のぶつかり合いになるものだから、先生や一般的には法の形式的効力問題とされるものを実質的効力問題に取り違えてしまったところがあります。

【菅野】　内容同士といっても異なった法形式に属する法規範の内容です。一般に法の段階構造などといわれるときは、憲法・法律・命令・行政行為と判決・執行行為というふうな図式化をされます。

【小針】　そういう図式化して内容的な抵触関係ということでとらえていくと、それは要するに法の中身・実質の問題ではないのか、というふうに受け止めてしまっているところがあるのです。

【菅野】　なにも形式的効力の強い法と弱い法とのあいだだけで内容が抵触するわけでもないでしょう。同じ形式の法の間に生ずることもあるでしょうから。

【小針】　同じ法律対法律という関係でも起こり得ます。どうも、形式と実質、手続と内容についての私なりの整理ができていないところがありますね。この問題は、先生のお話を十分考慮に入れてもう少し再考してみます。

ただおもしろいのは、存在の相互依存関係という視点でみていったときに、先生のお話を伺っている中で私がびっくり仰天したのは、下級審の判決なくして上級審の判決がないということと、法の内容の面からみての段階構造という点からすると、むしろ下級審の判決の方が上位にくるのだ、という点です。これは今までだれもいっていないのではないかと思うのですが。

[菅野] いや、フェーゲリン（E. Vögelin）という人がいっています（参照『国権』一八六頁、一九二頁）。

[小針] ただ、日本の学者はいっていないのではないかと思うのです。それですごく私は存在の依存関係という点でみていくときわめてドラスチックだけれど、ある面でわかりやすい例かなと思うのです。

[菅野] 正直いって、法段階説についての私の分析、これは私自身、いちばん自信をもっていない主張なのです。

[小針] これは繰り返しになりますが、菅野先生が法段階説を発表されたことがありまして、小嶋先生がそれをごらんになり、確か教養部の国法学を担当されたときに法段階説を説明されたのです。ただ、ケルゼンとメルクルの法段階説の理解の仕方が菅野先生が説かれたものと逆になっておりましたね。

[菅野] たしかにメルクルの場合、はっきりしないところがある。ただ、メルクルの場合は、重点は「法規形式」（Rehtssatzform）間の段階構造なのです。ところがケルゼンの場合は、例えば憲法といっても、形式的意味の憲法ではなくて実質的意味の憲法を考えている。法規形式（Rechtssatzform）としての形式的意味の憲法ではなくて、実質的意味の憲法を考える。だから、必然的に、その中には国会の創設方法を定める法規範、議員資格や選出方法、国会の構成を定める法規範をも含む広義の立法手続を定める法が、そのもとに成立する法よりも上位の法であるということになる。

ところが、たとえば同じ憲法典の中に入っていても、人権保障規定のようなものはそうでないということになる。ケルゼンのように実質的意味の憲法だけ考えると、人権保障規定は法律より上位の法とはいえない。

[小針] 人権規定は、なにも実質的意味での憲法の中に入ってこない。

【菅野】　少なくとも、ケルゼンのいう「固有の、始源的にして狭義の憲法」・「立法機関と立法手続についての諸規定」のなかには人権保障規定は入っていません。メルクルのような「法規形式」を問題にするのなら、広義の立法手続を定める規範と同一の形式的効力を人権保障規定は共有することから、法律より上だということがいえますが（参照、『国権』一七九頁）。

【小針】　問題としては、いわれている憲法というのは、いったい実定法上の憲法なのか理論上の憲法なのかというのが一つありますね。

【菅野】　それはどちらも実定法としての憲法が考えられている。

【小針】　日本国憲法を考えてもいいのですか。

【菅野】　それはかまわない。

【小針】　憲法・法律・命令と出てきますね。フランスなどには、ドルワ・オルガニーク（droit organique：組織法律）という法律があって、法律の中でもちょっと毛色の変わったものがあるのですね。だから、たしかに憲法・法律というのはいいのですが、ただの法律でもない何かがあって、あとはデクレ（décret）とかアレテ（arrêté）というのもありますね。そうなってくると、はたして憲法・法律・命令という段階構造が、いずれの個別の国家・実定法秩序においてもそういう形で採用されているかどうかなのです。

【菅野】　それはケルゼンももちろん自覚していて、それはきわめてありふれたタイプを例としているのであって、最頂点として実質的意味の憲法と最下位の執行行為は常にあるけれど、その中間にはいろいろの法形式が有り得るといっています。

【小針】　明治憲法を例にとってみれば、緊急勅令というといわば法律に代わる効力をもった勅令がありますので、憲法・法律・命令という段階構造は直ちにはストレートにあてはまらない。

［菅野］　そういうことになります。

［小針］　そこらあたりは私などは分からないところもあって。たしかに日本国憲法九六条の憲法改正手続というのは憲法典の中にある。この改正手続によってつくられた法は、それを憲法改正法律といった方がいいのかフェアファスングスゲゼッツといった方がいいのか分かりませんが、改正手続に従ってつくられたものだから、改正手続が親である。それからの所産であるから、いくら憲法改正だといっても、改正法律でしかないのではないか。憲法改正規定とそれに基づく改正憲法、その上下関係は、一見、説得力がありそうにみえるのです。だけど、結局のところは憲法典の中に改正憲法も組み入れられることになるわけです。とすれば、いずれにしても最高法規性という法的属性の点では変わりがないことになりますね。

だから、憲法典の中で三つの段階構造をとること自体どうなのかという問題と、それから菅野先生がいみじくも言われましたが、いちばん最初の、未だ手をつけられていない今の憲法典でみていくと、憲法改正手続も他の規定も当時のものなのです。改正手続に依存していない。むしろ極端なことをいうと、今の憲法そのものが、明治憲法の七三条だったか、明治憲法の改正手続に依存しているのではないかということすらいえる。

■法論理とは何か──革命憲法か改正憲法か

［菅野］　もっとも、八月革命説を採るとまた話が違ってくる。

［小針］　そこで、日本国憲法が有効であることを前提にして、その成立を理論的に説明するには二つの方法があることになります。一つは革命憲法と説く方法でして、その場合は、憲法改正限界論に立ってい

る。もう一つは改正憲法ととらえる方法で、こちらは憲法改正無限界論に立っている。こういうことになるわけですが、そもそも憲法改正限界論とか無限界論なるものがなんであるか、この説明をしなければ、制定の法理なんていっても分からないわけですね。そうでなくとも憲法の講義は抽象的で難しい、まるで雲上の法の講話みたいなところがありますので、講義でしゃべったりしますが、なかなかこのあたりは今の学生には難しいかなと思います。

【菅野】　私が論文の中でいいたかったことは、純粋法学からは憲法改正規定が改正不能であるという結論は出てこない、ということです。

【小針】　そのところで私がこだわるのは、清宮先生の場合、「憲法改正規定が改正不能であるという結論」を法論理的に導き出しているのではないか、という点なんです。そうすると、純粋法学から帰結される、と先生が説かれる結論と合わなくなるわけです。

【菅野】　「法論理」というのがそもそも曲者《クセモノ》です。いったい「法論理」という特殊な論理があるかどうか。ケルゼンは、晩年、それを否定しています。

【小針】　ただ、「法論理的に」というと、自己の主観に汚染されず、あたかも自然法則にかなったような形で結論が導き出されたかのごとく感じられ、きわめて説得力があり、それどころか真理値をもっているような響きすらするわけです。「法論理的に不可能だ、不能である」とされたことを、反対に可能だというと、何か法の論理を否定し、真理に刃向かうような印象すら与えるのではないでしょうか。

【菅野】　いったい「法論理」とはなんだと、こちらは問い返さなくてはいけない。ところが、「法論理」とは何かということにまともにケルゼンも答えていない。

【小針】　それは分かりますが、けれども、清宮先生に法論理的に不可能だといわれると、それと反対のことをいうのは「法論理」に反したことをいっているような感じ、論理の法則・論理則に反した偽なる説を唱えているような感じがするわけです。やっぱり、反駁しにくいところがあるんですね。

［菅野］「法論理」という言葉は、はったりだと思う。

［小針］そこまで言い切ってくださるのは菅野先生だけではないですか。

［菅野］ぼくは「法論理」という言葉は一切使わないようにしている。論理というのは、われわれがものを正しく考えるためにはぜひとも従わなくてはいけない思考の規範で、普遍妥当性をもつし、論理に則しているかどうかということは検証できるはずです。

［小針］だからこそ怖いのではないかと思うのです。

［菅野］ぼくには、「法論理」というのは正体がわからない。

［小針］アナロギーで考えると、法論理的に語られた見解というのはあたかも科学学説であるというような、つまり真偽判断可能な言明であるというような響きすらもってくるわけです。だから、それに刃向かうことは偽なるものをことあげしているという感じがあって、だからはったりということにもなるのかなと思いますが。

［菅野］ケルゼンの法論理的（レヒツロギッシュ、rechtlogisch）というのも、たしか晩年も遺稿集などでもレヒツロギッシュという単語を使っているのをみかけるけれど、ケルゼンは晩年は論理にはレヒツロギック（Rechtlogik）と普通のロギック（Logik）の区別などはないという立場に変わったと思います。

■自然法論的憲法改正限界論と法実証主義的憲法改正限界論の基礎は何か

［菅野］結局、ぼくの博士論文というのは『憲法改正限界問題についての若干の考察』なのですが、

「大尾」で自然法論的憲法改正限界論と法実証主義的憲法改正限界論を、真っ向から対比させて、ケルゼンに同調し自然法論は神学的な基礎をもっているもので、創造主である神というものが存在することを認めない限りは採用できないとして、自然法論的憲法改正限界論を否定しました。

それから、カール・シュミットに代表される法実証主義的憲法改正限界論、ことカール・シュミットに関する限りは、彼の法実証主義的憲法改正限界論は二本の柱の上に立っていると指摘しました。

一つは実質的憲法論と呼ばれるものです。実質的意味の憲法は、主権者による広い意味での国家形体についての基本的な政治的決定を中核・ケルン（Kern）として、それを具体化するための規定を外層とする一定の内容をもった規範体系だという考え方が、私の理解する実質的憲法論です。どこの国の憲法であっても、憲法制定権力の担い手、主権者によるこの国の将来はかくあるべしという基本的政治的決定、たとえば「ドイツは立憲民主国たるべし」、そういう基本的な政治的決定が中心にあって、それを具体化するための規定を外層とする一定内容をもった規範体系だという考え方が実質的憲法論だと私は捉えています。この考え方に立つと憲法改正規定も、この体系の一部を成すものですから、体系自体を変更する権能を憲法改正権は含まない、ということになります。

もう一つの柱は憲法制定権力論。つまり、憲法改正権と憲法制定権力というのはまるで質が違い、憲法制定権力はこれを法的に制限するものは何もないけれど、憲法改正権は積極的意味の憲法の同一性を害しない範囲で憲法的法律を修正・追加・削除する権限に過ぎないという主張で、ここから積極的意味の憲法は、憲法改正の限界となるという結論を導き出そうとするものです。

この二つの考え方が、法実証主義的憲法改正限界論を支えているのだということを、東北大学に提出した学位論文『憲法改正限界論についての若干の考察』（『国権』所収）に書いたのです。

【小針】実定と積極というのは同じでしたか。

【菅野】積極的意味の憲法ね。尾吹は、実定的意味の憲法と訳している。

【小針】先生の場合は、積極的意味と訳している。

【菅野】だけど多くの人が実定的意味の憲法というから、実定的意味の憲法といった方が話を通しやすくするためいいかもしれない。

【小針】でも、ポジティーブというと「積極的」という意味ですけどね。もちろん、実定的という訳もありますが。

今、自然法が出てきましたが、自然法の根源は何かという点については、神という説、普遍の人間性、人間の自然的理性と唱える説などがありますね。菅野先生からすれば、普遍の人間性、人間の自然的理性とかいっても、とどのつまりそれは神、大文字のGod, Gott、ここにたどり着くのだから、それは一つの神学というか神の存在を前提としてしかおよそ自然法は成り立たない。神の存在証明がなされていないのだから、自然法は採用することはできないというのがケルゼンの立場だったと思うのです。

【菅野】そうです。それは信仰の問題で、学問の問題にはなり得ない。人間性というふうに気軽に言うけれど、人間性というのは絶対矛盾の自己同一であって、 方ではもちろん自己保存の本能というのがあるけれど、他方では自己破壊の本能もあるから自殺がよくあるのです。だから、トマス・アクィナス(Thomas Aquinas)は、自己保存の本能から人を殺すなとか自殺するなとか、そういう自然法が引き出せるということをいっているらしいけれど、それと正反対の自己破壊の本能も人間性の一部だとすれば、その自己破壊の本能から人を殺せとか自殺せよというのも自然法として引き出せるはずです。だから、人間性から自然法が引き出せるとはとても考えられない。

さらには、理性というのは認識する能力なのであって、「こうせよ、ああせよ」という命令、意思ではないから、「何々である」という認識から「こう行動すべきだ、こう行動せよ」という結論は出てこない、つまり言明から当為命題・規範は直接引き出せない。そこで理性的自然法論も採れないことになる。もし理性的自然法論をとろうとすれば、その場合の理性というのは、実践理性であって、ケルゼンによると、実践理性というのは実は神の理性、善悪を判断するとともに善を為し悪を避けることを命ずる理性、だからやはり神学にゆかざるを得ない（参照、『国権』三二〇頁註（11））。

私は自然法論的憲法改正限界論は、今述べた理由で賛成できません。

次に、法実証主義的憲法改正限界論を支える一つの憲法制定権力論。カール・シュミットは、憲法制定権力の担い手となり得るものとして、国民と君主と少数者の組織、たとえばイエズス会のような少数者の組織を挙げる。けれどもシュミットの議論をよくよくみると、国民だけが憲法制定権力の担い手としてふさわしい性格をもっています。

たとえば、君主であれば王位継承を定める法といったものを前提にするから、規範的拘束を受けない憲法制定権力の主体にふさわしい国民だけが憲法制定権力の担い手として適当な性質をもっているのだという訳です。戦後になると、それがはっきりする。ベッケンフェルデもヘンケ（W. Henke）も、みんな国民の憲法制定権力について語るけれども、君主であるとか少数者の組織についての憲法制定権力については語ってません（参照『国権』二〇九頁以下、『論争』二三五頁以下）。

■憲法制定権力の担い手としての国民とは

［小針］　その場合の国民というのは、全体としてのそれなんですか。

【菅野】 全体としての国民。国民の政治的統合体を指すようです。カレ・ド・マルベールのいうナシオン nation でしょう。

【小針】 政治的統一体としてのそれなら、国家と全く同じになりませんか。シュミットの国家というのは、国民の政治的統合体のはずです。

【菅野】 その通りです。しかも、国民の意思というのはどのようにして知ることができるのかが問題です。国民投票とかで「国民の意思」が分かるのかというと、そうではないというのがシュミットの考えです。

【小針】 国民投票ができるとなれば、全体としての国民ではないでしょう。投票権者団としての国民ではないでしょうか。

【菅野】 そういう意味で「国民投票」の結果は国民の意志の表示でないというのではなくて、「国民投票」は秘密投票であって、私人としての国民が、正確に言うと、公人ならざる私人としての国民が投ずる票では、真の国民の意思は表現されない、それは私人の意思の集まりにすぎないというのが、どうもカール・シュミットの考えらしいのです。

【小針】 公開投票にしろと言うことですか。

【菅野】 そこまでは明言していません。都市国家のことを念頭に置いてのことでしょうが、歓声、アクラマチオン（Akklamation）で決める、現代では、その歓声というのが世論という形に変わる。だから国民の声は世論を通じて知るしかないとなるのだけれど、その世論なるものがまた、マスメディアによって相当以上に操作され得るからね。

私は結局、国民の憲法制定権力論というのは承認説、法の効力の根拠は、国民の承認に求められるという学説、承認説の一変形だと考えます。これは私一人の主張ですが、その論証をしたつもりです（参照『国家』二〇六―二一五頁）。

しかし、承認というのは事実、ザインですね。ある当為命題を国民が承認したという心理的事実、ザインから、その当為命題が妥当する、効力をもつという答えは出てこないはずです。もしこうした答えを出そうとすれば、国民が欲することは何事であれ、それは正しい、それに従うべきである、といった内容の規範の存在が前提されねばなりません。こうした規範が大前提になって国民はこれこれしかじかのことを欲したというのが小前提になり、そこからその結論として、よってこれこれのことは客観的当為である、有効だという結論になる。だから、一種の民主主義的自然法論を採らないことには承認説には与みすることはできない。存在と当為の二元論を維持する限りでは。つまり、二元論に立つ限りは、天声人語（vox populi, vox dei）という神学的命題を受け入れるのでなければ、承認説・国民の憲法制定権力論に同調できません。

［小針］　シュミットが存在と当為の二元論を採っているかどうかわからないけれど。

［菅野］　私は、彼は採っている気配があると思う。表には出さないけど。カール・シュミットの場合は、ホッブズと同じで、なによりも彼にとって大事なのは秩序なのです。秩序価値というものを至上のものとみる。無秩序、カオス（chaos）、内乱が一番こわい。よって、国家、つまり国民の政治的統一体が存在することと自体が既に価値があることだという考えがあるから、そこから承認説の一変形である憲法制定権力論というのが出てきたのではないかと思われるのです。

［小針］　これは国民といっても、よく観念的統一体としての国民という言い方がされますし、実際に国政に参加できるのは投票権者団であって、観念的統一体としての国民ではありませんね。この投票権者団

は国籍保有者のすべてではなく一部なのですね。そこのところを区別しないと、よく分からないのではないかと思っています。

ところで、私は読んでいないからよくわかりませんが、ルドルフ・スメントはインテグラチオン(Integration)、統合説を唱えた。シュミットを特徴づけるもう一つは友敵の区別(Die Unterschied von Freund und Feind)というものかな、友敵論を展開するということは、はたしてフォルク(Volk)の統合との関係でどうなるのかなと。誰が友であり誰が敵であるか識別することは、かえって統合にとってマイナスになるのではないかという気もするんですが、そのあたりをシュミットなどはどうとらえていたんですかね。

[菅野] 現に政権を握っている人間が友敵の区別をすることになるでしょうね。もっとも彼の場合、国民は同質性をもっていることを前提しています。その点はホッブズと同じであって、主権者が決めるのです。主権者は、ホッブズの場合は国王か議会なのです。君主制国家においては君主が国民(populus)であり、議会制国家においては議会が国民であるとホッブズは言っています。自分と国家とを同一視できるものが主権者だと、ホッブズもシュミットも考えているのでしょう。

ホッブズという人は、彼と同時代の人たち、あるいはその先輩たちと同じ言葉を使いながら、その言葉に違った意味を与えることで彼独自の政治理論の体系をつくり出した、そういうところがあります。(参照『抵抗権論』一三二頁、一六八頁)。

■背後に一定の価値をみながらの議論ではないのか

[小針] 定義の中に説得的定義(persuasive definitionn)というのがありますが、何かそれを思いうべか

させるところがあるんです。本来、「自由」についていえば、元来それは他から束縛をうけないこと、干渉から免れることを意味するわけですが、「自由」という言葉の心地よさを利用して、それに違った意味を与え、だから指導者に従うことが自由であるとかいうこと有りますよね。

［菅野］　それと似たことをホッブズ先生もやっている。

［小針］　だからホッブズにしてもシュミットにしても、秘匿された価値、すなわち秩序価値としての国家を背後に控えながら、本論を展開しているようにみえるのですが。

［菅野］　皆そういうところはあります。例えばケルゼンだって、純粋法学とは称しているけれど、そしてまた国際法優位の一元論も国内法優位の一元論も同じ理論的価値をもつということをいっているけれども、あれだけ情熱を傾けて国連憲章の注釈書をつくったというのは、やはりユダヤ人として世界国家、キヴィタス・マキシマ（civitas maxima）の出現を夢みていたのでしょう。

［小針］　いつの段階だか忘れましたけれども、はっきり国際法優位の方が、これはいいというように彼は説いて、揺れるのですけどね。だから露骨なことをいえば、ケルゼンの国家学（Staatslehre）は国家抜きの国家学（Staatslehre ohne Staat）と皮肉られるのですね。

［菅野］　彼は、自分の主権論が主権否定論だということを否定していない。だからシュミットにせよケルゼンにせよ、明確には言外しないけれども、何か原体験というかそういうものがあって、理論構成がその上に成り立っているということができそうです。

■主権論について

［小針］　菅野先生にやっていただいた大学院のドイツ語講読で、ケルゼンの『社会学的及び法学的国家

概念（Der soziologische und der juristische Staatsbegriff, 1928, 1962）』を用いて「主権」の勉強をやりました。ブンデスシュタート（Bundesstaat：連邦国家）についていいますと、ブント（Bund）とそれを構成するラント（Land）、いずれも非主権的な存在である。主権的な存在というと、ブントとラントを束ね、各々の権限を初めとしてそれら両者の法関係を定める第三の秩序みたいなものを想定する。この想定された第三の秩序こそが、ケルゼンのいう主権的存在ということになる。間違っているかもしれませんが、こんな内容だったと記憶しております。

主権の考察を進めていきますと、たとえばよく国家の対外的独立性などといいますが、対外的独立性と言ったとたん、ではそれぞれの国家を対等独立なものとして位置付けるものはいったい何なんだ、それこそが主権的存在ではないか、いう具合になるわけです。となると、はたして国家の主権ということが本当に語れるのだろうかと、私などはそのように考えたりするところがあります。スヴェレニテート（Souveränität）、すなわち主権というのが国家のメルクマールであるならば、そのような意味での主権というのはいったい何なのだということになるわけです。

［菅野］　ずっと主権の問題は私の頭にこびりついて離れないで、一応ノモス主権論争を論文で検討してみたけど、正直なところ、今もって主権というのはよく分からない。「主権という概念はどういう問いに対応する概念なのか」がうまくつかめていないから、今もって主権について自信のあることはいえません。

主権についての私の考えは、差し当たって『論争』四五頁でも述べましたが、ケルゼンに完全に依拠したものです。他方、思いつきの段階に止まりますが、私は主権というものは「自然法」についての最高の有権的解釈権と考えられてきたのではないか、「憲法制定権力」が主権と同義とされたり、「立法権」が主権と同一視されるのは、このことに由来するのではないかと密かに思っています。少なくともホッブズの

主権概念はこれだと解しています

■学位論文『憲法改正限界論の若干の考察』での成果は何だったか

［菅野］　ここでまた話を変えますと、私は『憲法改正限界論の若干の考察』の結びで、二五〇頁の論文で得られた成果はいったい何であるのか、自分自身でまとめてみました。

第一に、憲法改正限界論というのは事実の予測をしているのではない。憲法改正の限界を踏み越して変更された憲法は、裁判所によってどういう扱いを受けることになるのかという事実の予測をしているのではなくて、憲法改正限界を超えた憲法改正行為は、絶対的にせよ、あるいは相対的にせよ、妥当性がないという意味で無効と評価されなければならないということを主張する学説だということです。

憲法改正の限界を踏み越したからといって、裁判所はそれを審査するなどということなど考えられないから、憲法改正の限界の有無を論ずるのは実定法理としては無意味であるというようなことをいう人がいますが、憲法改正限界論というのは、端的にいってしまうと、憲法改正規定の理論的解釈の一つなのです。だから、裁判所がその理論的解釈を受け入れるかどうか、受け入れない可能性の方が大きいけれど、理論的解釈としての意味はあるということができます。この問題は重要なので、もう一度、後で論じます。

もう一つは、憲法改正限界論と一括して呼ばれている主張の中にも、自然法論的なものと法実証主義的なものと二種類があって、両者はそれぞれ前提が違うので、結論も違ってくるということです。つまり、自然法論的憲法改正限界論の立場に立つと、憲法改正の限界を踏み越して憲法に加えられた改変の結果、生じてくる法は絶対的に無効だということになる。より正しくは絶対的に無効と評価すべきだということになる。

ところが、法実証主義的憲法改正限界論の立場に立つ場合には、憲法改正の限界を踏み越してこれまでの憲法に加えられた改変の結果、生まれてくる憲法なるものは、それが持続的に実効性を獲得する時点において始めて、新たな憲法として有効なものと評価することになる。自然法論的憲法改正限界論の場合には、理屈からいって、実効性を持とうが持つまいが、それは無効と言わなくてはならない。しかし、法実証主義的憲法改正限界論の場合には、憲法改正の限界を踏み越して憲法改変が行われて、それが持続的な実効性をもつに至れば、それは新たな有効な憲法と見ざるを得ないという違いがあります。

第三に、自然法論的憲法改正限界論は自然法の存在を前提とするけれど、規範というのは多かれ少なかれ人間の意欲内容の表現だから、自然法といわれるもの、有限な人間の意欲内容が凡ての人々を義務づけるとは考えられない。

また、第四に、純粋法学は法実証主義的な憲法改正限界論に支柱を与えるかのように誤解されているが、そうではない。純粋法学の憲法改正限界問題についての考え方は、ゲルハルト・アンシュッツ（Gerhard Anschütz）と同じ意味での憲法改正無限界論だということです。

第五に、これまた既にいいましたが、法実証主義的な限界論は、国民の憲法制定権力論と実質的憲法論との二つの考えに支えられているが、国民の憲法制定権力論というのは承認説であって、事実から当為を引き出そうとする試みで賛成できない。しかし、実質的憲法論ということになると、憲法解釈理論の一つとして十分考慮に値するのではないか。つまり、憲法改正規定を孤立したものとして考えないで、体系内に位置づけることによって憲法改正規定がつくり出す法的能力に一定の限界を認めるという、これは一つの解釈理論として成り立ち得るのではないかということです。

カール・シュミットに言わせれば、憲法改正無限界論を採れば、例えば「内心の自由はこれを保障する。

ただし、九六条の定める手続に従ってこれを奪うことは妨げない」とか、「法のもとの平等はこれを保障する。ただし、九六条の定める改正手続に従ってこれを奪うことは妨げない」、ということになって、憲法改正手続に従って如何なる憲法規定であろうとも、どのようにも書き加え、書き改めないしは削除できることができる白地法になってしまう。九六条の定める手続に従いさえすれば、例えば北朝鮮のような国家体制をつくることも合法的に可能であるということになってしまいます。したがって、憲法改正に限界はない、と必ずしもいえない。これは確かにある程度説得力のある議論です。

傍観者の観点から言えること

［菅野］　私の学問というのは、特に憲法改正限界論に対する私の態度は、メタユリスト（Metajurist）です。メタユリストというのは、法律家・ユリストと違って、法そのものでなくて法律学の学説を研究の対象とする人、といったくらいの意味です。だから、憲法改正無限界論だろうが限界論だろうが、そのこと自体は問題ではないのです。極端な言い方をするとね、限界論が成り立つためにはどういうことが認められなくてはいけないのか、無限界論が承認されるためにはどういうことを認められなくてはいけないか、そういうことをやってみたのが、私の学位論文『憲法改正限界論の若干の考察』です。そして限界論の立場に少し軍配をあげるというか、こちらの方が良さそうだというのが、この論文の結論なのです。

［小針］　あくまで傍観者の発想ですね。

［菅野］　どこまでも傍観者なのだね。

ここで第一点、憲法改正限界論というものは事実の予測をしているのではなくて、限界踰越の憲法改正行為は、絶対的にせよ相対的にせよ妥当性がないという意味で無効と評価されるべきであるということを主張するものです。これは、結城光太郎さんと大石義雄先生、阿部照哉さん説に対する批判と関連します(参照『国権』二三五―二四六頁)。

法実証主義的限界論についてみると、この問題は、一つには実定憲法自身が裁判所の国家行為の合憲性審査権の範囲をどのように規定しているかの問題です。ドイツ連邦共和国基本法のように、憲法改正行為をも審査の対象としている場合には、こうした憲法のもとでは憲法改正限界論は「実定法理」として意味をもつわけです。

[小針] ただ、あくまでも実定法がそういうふうに定めているからではないですか。

[菅野] そう。ドイツ連邦共和国基本法は、七九条三項で憲法改正の限界を明言しています。あれが裁判規範としての機能を果たすわけです。問題は、裁判所が憲法改正行為についての実質的審査権をもっていない、より正確には、この種の審査権を裁判所は持たないというように解釈せざるを得ない場合なのですが、こうしたときの結城教授や阿部照哉教授の憲法改正限界論批判に対しては、以下のように答えることができます。

こういう批判は、柳瀬良幹教授の言を借りると、理論的実体法的に行為が無効であるか否かの問題と、実践的手続法的に何びとが権威をもってこれを認定判断し得べきかの問題との混同に基づく批判です。これは『行政行為の瑕疵』の九一頁からの引用です。

限界論が主張しているのは、理論的実体法的に憲法の基本原理を改変する改正行為は無効と評価されるべきだということなのだから、権威をもってこれを認定・判断し得べき機関が存在しないからといって、ただちに無意味になる性質のものではありません。司法手続によって争うことができない問題は、すべて法問題でないとするならば、大日本帝国憲法の多くの解釈問題は政治的問題であって、規範内容の解明に従事する憲法学者が本来取り扱うべき問題ではなかったということになるけれども、そうではないでしょう。

また、現憲法下でも、統治行為論をとるならば、例えば誰がどういう場合に如何なる手続で衆議院の解散を行うかは政治的問題であって、憲法解釈の問題、法律問題ではないということになるけれども、これまたそうとはいえないわけです。理論的実体法上の問題と実践的手続法上の問題とは区別されなければならず、限界論は限界踰越の憲法改正行為が理論的実体法的に無効であるということを主張するにとどまるのだとするならば、結城さんのような憲法改正限界論に対する批判は的を失うことになります。

法実証主義的限界論は、憲法改正規定を憲法体系内に位置づけて解釈する結果として、改正規定に基づく権能である憲法改正権に一定の限界を認める。憲法改正権は文字どおり権限の一つであると捉え、限界踰越《ユエツ》の憲法改正行為はその憲法体系に照らして正当性をもつことができず、その意味で無効と評価されなければいけないと主張するもので、実践的手続法的に裁判所がこの種の国家行為の審査権をもつかどうかは限界論の直接の関心事ではないし、まして裁判所がこの種の国家行為をどのように取り扱うことになるかということの事実の予測は、まるで限界論の関心外なのです。

そういうことなのですが、柳瀬先生の実体法概念、手続法概念、これが問題でね。

【小針】　柳瀬先生独特の用法なのですね。

【菅野】　実体法とか手続法という言葉の使い方が柳瀬先生の場合は特殊なのです。

【小針】　行政法で問題となります「行政行為の不存在と無効」、その点でも柳瀬先生のお考えは独特ですね。しょせん、それは争いの対象になり、司法の判断に委ねられることになる。したがって、不存在と無効を実体法上しかく厳格に分けることは意味がない、という趣旨のことを述べられていたように記憶しておりますが。私の誤解かもしれませんけど。そういうところ、柳瀬先生のものを読む場合には、慎重に身構えて読むことにしているのです。

【菅野】 憲法改正限界論を検討したときは柳瀬先生の実体法的理論的観点と、手続法的実践的観点という言葉を使ったのだけど、これはよくよく考えてみると、柳瀬先生の場合、大前提があるのです。法規範の本当の意味、例えば憲法第九条の本当の意味というのは一つしかあり得ないという大前提がある。そして、法の本当の意味は何であるのかという問いに対応する概念が、柳瀬先生の実体法という概念です。これに対して、だれが公の権威をもって法を解釈適用すべきか、そういう問いに対応する概念が手続法です。

法の本当の意味が一つしかないというのはフィクションではないのか、実際には法は複数の解釈を許容するのではあるまいか。そうだとすると、柳瀬先生が実体法と呼んでいるのは、実は法ではなくて、解釈学説にすぎない。そして、柳瀬先生が手続法と呼んでいるのは、公権威の解釈・適用の結果として生まれてくる下位法である、このように捉えたら、柳瀬先生の考えが合理的に再構成できるのではないかと思うのです。

■メタユリストの視点から――「自衛隊の合法・違憲説」について再考する

【小針】 法の本当の意味は一つだというのはフィクションで、その実は解釈学説、解釈学説を柳瀬先生は「実体法」と呼ばれた、というのですね。

【菅野】 解釈学説だと思います。つまり、解釈という言葉には二義性がある。解釈するという行為とその所産との二つ意味がある。所産としてみると、柳瀬先生のいう「実体法」というのは私人の、つまり学者の法解釈の所産。だから要するに解釈学説ということになります。

【小針】　解釈学説となると、ほんとうはいくつもあるはずなんですが、それが一つしかないとはどういうことなんでしょう。

【菅野】　それが柳瀬先生の大前提だけど、それはフィクションにすぎないと思う。法解釈学を学問たらしめるための一種のポスチュラート（Postulat：（必要不可欠の）要請、（根本的）前提）というか、こうあってほしいという要請にすぎないのです。現実にはそんなものはありませんが。

この議論は、例の自衛隊の合法・違憲説に連らなってゆく。公権威の解釈としては合法、解釈学説としては自衛隊は違憲。異なる解釈の所産を組み合わせると、自衛隊の合法・違憲説になる。

【小針】　自衛隊が違憲だというのは私人である学者の憲法解釈の所産としての解釈学説ですね。片方、自衛隊は合法だというのは有権解釈というわけですか。

【菅野】　そうそう、有権解釈になる。

【小針】　逆にいうと、有権解釈というのは法そのものではなく、解釈された法の中身だから、その意味では法の下位にある。これを、先生は下位法と呼ぶわけですね。今お話された「公権威の解釈の結果として生まれてくる下位法である」というのは、このようなこととして理解できます。

【菅野】　そうではなくて、有権的解釈の所産自体が法なのです。例えば、自衛隊法というのは国会による憲法第九条の有権的解釈によって制定されたわけだから、憲法の下位法ということになります。

【小針】　自衛隊法は、公権威の解釈の結果として生み出された憲法第九条の下位法ですか。ユリストは、みんなそこのところを隠してしまっているから分からない。だから、メタユリストが諸学説の徹底的な解剖、つまり理論構造の解明に出てこないといけないのですね。

【菅野】 そうね。私のこの考え方、当たっているかどうか断言できないけど、傍観者の視点が必要な場合があると思います。

【小針】 これだけ透かせて見せているというのは、私からいわせると手品の種明かしをしているようなものですよ。これが提示されるのとされないのとでは、第九条、自衛隊法のとらえ方が全然違ってくる。私からすると、今日、科学と秘儀（錬金術）ではないけれども、秘儀は一見明瞭に区別されているよう思われますが、実は科学と秘儀は背中合わせになっているのではないかという気がしますね。今の菅野先生の話をお伺いすると、近代と反近代は裏側にくっついているような感じがします。

【菅野】 小林直樹さんの自衛隊の合法・違憲説というのは、「学理解釈（scientific interpretation）」、佐々木先生のいわゆる理論的解釈、これと有権的解釈とを混同し結合した学説だと考えます。有権的解釈によると自衛隊は合憲・合法の存在です。何となれば、自衛隊法は国権の最高機関である国会という公権威による憲法の有権的解釈行為の所産であって、自衛隊はそれに基づいて存在しているからです。自衛隊が違憲だというのは、私人である憲法学者の理論的解釈の所産である解釈学説であり、それ自体としては何ら法的効力をもちません（参照、『続・国権』二七一―二七二頁）。

だから小林さんは自衛隊の合法・違憲というのは非常に異常な事態だというけれども、そういうものはいくらでも例があるわけです。小林さんは「合法・違憲というのは統一的な法秩序のもとではあり得べからざる矛盾、法学的には説明のつかない背理」というけれども、そんなことはない。いくらも例があります。税関検閲は違憲かつ合法である、緊急逮捕は違憲かつ合法である、私立学校への助成金交付は違憲かつ合法である、内閣の法案提出は違憲かつ合法であるといったように。

【小針】 いくらでもあるけれど、解釈学説と有権解釈をくっつける、そこのところを明確に区別したうえで考えを示さないと自己矛盾におちいるのですね。

［菅野］　区別しないから、そういうことになってしまう。

［小針］　それだったら、いくらでも例がありますね。

■法をつくるものと解釈学説の位置づけ

［菅野］　だからきわめて簡単なことなのです。ホッブズはやはり偉い。彼は、「学説が真だということは確かにあり得ることである。しかし、権威（authoritas）が法をつくるのであって、真理（veritas）が法をつくるのではない」と、はっきりラテン語版の『リヴァイアサン』（Cap. 26, Opera Latina 3, p. 202）でいっています。それと同じです。

［小針］　いいのではないですか。だけど、同じ人が同じレベルでしゃべってしまうから、訳が分からなくなってくる。だけど、それを痛烈に批判したのが菅野先生ですから。

「違憲・合法というのはあり得ない」という。その場合の「合法」というのはどのレベルでのどういう視点での合法なのか、これはあくまで有権解釈的なそれである。これに対して、「違憲」というのは、あくまでも一人の学究の徒が学理解釈を通じてもたらした解釈学説が違憲といっているに過ぎない。有権解釈である合法と解釈学説である違憲を組み合わせれば、先ほども述べましたが、合法・違憲になるのはあたりまえなのです。こういう説明が今まで全然出てきていないではないですか。小林先生自身がそういうことをいっているとは思えないのですけどね。

［菅野］　別に解釈学説が無意味だと私は言っているのではありません。解釈学説は、裁判所であるとか国会に対する助言として影響を与えることがあります（参照『続・国権』二七七―二七八頁）。

【小針】 知的助言というようなこと、それを菅野先生は語られていましたが。私もそれは書いたことがあります。今の話はコロンブスの卵みたいなので、小林直樹さんは、合法・違憲説をいってから随分と批判を受けてしまったのですが、だけど今の菅野先生のような説明からしてみると、それは皆がやっていることではないですか。

【菅野】『憲法改正限界論の若干の考察』では、柳瀬先生の言葉をそのまま使ったのですが、今のような言い方をすれば、要するに憲法改正限界論というのは憲法の理論的解釈学説にすぎないということになる。しかし、理論的解釈だから無意味だということには必ずしもならないのです。抵抗権の問題も、やはり理論的解釈の問題なのです。

【小針】 理論的解釈は学理解釈と同じですね。

【菅野】 そう。ケルゼンは「サイエンティフィック・インタープリテーション（scientific interpretation）」という言い方をしたので、ぼくは「学理解釈」と訳した。だけど、日本では佐々木先生が用いた「理論的解釈」という語の方が良いかもしれない。ただ、佐々木先生の場合も、法の本当の意味は一つであって、しかも認識可能だという立場だからね。

【小針】 可能だといっているんです。だからこんこんと説くのだそうです。違った説を説くと、おまえがいっているのは違うとね。

【菅野】 ケルゼン流に言い換えると私のような言い方になる。学理解釈・理論的解釈はその所産としてみるならば解釈学説であり、有権的解釈はその所産としてみるならば下位法、柳瀬先生の言葉でいうと「手続法」です。解釈（interpretation）という語の二義性です。

■「問題の定式化」を明確に行なう

【小針】今、鮮明になって出てきているんですが、これはよく柳瀬先生なども鋭く突いていることですけれども、いろいろな議論がされて、いろいろな主張が展開されるのだけれど、この議論なり主張というのは、如何なるレベルのどんな問題に対する何の答えなのか、要するに菅野先生流にいうと「問い(Frage)の定式化(Formulieruing)」、つまり「問題の定式化」がきちっとなされない形でごちゃごちゃいってしまう。だから、何を問題にして何の議論をしているのか皆目わからなくなってしまっているのではないですか。

【菅野】何が問題なのか明確に定式化できれば、その問題の半分は解決されたことになります。問題を明確化させないまま書く論文があるのは、困ったことだと思うけどね。

【小針】今の話の中で出てきた合法・違憲説ですか、先生流に「学理解釈、理論的解釈の産物が解釈学説・『実体法』であり、有権的解釈の所産が下位法『手続法』である」、このことがきちんと認識されれば、小林先生の自衛隊の合法・違憲説もそんなに問題にならなかったのではないでしょうか。

【菅野】小林さんも内心では分かっていたと思うけどね。

【小針】今のお話しは、戦後憲法学の神秘の扉を一つひとつ解きあかしているような感じもするのですけどね。

【菅野】私は柳瀬先生の「手続法と実体法論」をそういうふうに解釈したのだけども、柳瀬先生の場合、この「実体法」、「手続法」というのには、また一つ奥があるのです。ルソーの「一般意志、ヴォロンテ・ジェネラール(volonté générale)」を念頭に置いている節があります。

【小針】でもそうなると、私たちはどこに基礎を置いたらいいんですかね。

［菅野］　柳瀬先生のこの説については、『憲法と地方自治』に収められている「実体法の世界と手続法の世界」をみると良い、あそこに一番まとまった形で議論が展開されています。なんで「手続法」が妥当する力を持つのかということまで問題にするのです。そして、「手続法」が妥当する力をもつというのは、秩序価値の承認というものが根底にあるからだといわれる。ただし、秩序といっても、それは正しい秩序であらねばならない。そこに今度はヴォロンテ・ジェネラールが出てくる。

私は、ルソーをまだ解読できません。ホッブズはある程度やったけど、ホッブズと照らし合わせながらルソーを読むと面白い結果が生まれそうです。ルソーとホッブズというのは、わりと近い関係にあるのです。たとえばマイヤー＝タッシュも『ホッブズとルソー』という本を書いているけれど、あれはお手軽なものです。政治思想史の若手の専門家がそのような仕事をやってくれるといいのですが。

［小針］　ヴォロンテ・ジェネラールというのは一般意志である。このヴォロンテ・ジェネラールの表明が法（律）でしょう。だから、フランスの文献とかなにかを読んでいるとき、ヴォロンテ・ジェネラールにしばしば遭遇します。その意味で、この言葉はフランス法を読み解くキーワードですよ。

■柳瀬先生とヴォロンテ・ジェネラール

［菅野］　そうなのです。柳瀬先生は、ヴォロンテ・ジェネラールというのは公益を言い換えたものにすぎないとみているようです。柳瀬先生は晩年まで、ルソーには興味をもっていて、「先生、ご自分でやったらいいじゃないですか」といったら「いや、フランス語が不得手なので、自分ではちょっとやれないのだ」といっていたけど。

［小針］　行政法のそもそもは、最高行政裁判所　コンセイユ・デタ（Conseil d'Etat）だったか、そのアレ

テ（arrêté）というか判例を積み重ねていったものをオット・マイヤーが整理して、そして行政法、フェアヴァルトゥングスレヒト（Verwaltungsrecht）に仕立てあげたはずなのです。だから、行政法はもともとはフランスなのです。

柳瀬先生の『行政法教科書』は薄いでしょう。「総論が分かれば各論はいらない」とか、そんな伝説めいた話を学生の頃聞いたことがありました。これは、私が直接聞いた訳ではありませんが、「おれのを読んで各論が分からないような者は話にならん」というようなことでしたね。それから、かたや難しい文章の書があると思えば、『行政法講義』（良書普及会、初版、昭和二六年）とかといった書もありまして、こちらは非常にくだけた分かりやすいものです。知らず知らずのうちに分かってしまう感じの書です。

［菅野］すごいですね。あれだけのものを書ける人はめったにいない。私が直接接した方では柳瀬先生が一番偉い学者だと思っています。

［小針］だから自家薬籠中というような、なんでもござれみたいな、どうにでも使えるくらいにまで学問を消化してしまうとああいう風になるのかなと思います。

［菅野］私の捉え方は表面的かもしれないけど、柳瀬先生の実体法と手続法のことを先に述べたように理解しましたが、より突っ込んでやろうとすると、どうしてもヴォロンテ・ジェネラールの問題まで遡らなくてはならない。大体柳瀬先生自身、ヴォロンテ・ジェネラールとその「実体法」の問題をどういうふうに組み合わせているか、非常に曖昧なところがあって、色々な推測を重ねないとつかめないと思うけどね。

［小針］柳瀬先生特有の行政法の論理といったものが、あるのではないですか。法と行政、どちらが先でどちらが後か、ある事象をして行政というふうに認識せしめる、ドイテン（deuten：解釈する）せしめる

法というものが先行してあるはずだ。とすれば、法による行政とはいったいなんだ。それを藤田宙靖先生は、ある事象をして行政というふうにドイテンせしめる法と、それで行政とされたものを今度は縛るというか、そういうふうにする法、つまりレベルを異にする二種類の法がある。このように、ひとまず整理されていたと思います。とにかくこうみてきますと、柳瀬先生というのは、意想外の論点をパッと出して考えさせてくれるところがありますね。

二　抵抗権について

［菅野］ では次に、抵抗権の問題に入りましょう。これは、抵抗権の問題というより宮沢先生の憲法基礎理論の問題です。

宮沢先生は、抵抗権の問題に若いときから関心をもっておられたことは、『憲法Ⅱ』の第三章、第三節中の「抵抗権についてのあと書き」の中で、縷々述べておられます。

「個人の尊厳から出発する限り、どうしても抵抗権を認めないわけにはいかない。抵抗権を認めないことは、国家権力に対する絶対的服従を求めることであり、奴隷の人民をつくろうとすることである。しかし、抵抗権という言葉に、それが本来意味するところの実定法を破る権利という意味を与える限り、そうした抵抗権を実定法上の権利と認めることは論理的に矛盾である。抵抗権を単に事実上の可能性としてでなく、言葉の正当な意味における権利として確立させようとすれば、その根拠は実定法以外のところ、自然法ないし道徳則に求められなければならない」。

抵抗権問題についての先生の基本的考え方は今読んだところにあるわけですが、宮沢先生にとっては若いときからの関心事であり最難問であったようです。

「実定法に優越される自然法とは何か、それはどんな内容をもつものなのか、人間の人間による圧政が存することを具体的な場合にだれが認定するのかというような点について、客観的に明白な基準を見いだすことは、ついに断念しなくてはならないもののようである」。

と述べていますが、その一種の総決算として『憲法Ⅱ』で抵抗権の問題についての先生独自の考えを打ち出されたわけです。

■宮沢先生の抵抗権の定義

【菅野】　宮沢先生の抵抗権論の特色は、まず抵抗権という言葉の定義をしていることです。これは宮沢先生の偉いところで、他の先生方は、抵抗権について論じながら、抵抗権という言葉を定義してません。しかしまた同時に、この抵抗権の定義が宮沢抵抗権論、より正しくは抵抗権否認論のアキレス腱になっています。宮沢先生は、抵抗権を「合法的に成立している法律上の義務を、それ以外のなんらかの義務を根拠として否認することを正当とする主張」というように定義されています（『憲法Ⅱ〔新版〕』一四〇頁）。

私は、この定義をまず取り上げまして、宮沢先生のいう意味での抵抗権の存在が肯定されるためには、宮沢先生のいわゆる客観的に妥当する自然法の存在というものがまず肯定されなければいけないだろう。「客観的に妥当する自然法」の存在が肯定されるならば、その自然法の内容がいかに抽象的・一般的であっても、そのような自然法に明白に反するとみられるような事態は発生し得るのだから、そうした場合には抵抗権の行使は認められなければいけないはずだということを、宮沢抵抗権論批判の冒頭で論じました。

たとえば、仮に自然法の内容が、人間を目的として扱うべきであって、手段として扱ってはいけないというふうな抽象的なものであったとしても、ユダヤ人の虐殺行為、そして恐らくは「南京大虐殺」同様反ナチ宣伝のための作り話でしょうが、死体から脂肪を取って石鹸の材料にするとか髪の毛を切り取って枕の詰め物にするとか、そういった行為はだれの目からみても、ナチズムの信奉者の目からみても、価値判断の基準としてカントの「人間を自己目的として扱うべきだ」というルールに反する行為であるのは明白ですから、その限りでは抵抗権の行使は認めざるを得なくなるはずです。

ところが宮沢先生は、自然法の内容がなんであるかはよく分からない。分からないばかりではなくて、仮にラートブルフのように自然法の内容が近代憲法の人権宣言に共通する部分だとしても、これまた極めて抽象的・一般的なので、具体的な国家行為の自然法への適合・不適合を「客観的に明確に」知ることができないといった論法で、抵抗権の存在そのものを否定するかの如き議論をされています。

【小針】 宮沢さんは、実定法ではなくて自然法のレベルでの抵抗権を否定しましたか。とすれば、そもそも自然法が成り立たなければ、自然法上の抵抗権というのもないわけですね。

【菅野】 ない。だから宮沢先生は、自然法というのはあるかもしれないし、ないかもしれないという一種の不可知論的な立場に立っている。

【小針】 その論法からいけば、あるかもしれないわけだから、そうすると、今いったような漠然としているといっても、それに反する行為はあり得る。よって、それに抵抗する権利は自然法によって認められることになる。

【菅野】 認めざるを得なくなるわけです。

【小針】 自然法の立場からすると認めざるを得ない。しかし、私は法実証主義者だから、そういう自然法というのは認められない。よって抵抗権を否認する、というのだったら分かるけど。

【菅野】　宮沢先生の場合は違うのです。もっとも、宮沢先生は抵抗権論を展開する際に、戦後、ラートブルフの自然法論を引用しています。近代国家の権利宣言に共通する部分が自然法であり、理性法であるとね。ただし宮沢先生は、それは近代人の法意識の内容にすぎないのではないか、「客観的に妥当する自然法」というふうにいえるかどうか疑問だといわれるのです。

【小針】　それを否定するなら、そこでは抵抗権論は終わりなのであって、なんで宮沢先生がそれほどまでに抵抗権にこだわったのか、私にはわからないのですが。

【菅野】　不思議なのだね。一方では人間の尊厳というものを認める以上は抵抗権は認めざるを得ないといっておきながら、他方では先に紹介した論法で抵抗権を否定する。

■揺れ動く自然法論

【小針】　明治憲法下の国家というものを見据えれば、少なくとも自然法というものを引っぱり出せれば、宮沢先生の論法でいくと認めるべきだと私は思うのです。

【菅野】　宮沢先生はその点に関してはどっちつかずです。宮沢先生には『右往左往』という題名の随筆集があるようですが、ラートブルフとケルゼンとの間を先生は「右往左往」して、結局、自然法というもの、絶対的正義規範というものがあるかどうかについての考えは最後まではっきりしない。

【小針】　あるかどうか分からないというのだったら、逆にいえば「自然法に基づく抵抗権というのはあるかどうか分からない」でとめるべきで、否定することはできない。

【菅野】　ところが、ノモス主権論争では自然法論を明白に否定し、抵抗権論でも否定に傾き、「憲法名分論」では戦後ラートブルフの説に共鳴し、近代諸国の権利宣言に共通する部分は「憲法の名」、実定憲法の「正名」・「非名」を決定するものだと述べて自然法の存在を明確に肯定し、「正義について」では、「私もケルゼンと同じように客観的に妥当する正義の内容を知ることの可能性について強い疑いをもつ」と述べ、自然法の存在を否定するかのような口吻をもらす。「憲法名分論」の執筆者とは到底思えない大転換をしています（参照、『国権』二五七—二五九頁、『続・国権』二九三—二九四頁、二九八—三〇〇頁、三二三—三二六頁）。

【小針】 揺れ動く自然法というのがあるけれど、今のお話からしますと宮沢先生の場合は揺れ動く法実証主義者なのか自然法論者なのか、よくわからないですね。

【菅野】 今指摘した箇所に限らず宮沢先生は相当に混乱しています。

【小針】 宮沢先生ですら混乱するのですね。

【菅野】 宮沢先生は書きすぎている。その所為《セイ》か、それほど時を隔てないのに正反対のことを書いている（参照、『続・国権』三二〇—三二二頁　三九二—三九三頁）。

しかも、『憲法Ⅱ』では明らかに誤訳をしている。これはラートブルフの『五分間の法哲学』からの引用文ですが、「各法的な規正よりも強い法規がある。したがって、その法規に反する法律は効力をもたない」と訳されている。ところが、ほぼ同じ時期に書かれたと見て不思議のない「憲法名分論」の方の訳は正しいのです。「すべての法的規定よりも強く、それに反する法律は効力をもたないというような法的基本原理がある」、こちらの訳が正しい。大した時間が経ない時期に、全く違った訳をやっていることになります（参照、『続・国権』二九四—二九五頁）。

【小針】 同じ部分の訳なのですね。

【菅野】 同じ部分です。『憲法Ⅱ（新版）』でも「各法的な規正云々」が直っていない。弟子が注意してやればいいのに、注意しない。怖くて注意できなかったのか、あるいは気がつかないのか。

【小針】　小嶋先生がご存命であれば、手直ししたはず。

【菅野】　小嶋さんもうっかり見落としたのかもしれない。宮沢先生というのは、ある意味では不可解な方です。「憲法名分論」では、客観的に妥当する憲法の名、これは客観的に妥当する自然法と同じなのですが「決してないわけではない」と断言しながら、「正義について」ではケルゼンに同調し否定している。

【小針】　先のラートブルフの文章の訳の問題ですが、「各法」というのは。

【菅野】　「各法的規正」とは、jede rechtliche Satzung の訳です。jede を各々と訳した。だが、この場合のイェーデ（jede）は、「すべての」と訳さねばなりません。個々のものに着目しながら、すべてのものを指して jede といっているのです。それを各々と訳した。「各法的規正」という訳は意味が通じません。

【小針】　そうすると、各々の法との関係でそれぞれに強い法があるととられますよね。

【菅野】　だけど、「各法」、これは日本語としておかしいじゃないですか。それに「規正」とは何ですか。

【小針】　たとえば、刑法だったら刑法と比べて、刑法よりも強い法があるというのは、日本国憲法だと。

■訳文の吟味の必要性

【菅野】　そもそも jede というのは、一つ一つのものを念頭におきながら全部を指す場合と、それから一つ一つの方に力点をおいて指す場合と二つの意味があるのです。

【小針】　all の意味ではないかな。

【菅野】　だから「すべての」と訳さなくてはならない。

【小針】　すべてで、しかも、それは実定法なはずです。

〔菅野〕　実定法という意味を示すために制定法（Satzung）といっている。だから、「すべての制定法よりもより強力な法的基本原理」がある、そういう意味です。それがラートブルフの考えなのです。それをどうしてこんな風に訳したのかね。

〔小針〕　たしか宮沢先生はドイツ語もできる方でしたよ。

〔菅野〕　先生はドイツ語も良くできましたよ。語学力は大したものです。新正幸君に「宮沢先生、誤訳している」といったら「まさかあの宮沢先生が」と彼は絶句していたから、そんなこととは思わなかったらしい。戦前、早稲田の公法の人たちが何人かでG・イエリネックの『一般国家学』の全訳を企画し、第一分冊を出したとき、宮沢先生が手ひどい誤訳指摘をしたため、お流れになった、と聞いています。宮沢先生は「憲法名分論」の中で、「憲法に関して客観的に妥当する名というものが全然考えられないかといえば、決してそうではないとおもう……。憲法がそれに適合しているかぎり正当な憲法であり、それにそむくと不正当な憲法になるという名、いわば憲法の正邪曲直を判定する基準になる『名』は決してないわけではない」とはっきりいっているのです（『憲法の原理』四〇八頁）。

さらに「ここで説明された憲法の『名』は、従来、自然法とか理性法と呼ばれたものと共通の本質を有する。あるいはラートブルフに従って『法律を超えた法』と呼ぶことができよう。……ラートブルフは、こう考えて、ナチ政権の制定した極度に非人道的な法律に対して、法としての効力を否認した。これはつまり、彼がそれらの法律をもって『名』を欠くものとしたことを意味するといえよう」と続けています（参照、前掲書四一三頁）。

つまり、この時点ではラートブルフの戦後自然法論に宮沢先生は完全に同調していました。彼の説で相原さんを叩いた。ところが、この叩き方にも非常におかしなところがある。宮沢先生は、『全訂日本国憲法』（七八七―八頁）では憲法改正の限界として、まず「国民主権の原理」を挙げている。そしてそのコロラリーとして「基本的人権の尊重の原理」というものを挙げる。ところが「憲法名分論」では、「国民主権」というのは「政治上の主張」にすぎないという。だから、ここでは「国民主権」というのは法的に大した意味のないものになっている。

引用してみましょう。

「天皇主権をもって日本の憲法の『名』だとする見解は、要するに、天皇主権が日本の憲法の原理として望ましいという一つの政治上の主張にすぎず、それ以上になんらかの客観的妥当性をもつものでないことが明らかになる。その見解は、日本の憲法の原理として国民主権が望ましいという見解と、まったく同じ権利をもって対立する」（『憲法の原理』四〇七頁）。

したがって、ここでは、「国民主権」というのは「天皇主権」と同じように政治的な望み以外のなにものでもないことになる。ところが先に示したように『全訂日本国憲法』では、「国民主権」というのは憲法改正の限界であり、そのコロラリーとして基本的人権尊重の建前も憲法改正の限界だとされている。

【小針】　コロラリーだとすると、自然（当然）の結果という意味だけど、重点は「国民主権」の方に向けられているのではないですかね。

【菅野】　そう思います。

【小針】　コロラリーということですが、やはり国民主権の方が主でしょう。

【菅野】　私もそう思います。そして、今度は「憲法名分論」方では、結局、ラートブルフに同調して近代諸国の人権宣言に共通する部分が「憲法の客観的な名」だというのだから、「基本的人権尊重の建前」こそがすべての憲法の効力根拠ということになります。

［小針］　つまり、基本的人権尊重の建前が憲法を憲法たらしめるものということになりますね。
［菅野］　そういうことになってしまう。

■ノモス主権論

［小針］　まさにそれこそノモス主権論ではないですか。
［菅野］　宮沢先生はノモス主権論に立って「憲法名分論」で相原さんを叩いたけれど、ノモス主権論者の尾高先生に対しては「国民主権」でもって戦った。
尾高先生のノモスの内容を、「すべての人間に対して等しく人間たるにふさわしいエウダイモニア（eudaimonia：アリストテレスの哲学において理性に基づく生活から生まれる幸福）の自己完成を行う機会が与えられるということ」が、「国民の『公共の福祉』である」、「国民のための政治、国民のすべてが、自己の才能を自分のために、他人のためにも十分に活用することによって、各人に人間の人間たるに値する生存が保障されること」、「国民の力によって国民のもつ自由権が十分に守られ、国民の生存の要求があまねく満たされていくとすれば、それはまさにノモスにかなった政治のあり方である」と説明しています。
要約すると、すべての国民にエウダイモニア（eudaimonia）の自己完成の機会を与えるよう、その自由と人間にふさわしい生存を保障すべし、というのが尾高先生の考えるノモスの内容です（参照、『続・国権』三六四―三六五頁）。
［小針］　それは、宮沢先生が相原さんを切ったものとほとんど変わらないものですね。
［菅野］　変わらない。宮沢先生のいう「客観的に妥当する憲法の名」というものを私なりにまとめていえば、「個々人に自由を保障するとともに、人間にふさわしいような生存を可能ならしめよ」という規範

です（参照『続・国権』二九九頁、三一九頁）。

【小針】　どこが違うのかな。

【菅野】　違うところがない。ギリシャ語の eudaimonia は幸福を意味します。アリストテレスの場合には、真理を探究し、それをみつめることが本当の意味でのエウダイモニアですが、そんなことは凡人にはとうてい期待できないから、尾高先生、些かペダンティックに eudaimonia というギリシャ語を使ってますが、アリストテレスの意味でのそれではなく、普通の意味の幸福と解すべきでしょう。だから宮沢先生は、一方ではノモス主権論を国民主権論の立場から批判したが。他方では、相原さんに対してはノモス主権論を以て対す、「人を見て法を説け」式のことをやっています。

【小針】　いずれにしても通底するのは、今の憲法を守りましょう、ということなのですね。

【菅野】　そういうことでしょう。宮沢先生はたしかに大変な才人です。戦後の日本の憲法学界をリードする名実ともに第一人者で、このことは誰しも認めざるを得ない。清宮先生なども宮沢先生にこてんぱんに二回も叩かれているし。

【小針】　清宮先生は同門で、美濃部先生の流れなのでしょう。

■距離をおいて見るメタユリストの視点

【菅野】　そうそう。清宮先生は文民規定の問題と法律の留保の問題で叩かれてね。だから、宮沢先生が戦後憲法学界の名実ともに第一人者であったことは誰しも認めざるを得ない。私が最も尊敬する柳瀬良幹先生ですらも宮沢先生を畏れること虎のごときものがあったのだから、偉いものです。しかし、私のような傍観者、メタユリストの目からみると、大して時間もおかないでころりころりと意見を変える不可解な人といわざるを得ない。

［小針］　菅野先生がメタユリストだから見えたのだと思うのです。ユリスト（jurist）、しかも東大系の人には見えなかったのではないでしょうか。

［菅野］　見えないかもしれないね。私はどうやら法律学界の外側に居るらしくて、それで見えたのかもしれません。

［小針］　そういうことをいうから、先生は敬遠される。小宇宙の中に閉じこもって、ユリストとして今の憲法のここはどう解釈したらいいのか、ということをせっせとやっている人たちからいわせれば、柳瀬先生ですら虎のごとくに畏れる方であるならば、下手に手出しをしない方がいいとなってしまうのでしょうね。

でも、逆にいうと、そこまでやっても「自分の改説を見破って喧嘩売ってくる奴はいない」ということだから、いかに馬鹿にされていたかということになるのではないですか。

［菅野］　自信過剰なんでしょうね。おそらく宮沢先生が憚る人がいるとしたら、佐々木惣一先生だけだったろうと思うけど、佐々木先生はもう晩年だったから。それに佐々木先生は非常に気位が高くて、美濃部先生は対等の相手として論争も辞さないけれども、美濃部の弟子は自分と対等の存在ではないと思っていたので自説を名指しで批判されない限り無視したのではないかな。

［小針］　勝手に言えというような。

［菅野］　そういうところがあったね。

［小針］　佐々木先生が年齢的にも若くて、総力をあげてとなったら、宮沢先生といえども……。

［菅野］　それはつぶれる。佐々木先生のしつこさと考え方の肌理《キメ》こまかさは驚くべきだもの。

【小針】　でも私は思うのだけど、菅野先生のしつこさはけっこう凄い。

【菅野】　しつこいことは確かだけどね。批判の相手方と第三者の読者に自分の考えを誤りなく理解して貰おうと思うと、しつこくならざるを得ない。それでも見当違いの反論をするんだから（参照、「再論批判的峻別論」『続・国権』、「いわゆる峻別論について」『論争』）。

【小針】　方法二元論のことで「菅野・樋口論争」がありましたね。菅野・樋口論争は両者の論争にとどまらず、戦後憲法学を、それこそ現行憲法をなんとか擁護しましょうという、まるで「戦後国体派」といっていいと思いますが、そういう人たちが樋口先生を擁護する大変な応援部隊を組みましたね。それと菅野先生はやり合ったわけですから、まさに、多勢に無勢の戦いでしたね。この論争に、私は戦後憲法学における「平和憲法」のアポロギイア（apologia、弁明・擁護）を見るんですが。

【菅野】　山下威士さんだけがぼくの側に立ったけど、戦いは一人でするものだと思っています。大体、私は月給を貰って食っていければ敵はいくらいてもかまわないという主義です。

■批判は対象を明確にして行なうべきと考える

【小針】　でも、菅野先生は、情容赦なく一〇〇%ひっぱたくという考えでしょう。それも、個人名をどんどん挙げて。

【菅野】　甲説と乙説とか、「某氏曰く」では、私の批判が誰の著書・論文に向けられ、それが当たっているかどうかを探すのが大変でしょう。『邪馬台国はなかった』（角川文庫）の著者、古田武彦氏は日本古代史の論文を読むと、「某氏がこういう説だ」式の書き方が多く、その某氏とその論文を探し出すのに時間をくうと嘆いています。匿名批評というのも肌に合いません。生命に係わる危険もないのにみっともありません。顕名で相手とその論文名を明示して批判し、あちらに反論の機会を与える、これがフェアな態度だと思います。谷沢永一氏に「アホバカ間抜け大学紀要」――手もとにないので記憶だけに拠ります――という大変挑発的な随筆（？）があります。『諸君』に掲載され後に単行本にも収められました。主として国文学関係の論文をとり挙げ執筆者・掲載誌を明記して片っ端から叩いている。それも半端でなくて、あそこまで揶揄《ヤユ》されたら首を縊《クビ》りたくなるのではないかと思うほどひどい叩き方なのです。谷沢氏は、結論として大学紀要は不要であり学会の正式の審査を経た論文だけを掲載する雑誌をつくった方が良いといっています。しかし、私は大学紀要は必要だと思う。仮に九〇％の論文が「アホバカ間抜け」だったとしても、一〇％意味のある論文があれば十分存在理由を主張できます。大学紀要を廃止する弊害の方が大きいと考えるからです。

佐藤春夫の詩に、「この不実の砂原に　きらめく真実のあるがためにますます深く迷ふばかり　われらあわれな恋の砂金取り」というのがありますが、大学紀要はその類です。大学紀要を廃止して学会誌に審査によって載せるかどうか決めるなどということになったら、審査員は東大系とか京大系に占められて、彼らに都合の悪い論文は公表の機会を失うでしょう。さしあたり、私の「註釈憲法1『上諭』を読んで」（日本法学六七巻四号）なんかは日の目を見ないよ。

［小針］　あれは発禁物ですよ。審査制になると、みんなペケですよ。審査制というのは殺し文句ですから。日本は、やはりそういう点でいうと権威主義に弱いのではないですか。

［菅野］　弱い、極めて権威主義だ。情けない話だと思う。「自ら反《カエ》りみて縮《ナオ》くんば、千万人といえども吾往《ユ》かん」、そういう気概がない。もちろん私もそれほどの気概ないけどね。それでも、自分の職務となると義務意識が出たらしく大学紛争のときは勇気があるみたいに見られました。

［小針］　自分のいうべきことは率直にいうという信条、これは菅野先生がいつも説いているところですよ。それでも、私はロック等には触れられなかったのだけど。

■定義について

［菅野］　話が大分脱線したけど抵抗権の問題に戻すとすると、宮沢先生も二〇歳代から抵抗権というものに興味をもって、二〇歳代の終わりに「抵抗権史上に於けるジョン・ロックの地位」というのを発表した。これはきわめて完成されたもので、若いのにあれだけ完成された論文が書けたのだから、本当に才人だと思う。また三〇代の初期に「法の義務づけよう」を書き、これらを踏まえて総まとめとして戦後、有斐閣の法律学全集の『憲法Ⅱ』の中で四〇頁以上も使って抵抗権を色々な角度から論じられた。それを読んで刺激を受けたわけです。非常に知的な刺激を与える、そういう意味では良い論文です。

ただ、読んでいて、やはりおかしいなと感じました。一体どこがおかしいのだろうと思っていたら、結局、宮沢先生の抵抗権の定義なのです。

宮沢先生の定義は、さきに紹介したように「合法的に成立している法律上の義務をそれ以外のなんらかの義務を根拠として否認するも正当とする主張」ですけど、また別なところでは、「国の命令と個人の良心の命令が衝突した場合に、個人の良心の命令に従う権利、それが抵抗権だ」、そうとれる言い方をしている。はたして他の人たちは、抵抗権という言葉で宮沢先生と同じような内容の権利を理解しているのかどうかという点に、疑問をもったわけです。

宮沢先生は、抵抗権の実定法化の一例として、ドイツのヘッセン州憲法を挙げているのです。ヘッセン州憲法一四七条、「違憲に行使された公権力に対する抵抗は、各人の権利であるとともに義務である」です。これと宮沢先生が頭においている抵抗権は、果たして一致しているのかどうかというと、どうも一致しないのです。宮沢先生の抵抗権の本質は、実定法以外の秩序を根拠として実定法上の義務の履行を拒否するのを正当とする主張ですが、カール・ハイランド（K. Heyland）の解説によると、ヘッセン州憲法一四七条は、憲法擁護のために、それと共に憲法に定着せしめられた基本権擁護のために、各人に違憲に行使された公権力に対する抵抗の権利と同時に義務を認めたものです。

だけど宮沢先生のそれは、憲法擁護のための抵抗の権利ではなくて、実定法秩序以外の秩序擁護のための抵抗の権利ですから、ヘッセン州憲法の定める抵抗権と違うのです（参照、『抵抗権論』三〇六頁）。

［小針］ それを宮沢先生は否定しているのでしょう。

［菅野］ 正確には宮沢先生自身が定義した抵抗権の存在を否定するのです。

そこでどちらの抵抗権の定義、つまりヘッセン州憲法が念頭においている抵抗権、あるいは結城さんとかいろいろな人が抵抗権について論じていますが、彼らが頭においている抵抗権と、宮沢先生が考えている抵抗権は同じなのかどうかということを問題にしました。

抵抗権を定義するとき、私は二つの前提を置きました。

第一は、抵抗権というのは一般の人権とは性格が違う。人権宣言を担保するという意味をもつ特殊な権利だということ。

第二に、違憲の権力行使に対しては抵抗権を持ち出すまでもない。例えば信教の自由を侵害するような国家権力の行使に対して抵抗するには、信教の自由を保障している憲法二〇条を使えばいいわけで、抵抗権を格別持ち出す必要はない。

そういう前提をおいて私なりに抵抗権というものを定義すると、公権力による憲法的秩序、この憲法的秩序の中核をなすのが人権保障ですが、公権力による憲法的秩序の破壊、デストラクション（destruction）を妨げるため、それ自体としては有効な国家行為への受忍服従を拒否する権利、宮沢流にいうと、それ自体としては（an sich）合法的に成立している法律上の義務の履行を拒否する権利、というふうに抵抗権を定義したらどうだろうかと考えました。

公権力による憲法的秩序の破壊を阻止するために、それだけを切り離してみると合憲・合法的に成立している法律上の義務の履行を拒否する権利、もっと有り体《テイ》に言えば、憲法的秩序擁護のために違法な行動をする権利、そういう風に抵抗権というものを定義してみたらどうだろうかと考えました。

■抵抗権の定義として適当なものはどれか

［菅野］　宮沢先生の抵抗権の定義と私の抵抗権の定義、どちらも定義ですから真理値がないので、どちらが真とか偽とかということはいえないのですが、どちらの定義が適当かという問題は残ります。適当かどうかは、前にもいったように、私は抵抗権という言葉がこれまでどういう意味で使われてきたのか、また、現に使われているのか、それによって決まる、「記号説明」から著しくかけ離れるような定義は不適当で、「記号説明」に合致するか、ないしそれに近い定義は適当である、というふうに考えるわけです。

その問題についてはいちばん最初に書いた論文「抵抗権論についての若干の考察」（『国権』、『抵抗権論』所収）でも既にこの点に触れまして、定義に際して考慮されるべき語の用例という点からみると、少なくとも「抵抗権」という言葉が歴史的意味の憲法、理想的意味の憲法に登場してくる限りでは、憲法的秩序擁護のための抵抗の権利という意味においてだと述べました（参照、『国権』二七六―二七七頁、『抵抗権論』三〇七頁）。

ヘッセン州憲法、ブレーメン州憲法はもとよりのこと、フランスの人権宣言にしましても、そこでいう圧政への抵抗というのは、人権宣言を中核とする理想的意味の憲法を無視もしくは破壊するような国家権力への抵抗を意味するものと見ます。一定の世界観の客観的な表現としての人権宣言とは無関係に、圧政かどうかの判断が全く個人の主観に任されて、それへの抵抗を権利として承認したものとは考えられません。

たとえば、この規定がロイヤリストの反革命行為をも正当化し得るとみるのは、ナンセンス以外のなにものでもないし、そもそも宮沢先生自身が、抵抗権を人権宣言の担保として論じている、つまり、抵抗権が従来、理想的意味の憲法、歴史的意味の憲法の保障のための一つの手段として考えられていたという事実を、宮沢先生も暗黙裡に承認しているのです。

とすれば、抵抗権の問題を歴史的意味の憲法擁護の問題から完全に切り離して、実定法秩序と各個人の良心の矛盾衝突の問題として捉えて、抵抗権を以て必然的に個人的、そして主観的な性格をもつ各人の良心、（良心については参照、『抵抗権論』一一頁註（6））の命ずるところに従う権利というふうにみるのは、言葉の定義に際して考慮しなければいけないその言葉のこれまでの用例に反するものであって、そこから宮沢先生の抵抗権の定義は不適当だという結論に達しました。

■「抵抗権」で宮沢先生が論じようとしたこと

［小針］　結局、抵抗権をもって守るべきは、「人権宣言（保障）」ということになりますね。宮沢先生は抵抗権によって何を語ろうとしたのですかね。この点、先生はどうお考えですか。

［菅野］　その点についていえば、宮沢先生はいったい抵抗権というタイトルで何を論じようとしたのか

ということを検討し、結局、宮沢先生は抵抗権論というタイトルで、人間は自分が所属する国家に対してより忠たるべきか、それとも、自分が所属している部分社会の方に、より忠誠を捧げるべきか、そういう問題を実は論じたのではないかと指摘しました。

宮沢先生は少なくとも『憲法Ⅱ』では価値相対主義の立場に立っているので、その辺をはっきりさせていません。最終的には各人の良心によって決めろという言い方をしている。けれども、良心に従って行動すべきだとはいわない。もし、良心にしたがって行動すべきだと主張したら、宮沢先生自身、価値相対主義を放棄することになる。その人間が所属している部分社会、例えばジャーナリズム社会の規範に普遍妥当性を認めることになるから、そういうことはいえない。各場合において各人がそれぞれの責任において決めるべきだ、という言い方になってしまう。価値相対主義に立脚すれば、それはそれでいいのですが。

■価値相対主義と良心の問題

［菅野］　ところで「良心」というのはいったい何のか、これがまた一つの問題なのです。清水幾太郎氏は次のように述べています。

「良心という言葉はとかくある個人の心の奥にある孤独なものを思わせますが、しかし伝統的学説によれば、万人の内部にひそんでいるもの、万人共有のものということになってしまいます。また、最近の学説によれば、ある社会に久しく行われてきた道徳的規範が人びとの内部に沈殿し、結晶したものということになります」（『戦後を疑う』講談社文庫、五八頁）。

良心は英語ではコンシェンスでしょう。conscience のもとの意味は com-（共に）-scire（知る）だから、伝統的良心観の説明はきわめて適切です。ただ私が注目し共感するのは「最近の学説によると、ある社会に久しく行われてきた道徳規範が人々の内部に沈殿し結晶したものということになります」と述べている箇所です。

私は、清水幾太郎氏と全く独立に宮沢批判の中で良心については次のように述べました。

「仮にもし『神の言葉に拘束された良心』、あるいはより広く『神の秩序に拘束された良心』といったものがあるとすれば、そうした良心とは、実は、真正の、自然法の主観的発現形態に他ならないから、かかる良心によって反価値的と評価される法に由来する『義務』の履行は、当然拒否されるべきだ。良心の方に従うべきだということになるであろう。

しかし、神と共に真正の自然法を否定する立場に立つならば、良心と呼ばれるものは、その本体においては、個々人の意識に内面化し定着化したところの部分社会の規範にすぎず、いかなる社会規範も普遍妥当性をもつものではないのだから、その主観的発現形態としての『内の声』を実定法秩序に特に優越せしめる客観的根拠はないということになる。したがって学問的には、良心に従うべきだと主張することはできない」（『抵抗権論』三一八頁）。

良心というのは、善悪を判断する心の働きですね。善悪を判断する場合に、我々はなんらかの規範を物差しにして規範に適合したものを善、反するものを悪という風に判断している。その規範というのは、その人が幼少時から受けた教育であるとか、育った環境であるとか、その人が現に加入している職能団体とか、そういうものによって正しいとしていつの間にかその人の心の中に注入され定着した規範、それを物差しにして善悪判断をするわけです。その意味で、良心の本体はその人間が正しいとして選び取った規範だといえます。

国の命令に従うべきか、それとも良心の命令に従うべきかということは、法律に従うべきか、それとも自分がいろいろな原因、とくに一定の団体（例えば、宗教団体とかジャーナリズム社会）に所属することで正しいとして選び取った規範の命令に従うべきか、という問題になるわけです。だけど、価値相対主義の立場に立てば、つまり絶対的な正義規範はないという立場に立つならば、国の命令だって、自分が選びとった規範だって、絶対的な正義の表現ではないのですから、学問的には、どちらに従うべきだという結論は出てこない。自分自身の責任で選びとるしかないということになります。

■ジョン・ロックの抵抗権概念

［小針］　つまり、良心の問題は、今述べたような意味で抵抗権の問題と密接に関係をもつわけですね。

［菅野］　そうです。ところで宮沢抵抗権論の根本は、宮沢先生の抵抗権の定義、抵抗権概念が適当かどうかという問題に還元されます。そこで今度は、それをはっきりさせるために、ジョン・ロックとホッブズをやったのです。J・ロックは代表的抵抗権論者とされています。これは宮沢先生自身、二〇歳代の終わりに「抵抗権史上に於けるジョン・ロックの地位」というのを書いているし、マルキスト法学者の平野義太郎氏も、抵抗権の代表的主張者はジョン・ロックだといってますから。あまねく認められているといってもよいでしょう。そこで、ジョン・ロック自身、「抵抗権（right of resisting）」という言葉で何を理解していたかということを探ってみようと考えたのです。

ただし、ジョン・ロック自身は、「ライト・オブ・レジスティング」という言葉を定義していません。したがって、ジョン・ロックの『政府論第二篇』（Second Treatise of Government）・『市民政府論』を全部読んで、そこからジョン・ロックの抵抗権概念を析出するというやり方をとるしかないので、五〇歳近くなって初めて『市民政府論』を精読したのです。ただし、なにしろ一七世紀の英語なので非常に読みにくい。そこで手抜きをしました。中央公論社から出た『世界の名著』に、学習院大学の宮川透教授が『統治論第二編』・『市民政府論』を翻訳しているのを利用したのです。悪いことに、ちょうど同じ時期に鵜飼信成先生が岩波文庫から『市民政府論』の翻訳を出していたのです。ところが私はあまり文献を探すことをしないたちなものだから、手元にたまたまあった中央公論社の『世界の名著』の宮川訳を一生懸命赤線を引いて読んで、そして自分なりにまとめました。

読むといっても、読むほうが何らかの仮説をもって読まないと成果があがりません。ジョン・ロックは個人主義者のプリンスだといわれていますので、ジョン・ロックは個人主義者であるという極めてありふれた仮説を立てて全編を通読して、私なりのロック像をつくりあげました。

これはホッブズをやったときも同じですが、私のジョン・ロックやホッブズの本の読み方は、それについての常識的な知識はもっていますが、彼らの著書の背景にある歴史を殆ど考慮に容れないで、専らテキストを丁寧に読む。もちろん、『市民政府論』の翻訳だけを読んだわけではなくて、訳ではっきりしないところがあれば原文を参照して自分なりに解釈して読みましたが、ロックに限っていうと予想外に成果があがったのです。ロックを読む前に蓄積していた国家学や法哲学の知識が役立ったのは、言うまでもありません。

■ロック『市民政府論』の精読から得たもの

【小針】 菅野先生は、抵抗権の源流に遡ろうとしたわけですね。それが、ジョン・ロックだったわけです。彼のテキストの精読から何を得ましたか。

【菅野】 まず、「社会契約論」とは何か。社会契約論というのは、個人主義というものの正しさを前提にしたうえで、本来的には主権者である個人に対し、国家は何に基づいて個人支配の正当性を主張できるのかという問いに答えようとした政治理論、つまり個人主義の立場に立てば、個人は本来の主権者、最高の権威の持ち主であるという結論になる。ところが現実には国家が個人を支配している、これは事実であって誰も否定できない。問題は、何を根拠に国家は個人を支配する正当性、権利をもつことができるのかということであり、この問題に対して答えようとしたのが「社会契約論」と呼ばれる政治理論だと考えました。

社会契約論者は、社会契約を通じてあらかじめ表明された国家支配に服従するについての個人のコンセントのみが個人に対する国家の支配の正当性を根拠づける、と答えるのです。

これはあとで知ったのですが、フランスのルネ・カピタンも社会的契約論について同じような考えでした。やはり個人主義から社会契約論というのは出ているというので、私の社会契約論の捉え方と殆ど同じです（cf. René Capitant, Écrits Constitutionels, p. 34）。

次に「自然的自由」。自然状態において、人は自由かつ平等であるという命題、これの分析をやりました。私の見るところでは、結局、自然状態における自由と自然状態における平等というのは同じ意味、どちらも、自然状態においては、何びとも他人を支配する権利もなければ、他人の命令に服従する義務も存在しない、という趣旨なのです。つまり、自然状態にあっては人間相互間に正当な支配・服従の関係は存在しないという意味なのです。それを、人間は自然状態において自由かつ平等であるといっているのですから、ここにいう自由と平等というのは全く同じ意味で、自然状態においては、各人は規範的な意味で独立だ、つまり、自然状態にあっては各人は主権者であるというのが彼のいわんとするところだという、類書には見当たらない結論に到達しました。

当たり前といえば当たり前なのです。けれども普通、自由と平等というのは違うのだ、対立するのだ、自由と平等が両立するという人は嘘つきだといわれていますが、少なくともジョン・ロックに関していうならば、自然状態における自由と平等というのは全く同じ意味であって、規範的意味での独立に他なりません。それが一つの収穫でした。

[小針]　そこでプロパティの問題が出てくるのでしょう。

■自然状態における自由とプロパティの一部としての自由

[菅野]　さらに「自然状態における自由」(natural liberty) と「プロパティの一部としての自由」というのを、皆混同しているのでないか、という疑問にぶつかりました。どのロックの解説書あるいは社会契約論の解説本をみても、自然状態においては人間は完全に自由だった。しかし、その自由というのは、人間の生存であるとかそういうものにとって却って不便なので、自由の若干部分を放棄することによって社会というものをつくった、そのように解説しています。

しかし私が先に述べたような意味に自然状態での人間の自由 (natural liberty) を理解するならば社会契約を結ぶことによって、自然状態における自由、つまり人間相互間には正当な支配・服従関係は存在しないという意味での自由は一〇〇%手放すことになる。社会契約によって国家をつくれば、国家機関の権限内の命令には服従する義務が当然発生しますから、人間相互間に正当な支配・服従関係が存在しないという意味での自由 (natural liberty) は、社会契約を結んだとたんに一〇〇%放棄してしまうということになってしまうはずです。

しかし他方、ロックは広い意味のプロパティ、生命・自由・財産の三者の保全が社会契約締結の目的・

国家の任務だと言っています。ここにいう自由は「自然状態における人間の自由」・自然的自由の一部だというのが通説ですが、賛成できません。彼は法の目的に関連づけて「自由」についての次のように述べています。「法の目的は……自由を保持拡大するにある。……自由とは他人による拘束および暴力から自由 free であること［免れていること］であるが、それは法のないところにはあり得ない」（『市民的政府論』五七節）。この場合の法は自然法を実効性あるものとするため定立される実定法、立法者の意志である法を指すのは明白です。とすれば「法の目的」を「国家の任務」、社会契約締結の目的と読み替え可能ということになります。これが可能とすると、五七節でいう自由は「プロパティの一部としての自由」ということになり、その自由とは（自然法違反の）「他人による拘束および暴力から免れていること」だ、ということになるでしょう。立法者は人間なのですから、この意味の自由は正当な支配・服従関係の不在、規範的意味での独立を指す自然的自由ではあり得ません。よって私は、ロックにあっては自然的自由とプロパティの一部としての自由は同義でない、と解釈します。

だから、本来ならばジョン・ロックは、自然状態における自由とプロパティの一部としての自由を別な言葉で表現しなければいけないのに、必ずしもそうしていません。強いていうと、「自然状態における自由」のことをフリーダム（freedom）という語、そして「プロパティの一部としての自由」をリバティ（liberty）という言葉で表現していることが多いけれども、一貫していません（参照、『抵抗権論』四八頁註（5））。私はロックは自由という言葉を二義的に使用していると見ます。

■自然状態と自然法

［菅野］　それから「自然状態」。これもまた曲者ですが、自然状態などというのは歴史的に存在しなか

ったという批判に対して、ジョン・ロックは、いや、それはやはりあったんだ。現に国際社会をみてごらん。国際社会は自然状態じゃないか、といっている。

そしてまたジョン・ロックは自然状態を規律する自然法について語るのですが、その内容は、要約してしまえば、正当防衛もしくは自然法違反者に対する処罰の場合を除くならば、何びとも他人の「生命・自由・財産（プロパティ）」を侵してはいけない、ということになります。ジョン・ロックにあっては、自然法というのは神の意思であると同時に理性なのです。人間の場合と異なり神にあっては意思と理性とは同一です（参照、『抵抗権論』三九頁註（11））。

■ロックにおける自然法の三形態

［菅野］　一般に今その内容を紹介したのがロックの自然法といわれるのですが、私はこれは行為規範の性格を持つ自然法だと見て、これを第一次自然法と名づけました。

しかし、自然法はこれに尽きるかというと、決してそうではない。例えば、人を殺したる者は殺さるべし、「血を流す者は、人、その血を流さん」、というのは『自然の大法（the great Law of Nature）』である、殺人に対する制裁は死刑だということをジョン・ロックは明記しています（参照、『抵抗権論』四一頁、二五一―二五二頁）。だから、強制規範の性格をもつ自然法というものも、ジョン・ロックは考えていたことになります。私はこれを第二次自然法と名づけました。

さらには、「自然状態においては、各人は裁判官であると同時に執行官である」とロックはいっています。これは、組織規範・権限規範としての自然法の存在を認めていることを意味します。これを第三次自然法と呼ぶことにします。そうすると、一般に人はロックの自然法というと、行為規範としての自然法だけを考えるけれど、強制規範の性格をもつ自然法、組織規範の性格をもつ自然法と三種類の自然法の存在をジョン・ロックは認めているということになります。彼は、三種類の自然法によって規律されている社会を自然状態と呼んでいるのであって、自然状態は法のない状態ではなく、実定法のない状態です。

彼は、戦争状態と自然状態を区別しています。ホッブズの場合だと、自然状態イコール戦争状態ですが、ロックは違います。彼は人間は理性的存在だということを一方で認める。つまり、一種の性善説をとりますが、他方では、人間は誘惑に弱いということを認めますから、自分に都合が悪いと自然法違反の行為でも平気でやるという弱さをもっている、だから、放置すれば自然状態はすぐ戦争状態に転化するという考え方です。

そこでプロパティ、つまり各人の生命・自由・財産を確実に守る必要上、各人が相互に契約を結ぶ。その契約が社会契約（original compact）で、その結果出てくるのが、コモンウェルス（commonwealth）、国家だということになる。但し、社会契約を締結してすぐさま出てくるコモンウェルスは、統治機構が未定のままのコモンウェルスで、社会契約の締結者中の多数派（majority）が、誰が立法権をもつのかを決める。

そして多数派は、一人の人間に立法権を信託することもあれば、少数の人間に立法権を信託することもあれば、多数派自らが立法権を行使することもある。それに従って、君主制、寡頭制、民主制という区別が出てくると彼は説いています（参照、『抵抗権論』四〇―四二頁）。

［小針］　要するに、ロックのいう自然法は一つではなく、行為規範・強制規範・組織規範の三種類から成るということですね。

また、ロックにあっては、自然状態と戦争状態とは異なるものの、ホッブズではまさに、自然状態即ち戦争状態ということで、同じ自然状態とはいってもかなり違いますね。この点は注意が必要だと思います。

■ロックの「信託」概念

［菅野］　では、「信託」とは一体何か。日本国憲法も「信託」という言葉を使っていますが、私が見るところでは彼のいう「信託」は公法上の授権と変わりがない。信託というのはもちろん法概念ですが、「ジョン・ロックが信託という場合には政治的な意味で使っている」とゴフ（Goagh）はいっています。

ゴフの説明を参照しながら私なりにロックの「信託」という言葉の意味を分析すると、政治的意味での信託というのは、為政者の権力は彼らに固有のものではなく、また彼らの私益に仕えるものであってはならない。公益に奉仕するよう、それを行使する責任が常に伴っているということを意味するもの、政治権力は、法の領域での受託者の義務に類似する真の道義的責任を含むということを表現するための言葉と見られるので、国民による立法権であるとか執行権の信託とは、憲法制定権力の担い手としての国民による憲法制定を媒介としての立法権や執行権の授権と本質は何ら異ならないと思います。

というのは、公法上の権限が一定の資格者に与えられるのは、その人々の利益の保護のためではなくて、共同社会の利益の保護のためなのですから、ロックのいう信託は公法上の授権と何も違いがありません。信託というと日本人には馴染みにくいのですが、日本国憲法でいっている信託を公法上の授権と言い換えればすっきりするのでないでしょうか（参照『抵抗権論』五八頁註（3））。

■ロックの「抵抗権」概念と宮沢先生の「抵抗権」概念

［菅野］　このようにロックの議論を分析していきますと、ロックの考える抵抗権というのは――彼は抵

抗権について相当の頁数を割いていますが――要約すると、私が『抵抗権論とロック、ホッブズ』の中で書きましたように、第一次自然法が、つまり他人のプロパティを侵害すべからずという行為規範の性格を持つ自然法が実効性をもつための、そして自然法に基づくプロパティ、これを私は「自然権」と翻訳したのですが、自然法に基づく自然権擁護のための抵抗の権利をジョン・ロックは「抵抗権」（right of resisting）という言葉で理解していたとの結論に達しました（参照『抵抗権論』三六―三七頁、四頁）。

今度は、これと宮沢先生の抵抗権の定義と対比するわけですが、宮沢先生は「合法的に成立している法律上の義務を法以外のなんらかの秩序に由来する義務を根拠として否認することを正当とする主張」と定義しています。しかし、「法以外のなんらかの秩序」の内容は一切示していない。そうしますと、法秩序は個人主義を基本原理としていて「法以外のなんらかの秩序」はそれと正反対の考え方、たとえば全体主義を基本原理としているという場合でも、宮沢流の抵抗権について語ることができるということになってしまう。法以外の何らかの秩序の内容を特定していないからです。

そこで、個人主義を基本原理としている日本国憲法に由来する法律上の義務の履行を、日本国憲法と正反対の考え方を基本原理としている秩序に由来する義務を根拠に、日本国憲法に基づく法義務の履行を拒否するのも、宮沢先生のいう意味での抵抗権の行使だということになってしまう。

例えば戦前の例ですが、二・二六事件の前触れとなった相沢中佐の永田鉄山刺殺事件。あれは切ったのではなくて刺したのです。厚い軍服を着ていたから切れないので刺した。それで相沢は親指を傷つけている。剣道五段だったそうだけど、所詮道場剣道だったのですね。余談になりましたが、相沢の犯行は相沢なりの良心の命ずるところに従って永田鉄山を殺害したわけで、宮沢流にいうと抵抗権の行使となってしまう。これは、抵抗権という言葉のこれまでの使い方とは非常に違うといわざるを得ません。

［小針］　宮沢先生がいっている「法律上の義務」というのは、実定法だけ考えているのですかね。

［菅野］　そうですね。

［小針］　それと異なるというと超実定法ないしは、たとえば道徳だとか。

［菅野］　そういうものでしょうね。それも、その内容が特定していない。たとえばそれがジョン・ロックの考えるような内容の自然法であれば話は別ですが、宮沢先生の場合は全くの白紙なのです。

［小針］　自然状態云々の議論が出てきましたが、自然状態の存否とか、自然状態というのは万人に対する万人の戦いだとか平和状態だとかいろいろ言われるけれど、それはフィクションであって何らかのイデオロギーでないですか。一つの社会契約論を導き出すための道具立てでないですか。

［菅野］　フィクションとばかりとは言い切れない所もあります。例えば、内乱状態は自然状態で、ホッブズの最も恐れたものです。ホッブズもロックも国際社会は自然状態だといっています。ホッブズは自然状態を定義して「すべての者が畏怖する共通の権力を持たぬまま人々が生活する期間（time）」（『リヴァイアサン』マクファーソン版、一八五頁）と述べています。現代の国際社会もホッブズのいう自然状態のさなかに在るのは眼前の事実です。前国家的自然状態についていうならば、君の言う通りでしょう。人類が自然状態に在ったことなど歴史的に証明されていないとか、人間はその身体構造からして一人で生存するのは不可能でありポリス的動物（Zoon Politikon、ゾーオン・ポリティコン）なのだから、個々人が自発的に契約を締結して国家をつくったなぞというのは全くの空想にすぎない、といった批判は勿論当たっていますが、社会契約論と対を成す自然状態論を根底から批判しようとすれば個人主義批判になるでしょう。

■社会契約論と個人主義の世界観——国家の正当化について

〔小針〕　そこのところだと思います。社会契約論についていえば、個々人はいつどこでそんな契約を取り結んだのか、といった疑問や批判が投げかけられます。今の先生の説明からすると、社会契約論というのは歴史的な事実問題というよりか、要するに個人主義という一つのイデオロギーの表明なのだ、したがって社会契約論の正非を争うなら個人主義という世界観を問題にすべきである、こういうことになろうかと思われます。したがって、社会契約論の批判は、とどのつまりは個人主義的世界観の批判に還元されるのではないですか。

〔菅野〕　君の意見に賛成です。もともと社会契約論は、国家がどのような歴史的プロセスを経て出現したのかを問題にしたものではありません。つまり「事実問題（quaestio facti）」に答えようとしたのではありません。

〔小針〕　国家の正当化論の問題。

〔菅野〕　そう思います。国家は如何なる根拠に基づいて、本来の主権者である個人に対する自分の支配の正当性、支配の権利をもつのかという問題、「権利問題（quaestio juris）」に答えようとしたのが社会契約論です。注意しなければならないのは、社会契約論は個人は元来の主権者だという考え、個人主義の正しさを認め、これに立脚している、ということです。そのため、社会契約論への批判は個人主義への批判にならねばなりません（参照『抵抗権論』二五頁）。

〔小針〕　実質憲法というのは国家の統治機構の基本法というとらえ方をすると、憲法典の構成で統治機構が最初にきて、権利宣言はあとにくるというのが筋論だと思うのです。ところが菅野先生の社会契約説からすると、なんのために統治機構があるのか、それは個人権を守るためであるということになる、そうすると逆転する。権利宣言が先にきて統治機構の部が後にくる、近代憲法のこうした仕組みは個人主義的世界観というものを考慮に容れることによって、非常に分かりやすくなってくる。

憲法的秩序、その中心となるのが人権規定である。この憲法的秩序の破壊を防止するために、それ自体として合法的に成立している法律上の義務を履行しない権利、これが菅野先生の抵抗権の定義ですね。その場合に、「それ自体として合法的に成立している」というここの部分が、一方は公権力というのは憲法を破壊しようとしているわけでしょう。破壊するために公権力は行使されようとしているのだけど、そのとき、はたしてそれ自体として合法的に成立している義務というのはあり得るのでしょうか。

[菅野] それはあるでしょう。例えば、殺人罪の規定とか公務執行妨害罪の規定、これらの規定自体が合憲・合法であるのは疑いありません。したがって、これらの規定で課せられた「人を殺してはならない義務」、「暴行、脅迫を用いて公務の執行を妨害しない義務」といったものは、それ自体として見るならば、合法的に成立している法律上の義務ということになります。憲法的秩序の破壊を阻止するため、敢えて合法的に成立している法律上の義務に反して行動するのを正当化する、つまり、そうした行為の違法性を阻却するのが抵抗権だと考えます。ドイツのR・ヘルツォークは、Theodor Maunz = Günter Dürig = Roman Herzog の『基本法コメンタール（Grundgesetz Kommentar）』（第二巻第四版第一四分冊、一九七六年所収）の中で、ボン基本法二〇条四項（抵抗権規定）は極限状況（Extremfälle）に備えたものであって、ここにいう抵抗（Widerstand）は平常時の法秩序よりすると許されない行為だといってます（Vgl. a.a.O. Satz 20, S.114f.）。

[小針] 「それ自体としては有効な国家行為」というのは、外見的にみれば合法的だけれども、最終的な法的判断によれば違憲無効な行為、したがって国家行為、すなわち語の厳格な意味での公務執行行為ではなく、単なる違憲な事実行為というふうにはならないのですかね。

[菅野] そうではないでしょう。抵抗権が発動の許される状況であっても、依然として殺人罪の刑法の

規定は有効で、この規定によって課せられた「人を殺してはならない義務」は合憲・合法の義務ですが、殺人が憲法的秩序擁護のため已むを得なかったと認められるときに限って、抵抗権規定によってその殺人行為の違法性が阻却される、と見るのが自然です。殺人が、正当防衛権の行使と認められる状況で行われたからといって、殺人罪についての刑法の規定が無効となるわけではなくて、「人を殺してはならない義務」の不履行の違法性が阻却される、つまり正当化されるのと、このことは同様です。違法性阻却事由を定める刑法の規定——例えばわが国の刑法の三五条・三六条・三七条——や従来の刑法理論を以てしては違法性が阻却できないような行為を正当化するところに、抵抗権論もしくは抵抗権規定の実際的意味があると考えます。

■正当防衛のアナロジーとしての抵抗権

［小針］　構成要件該当性、違法性、そして有責性、この三つを備えて初めて犯罪が成立し可罰的になるとされますが、抵抗権規定は違法性を阻却する点で、例えば正当防衛の規定と類似するという考えですか。

［菅野］　確かに正当防衛とのアナロジーで抵抗権というものが考えられてきています。もっとも刑法の正当防衛の規定から、直接抵抗権を導き出している学説は知りません。

［小針］　少なくとも正当防衛……。

［菅野］　従来、正当防衛とのアナロジーで抵抗権というのは考えられてきている。だけど、あくまでもアナロジーです。

ドイツの学者は抵抗権について、たとえばGGの二〇条四項に関して、ハンス・ヴェルツェル（H. Welzel）は、二〇条四項が規定する抵抗権を正当防衛に類似する政治的権利といっています。ベルトラム

（K. F. Bertram）という人は、正当化事由としての抵抗権は、刑事法の領域での例えば正当防衛のような正当化事由と異なるところがない、行為者は形式的な法律抵触にもかかわらず、その行為が抵抗権の行使に必要である限り加罰的でない、と述べています。また、バウアー（F. Bauer）という人は、抵抗は正当防衛の特殊な場合であって、抵抗が第三者のために行われるときは、緊急救助である、と述べている。みんな、正当防衛とのアナロジーで抵抗権というものを考えているわけです（参照『抵抗権論』一四四頁）。

■マイヤー＝タッシュと新たなホッブズ像

［菅野］ところが、抵抗権論に最も対立するのはトマス・ホッブズの政治理論だと思われていたのに、一九六五年、ドイツのマイヤー＝タッシュ（P. C. Mayer=Tasch）が『ホッブズと抵抗権（Thomas Hobbes and das Widerstandsrecht）』（この本の全訳は木鐸社から三吉敏博・初宿正典両名の共訳で一九七六年に公刊されました）を出し、これまでと全く異なったホッブズ像を提示しました。

何しろホッブズは抵抗権のみならず、暴力革命の権利まで認めているというのですから、注目されるのは当然で、ドイツの学界での毀誉褒貶さまざまでした。ドイツの学界の動向に敏感な日本では佐々木高雄さんがマイヤー＝タッシュのこの本を詳細に紹介し検討した論文（青山学院大学法学論集一三巻二号、三号。のちに『抵抗権論』学陽書房、一九八七年所収）を発表し、福田歓一氏はマイヤー＝タッシュ説を否定的に評価する論文を国家学会雑誌九〇巻九・一〇号に公表しました。一九六七年に宮沢抵抗権論の批判を発表し、さらにその裏づけとして一九七七年にJ・ロックの抵抗権概念を究明した論文を公表した私は、マイヤー＝タッシュ説を坐視できず、その当否を自分で判断せざるを得なくなりました。

ロックのときと違い、ホッブズの政治理論の分析・検討ということになると、『法学綱要（The Elements

of Law)』、『国民論（De Cive)』、『リヴァイアサン（Leviathan)』、その他少なくとも二つの論文に眼を通さねばなりません。幸い研究費でモールズワース（W. Molesworth）編のホッブズの English Works と Opera Latina を購入することができ、心もとない英語読解力と更にもっと怪しいラテン語の読解力を使って解読に努める傍ら、ウォーリンダー（H. Warrender）、シュトラウス（L. Strauss）のホッブズ解釈を読み、正当防衛、緊急避難等に限定してのことですが内外の刑法学の書物や論文を読んで、五年ほどかけてマイヤー＝タッシュ批判をまとめることができました。「ホッブズの抵抗権?-」（法学四六巻二号、一九八二年、『抵抗権論』所収）が、それです。刑法の専門家がどう評価するか分かりませんが、私としては精一杯やったつもりです。

■私のマイヤー＝タッシュ説批判の概要

【小針】　今度は、マイヤー＝タッシュですか。彼の説くところは、どういうものですか。

【菅野】　マイヤー＝タッシュはホッブズの「臣民の自由（Liberty of Subjects)」論から、臣民は抵抗権、それどころでなく暴力革命の権利までもつとホッブズは考えていたという結論を引き出しています。私のマイヤー＝タッシュ説批判は要約すると、「臣民の自由」はドイツ刑法の免責緊急避難に類似し、これまで正当防衛とのアナロジーで考えられてきた抵抗権と全くその性質を異にし、「臣民の自由」を抵抗権と呼称するのは、抵抗権概念の不当な――というより有害な――拡大をもたらし、抵抗権を巡る論議をますます混乱させるだけで百害あって一利ない、まして、ホッブズが臣民に暴力革命の権利を認めていたという解釈は論外だということです。

分説しますと、正当防衛は不正な侵害に対し自己又は他人の正当な利益を守る行為ですから「不正対正」

の関係だといえます。緊急避難は自己もしくは他人の正当な利益を守るために他者の正当な利益を侵害するのですから、その関係は「正対正」ということになります。もっとも緊急避難は正当緊急避難と免責緊急避難に二分されます。わが国の刑法三七条一項の定めるそれは、避難行為によって守られる利益が避難行為によって害される利益と同等かそれ以上であること、そして広く他人の法益のための避難をも認めているところから、正当緊急避難を定めた規定、違法阻却事由を定めたものというのが通説です。しかし他方、有力な少数説として「生命対生命」、「身体対身体」の場合に限っては、その何れかを救うための緊急避難は免責緊急避難であって、責任阻却事由を定めたものだという二分説があります。ドイツ刑法は二分説を採って、正当緊急避難と免責緊急避難とを別々の条文、三四条と三五条で規定しています。

ドイツ刑法三五条一項前段は、「生命、身体もしくは自由に対し他に避ける方法のない現在の危難が生じた場合、自己、近親者もしくは親密な他人からこの危難を避けるため違法に行動するものは有責でない」と定めています。免責緊急避難の好例は「カルネアデスの板」ですね。海難事故で海に放り出された二人が、一人の体重を支える浮力しかない一枚の板の取りあいをして、一方が他方を殺しても殺害者は有責でないので犯罪にならない、殺害行為は違法だけれども人間の自己保存の本能を考慮すると、その殺害行為には非難不可能なので有責性を欠くから可罰的でないという考えの喩えです。ホッブズの場合、社会契約によって主権者の行為は凡て正しいと臣民によって予め認められているので、主権者の行為は、それが何であれ、臣民に対する関係では不正ではない。「国王は悪を為し得ず（King can do no wrong）」です。しかし他方、ホッブズは一定の場合、臣民が主権者に服従しなくとも不正でないことを認めています。例えば、自殺せよという命令、両親を自分の手で処刑せよという命令、そうした主権者の命令に臣民が服従しなくとも不正ではないといっています。これが「臣民の自由」です。このような場合、何故、臣民の主権者への不服従が不正でないのかというと、人間の自己保存の本能、骨肉の情愛を考慮すると、こうした主権者の命令に従うのを臣民に期待するのは不可能、一般に、「何びとも不可能事に拘束されない（no mann is bound to impossibilities）」からだ、というのがホッブズの考えに由来すると私は解します（参照、『抵抗権論』一五一―一六一頁）。

したがって、「臣民の自由」の範囲内で彼が主権者の命令に従わなくとも不正でない、つまり正ということになる。他方、主権者のどんな行為も臣民に対する関係では、社会契約（original pact）によって正と認められる。そこで主権者と「臣民の自由」の範囲内でこれに抵抗する（服従を拒否する）臣民とは「正対正」の関係に立ちます。しかも、この場合、臣民の抵抗が正とされるのは、主権者の、先にあげたような命令に従うことは、通常人に対し期待できないので臣民の責任が問えないという考え方に由来するのですから、「臣民の自由」と免責緊急避難との類似性は否定できないと私は思います。

■「臣民の自由」と抵抗権の違い

【小針】　マイヤ＝タッシュの解するホッブズの抵抗権、そのキーワードは、どうも「臣民の自由」にありそうですね。それと「抵抗権」とはどのような関係に立つのでしょうか。先生はドイツ刑法学も援用されておりますが。

【菅野】「臣民の自由」と抵抗権との違いは、次のことを想起すると判然とします。

正式の裁判で合憲の法律の適用の結果、死刑の判決が下された囚人が看守を殺害して逃亡を企てた場合、その囚人の行為は「臣民の自由」に属しますが、抵抗権の行使とは、少なくとも法律家なら、誰も言わないでしょう。他方、ミサイル迎撃システム開発のため法律で目的税を設け課税したとき、納税を拒否するのは断じて「臣民の自由」ではありません。

「臣民の自由」の性格を明らかにするためホッブズの刑罰論を読んでみましたが、副産物がありました。彼は「国家の敵」と臣民、「敵対行為」と刑罰とを峻別することで、ここから「罪刑法定主義」に類似する考えをうち出しています。「国家の敵」・「自分自身の行為によって臣民になっておきながら、故意に反逆し主権を否認する者」に対してはホッブズは情け容赦全くありません。彼の「罪刑法定主義」は、「国家の敵」への加害行為である「敵対行為（an act of hostility）」と区別される「刑罰（punishment）」・「人々の意思をより良く服従に向かわしめるため、公権威によって法侵犯と判断される作為・不作為の主体に対し同一公権威によって加えられる害悪」にのみ係わるものです。「国家の敵」の場合は父の罪を子にむくいて三、四代に及ぼしても自然法に反しない、とすらいっています。ところが刑罰ということになると、臣民に法を守らせるための威嚇だから、法の定める刑罰より重い刑を法侵犯者に科するのは刑罰の本質に反し、加重された部分は敵対行為になる、法が禁止する以前に為された行為を理由として加えられる害悪は刑罰ではなくて敵対行為だ、法が軽い刑罰を定めているとき、それより重い刑を科するのは自然法違反だ、とホッブズは述べています。ここからC・シュミットは、フォイエルバハの「法律なくして刑罰なく犯罪なし（nulla poena nullum crimen sine lege）」は「ホッブズによって創出された法諸概念の一適用例にすぎず」、「この定式は言語表現に至るまで決定的にホッブズに遡る」と断言しています。

しかし、ホッブズは「国家の敵」の問題は別としても、慣習刑法を否定せず、また罰則をもたぬ法の侵犯者に対しては主権者はどのような刑罰をも科し得るといっていますから、シュミットのホッブズ解釈に賛成できません。いかなる行為が犯罪であり、その行為者にどのような刑罰が加えられるべきかは、予め成文法によって規定されていなければならないというのが罪刑法定主義だとするならば、ホッブズの刑罰論はこれに類似するというに止まり、一致するものではありません。しかし、罪刑法定主義の先駆者とはいえるでしょう（参照『抵抗権論』一四八―四九頁、一五一―七六頁）。

【小針】 それにしても、この理由づけが面白いですね。父の罪が三、四代の子孫にまで及ぶ、それは「国家の敵」だからだという理由づけが。

【菅野】 ホッブズにとって国家は死ぬことができる神（mortal God）なのです。モーゼの十戒にこんな言葉があります。「我エホバ汝の神は妬《ネタ》む神なれば我を悪《ニク》むものにむかひては父の罪を子にむくい三四《サンヨ》代におよぼし……」（出エジプト記二〇・五）、これが先に引いたホッブズの言葉の出典です。地上の神である「国家の敵」は国家の戦争権（jus belli）の発動、国家の敵対行為を誘発することになるのです。彼自身、「国家の敵」と通常の犯罪者との峻別をどこまで貫徹したかは疑問ですが、長尾龍一さんとホッブズ解釈を巡って論争したとき、ホッブズは確信犯を「国家の敵」と見ていたのでないかと読めるような論じ方を長尾さんはしていましたが、私の考えは違います。ホッブズの時代でも決闘は法によって禁止されていましたが、決闘する連中も一般的には主権者の権威を認めていたのですから「国家の敵」ではありません。ダルタニアン――フランス人なので例として少々具合が悪いのですが――を「国家の敵」と思う人は居ないでしょう。

【小針】「国家の敵」と「確信犯」とはレベルが違うのではないですか。「国家の敵」とは、主権者の権威を否定する者なのでしょう。

【菅野】 私もそう思います。麻原は青山に命じて「基本法」をつくらせている。冗談でつくらせたんだと本人はいっているらしいけど、ホッブズの眼から見たら彼なぞ完全な「国家の敵」ですね。「国家の敵」と普通の犯罪者との区別は、ホッブズの刑法理論のなかで重要な地位を占めているのは注目に値します。

この区別から罪刑法定主義に近い考えを引き出したり、応報刑論を斥け、一種の教育刑論を採っていると見られるからです（参照『抵抗権論』一四八―一四九頁）

違法性の問題か有責性の問題か

［小針］　加罰性のところで切ってしまうか、もっと違法性のところまで遡って切ってしまうか、一つ問題があると思うのですが。

［菅野］　いや、「臣民の自由」の場合は違法性阻却の場合ではない。完全に免責の問題、非難可能性がないという問題です。戦争の場合、傭兵ではなくて徴兵された人間の場合ですが、臆病で敵前逃亡しても不名誉なだけで不正ではないと言っています（参照『抵抗権論』一六〇―一六一頁、二四一頁）。敵前逃亡が違法なのは当然ですから、ここで不正でないといっているのは免責されるという意味だと解するしかありません。親の処刑を命じられても、それに従わなくとも不正ではないし、自殺を命じられて、それに従わなくとも不正でないし、死刑囚が脱獄のために看守を殺害しても不正ではない、つまり、こうした行為は「臣民の自由」だというのですから、「臣民の自由」は行為の違法性を問題にしているのではなくて、違法行為者の動機に着目して、非難可能性がない、有責性がないという意味で「不正」でない、と評価したものと考えます（参照、前掲書一六二―一六三頁）。

［小針］　死刑の執行に従順に従えというのは一般人に期待できないわけですから、期待可能性という点からして、脱獄逃走は抵抗権ではなく「臣民の自由」ということですかね。

今のお話をちょっと整理してみますと。こういうことになるのではないでしょうか。つまり、抵抗権は正当防衛のアナロジーで理解可能であり、違法阻却事由の問題である。他方、「臣民の自由」は免責緊急避難のアナロジーで理解可能であって、免責事由の問題である。そして、臣民の自由の背景にあるのは「期待可能性の理論」、そして更に根底にあるのは「何びとも不可能事に拘束されない」という考え方、だと。

【菅野】その通りです。その点をマイヤ＝タッシュは見落としている。ホッブズは「臣民の自由」を認めることで抵抗権を認めた、暴力革命の権利まで認めたと彼がいっているのは、彼の抵抗権概念の不明確さに加えてのホッブズの誤読としか思えません。ただ注意しなければならないのは、「臣民の自由」の範囲内の行為であっても、それを理由に主権者はその臣民を処罰できるのであって、「臣民の自由」は主権者の権力行使を制限するものではない、ということです。ドイツ刑法の免責緊急避難に該当する違法な行為者は有責性がないので処罰の対象になりませんが、「臣民の自由」の範囲内で主権者の命令に服従しなかった者は、神の前で罪人とされない、というに止まります。現代人から見れば「臣民の自由論」は全く無意味に見えるでしょうが、一七世紀のキリスト教徒にとっては充分意味をもつ理論だったと思われます。

「臣民の自由」は免責緊急避難に類似していると主張しているのは、私の知る限りでは、私一人です。独創的なホッブズ解釈なのか、それともとんでもない私の思い違いなのか分かりませんが、今のところ、私の所論に「大体において」賛成すると公に表明しているのは小林直樹さん一人です。わが国の政治思想史専門の方々の「臣民の自由」についての解説、何がいいたいのか、不敏にして全く分かりません。

【小針】今のお話しは刑法学の知識がないと解けないと思う。政治学の手法だけでは説明が無理だからじゃないのですか。

【菅野】政治思想史を専門にしている人たちも法学部出身なのだから、法哲学や刑法総論が頭に残っていていいはずなのに、と思います。私のようなメタユリストでさえ、いくらか知っているのだから。

［小針］　菅野先生は、十分、私など知らないことも知っていますよ。
［菅野］　とんでもない。実定法学者としては君の方が遙かに上です。ところで Routeledge から Critical Assessments of Leading Political Philosophers という叢書が出ています。そのなかに Preston King が編集した『ホッブズ』全四巻が含まれています。ホッブズの政治理論の様々な問題点を検討・批判する論文を集めたもので、英、独、仏、伊の学者の論文が収められていますが、不思議なのは、正面から「臣民の自由」を取り上げ論じているのが一本も見当たらないことです。ホッブズの『リヴァイアサン』の第二一章の題名は、'Of the Liberty of Subjects' なのですから、独立して検討するに値すると思うのですが、見当たりません。マイヤ＝タッシュの『ホッブズと抵抗権』はあまり褒められた代物ではありませんが、問題提起としては充分評価できます。
［小針］　それは刑法学の基礎分野に係わる問題ではないですか。
［菅野］　文献に昏いので確かなこと言えませんが、刑法学者の論文にも見当たりません。もっとも、ただ私が知らないだけかも知れませんが。

■抵抗権論と英米法系の犯罪論

［小針］　そういう視点でホッブスを見直せば、私は英米法系の犯罪論というのもけっこう奥行きが深いなと思いますね。みんなドイツ刑法ばかりやっているようだけど、欧州大陸の連中はそれなりにイギリスとかなにか勉強して、自分なりのものを体系化してまとめているように思いますが。
かのモンテスキューしかりでしょう。彼もイギリスに行って実態をみて、その時代のイギリスとはどうも違うようですが、セパラシオン・デ・プヴァワール（séparation des pouvoirs）、すなわち権力分立を説いた

わけでしょう。なるほど理論化は大陸かもしれませんが、もともとの政治実践はイギリスなどで行われていたといえるわけです。だから、イギリスというのはあながち捨てられませんね。

それから罪刑法定主義で私が悩んでいるのは、構成要件と刑罰の双方とも成文法で決めることを要求しているのか、それともコモン・ローで定めることを認めるのか、この辺がはっきりしないことです。

【菅野】構成要件と刑罰の双方、成文法で決めることを要求しているのでしょうね。法律なくして刑罰なく犯罪なし、ですから。また、日本の学界の罪刑法定主義の理解からするとコモン・ローによる処罰は罪刑法定主義に反するというのでないでしょうか。英米法に昏いので、私も自信ありません。

【小針】やはり成文法で定めなければだめなのでしょう。

【菅野】そうでしょうね。

【小針】ところが、コモン・ロー上の犯罪というのはあるのではないですか。

【菅野】だから、イギリスは罪刑法定主義の国とは厳密にはいえない。

【小針】いえないのですが、罪刑法定主義というときに、イギリスも取り込んで説明される場合もあるようです。私は成文法ということでいっているのだけど、コモン・ローまで入れてしまうと、さて、今後、どう罪刑法定主義を説明するか、というところで迷うところがあるのです。

【菅野】コモン・ローは慣習法だからね。

【小針】議会が制定する一般的な法律で、と私はいっているのですが、そういう言い方をしていいのかなと。

【菅野】日本の場合、それで良いのでないですか。ここでホッブズの話に戻ると、私の目に付いた範囲では白井駿という刑法学者が若いとき、北海道学園大学の雑誌に『ホッブズの犯罪及び刑罰観』という論

文出しています。
そのなかでホッブズの刑罰観を論じて、彼の考えには期待可能性の理論に通ずるところがあるが、彼の場合は人道主義的観点から期待可能性論類似の結論に達したのでないから、ホッブズを期待可能性の理論の先駆者と見ることができないと書いている。しかし、私はホッブズを期待可能性の理論の先駆者と見て良いと思う。ホッブズの倫理学・法学の根底には「何びとも不可能事に拘束されない（no man is bound to impossibilities)」という考えがある。他方、期待可能性の理論の代表者の一人のフロイデンタール（B. Freudental）の「理論のライトモティーフは『不可能事は義務ではない（impossbilium nulla est obligatio)』という原則を貫徹するにある」と佐伯千仭先生は述べている（『刑法における期待可能性の理論』有斐閣、一九八五年、八七頁）。とすると、ホッブズをこの理論の先駆者と見る私の見解は、さほど見当違いと思えません。「何びとも不可能事に拘束されない」という考えが彼の倫理思想・法思想の根底にあり、それに、自己保存の本能とか骨肉の情愛を考慮すれば、主権者の命令を遵守することを通常人にとうてい期待できな

い事柄があるという考えが結びついて出来たのが「臣民の自由」論だと考えます。図式化すると、こんな風になるのでないでしょうか（前頁参照）。

【小針】期待可能性、自己保存の本能、これが「臣民の自由論」のキー・ワードですね。

【菅野】自己保存の本能とか骨肉の情愛を考慮に入れるならば、臣民に主権者の命令に従うことを期待するのは不可能である。そういう考え方に基づいたのが「臣民の自由」で、現代の刑法でいう免責緊急避難に類似するというのが私の主張です（参照、『抵抗権論』一六三―一六四頁、一七三頁註(29)）。

【小針】刑法でいう免責緊急避難だとか、菅野先生は立派な実定法学者ですね。

【菅野】そんなことないよ。これを書いているとき、なんで「免責緊急避難」という言葉を思いついたのか忘れてしまった。なんか思い出したのだな。

【小針】今の刑法学者だって、こういうところまで考えていないのでしょう。ホッブスが罪刑法定主義の先駆者だということすら、あまり知られていないでしょう。

【菅野】確かに、そうなのです。大野真義著『罪刑法定主義』（世界思想社、一九八〇年）は三二〇頁の大冊ですが、ホッブズの名前は二、三カ所出てくるだけ、罪刑法定主義との関係は論じていない。H・L・シュライバー（Schreiber）というドイツの刑法学者は、「罪刑法定主義の歴史的展開（Zur geschichtlichen Entwicklung des Satzes nullum crimen, nulla poena sine lege）」という副題のついた『法律と裁判官（Gesetz und Richter）』（一九七六年）でホッブズと罪刑法定主義の関係を論じています（Vgl. a. a. O.; S. 39 ff.）。拙論公表後その存在を知って一読してみましたが、あまり感心しませんでした、私の方がまだしもだと自惚れています（参照『抵抗権論』一四八頁註(7)）。

【小針】意外に読み落としているかもしれないし、あまりにも当たり前だとなってくると、今度は掘り下げないで、ただ表面をなぞるところがある。
私なども自分のテキストをもってきたのですが、なぜ罪刑法定主義なのか、なぜ過去に遡れないのか、あとは、その時点において適用されていたよりも、加重した刑罰を科してはなぜいけないのか、それに敵対行為というもう一つのキーワード、それを入れるともっとわかりやすくなるのですね。

［菅野］　案外、古典というのは、ほっくり返してみると、今に通ずるような考え方が色々あって面白いですね。

［小針］　これは、一般法学、アルゲマイネ・レヒツレーレ（Allgemeine Rechtslehre）みたいなものでしょう。罪刑法定主義は一見、ドイツからきているようにみえたのだけれど、ホッブスが、それと類似の考え方をうち出している、今に通ずる罪刑法定主義の始原的な形態が現れているというのは大変興味があります。

だから、刑法学をやる若い人たちも一度、ホッブスの『リヴァイアサン』に目を通して「臣民の自由」が、免責事由なのか違法性阻却事由なのか、それは犯罪論の体系論の問題として出てくるわけだから、これは検討した方がいいと思うのです。「正対正」の問題、あるいは「不正対正」の問題ということでね。ここまで話を深めてやってみないと、裁判書や、訴状をどう書いたらいいかとか、あとは弁護士が作成する文書をうまく書くとか、そればかりやっていたら、日本の法学はどこへいくんだろうね、という心配はありますね。

三　学問の進歩

■法学教育のこれから

［小針］　だから、こういう一見空疎にみえますが、どっこい奥の深い議論を、一体、法学部のどういうところでどんな形でやっていくのか、あるいはほんとうにこういうものは捨ててしまっていいのか、今回のこの対談集、「菅野喜八郎独白録」としてもいいですけど、それで整理して後世に伝承すべきだと思いますね。ロー・スクールをつくって、三〇〇〇人の修習生もいいけれど、なんでこういう議論をしないのかな。

［菅野］　論語の中に「滔々《トウトウ》タルハ天下皆是ナリ。而シテ誰カ以テ是ヲ易《カ》エン」、というのがあり、これは孔子を批判した隠者の言葉だけれど、今の情勢をみていると、「滔々《トウトウ》タルハ天下皆是ナリ」で、どうしようもないという感じがします。でもやはり、誰かが一所懸命考えたようなことは、いつかはまた問題になって考える人が出てくるでしょう。しばらくは実務家の時代が続くだろうと思うけど。

［小針］　伝承というか、おこがましいけど、いわば私は媒介者ですね。これから、どこまでやれるか分からないです。力量不足の問題もあるから。

私と菅野先生は二一歳違います。私と二一歳違うというのは今だと三一歳になるのです。そういう人たちがまさに若手の研究者ということで、これから頑張っていってもらわなければいけない。その人たちに私は伝えたいのです。だが、私に務まるかどうかという迷いもあったけど、でも頑張ってやってみるかということもあって、今回こういう仕儀になったのですが、うまく伝わっていくでしょうか。

［菅野］　今のところをみていると、これから東北大の公法研究室もだいぶ変わるようだね。

［小針］　私のひがみでしょうかね、みんな憲法訴訟論みたいな感じがしますが。私はその中身はよくわからないけれども、審査基準論だとかの議論が先行してしまって。

先生がご在職なさっていたときに、私などは語学力が弱くて、ドイツ語などもやったけど、ああいうトレーニングを積んでいるか積んでいないかというのは、後々の自分の学問的な基礎、グルント（Grund）というか、それをどう構築していけるか、そこが違ってくると思うのです。

［菅野］ドイツの一流の法学者の書物を原語で読むというのは、語学力云々の問題だけではなくて、自分の論理的思考力を鍛える有効な手段なのだけど、東北大の法学部の大学院は、こと憲法学については英語かフランス語一ヵ国語だけですむという風に変わったらしい。問題ですね。

自分がやっていることの根底に何があるかということを考えたり、学説史（Dogmengeschichte）をやってみようかという奇特な人が出てきて、それが増えるのには、だいぶ時間がかかりそうだけれど、それを望みます。

■八月革命説をめぐるその後の議論の展開

［菅野］ところで、もう一つ、宮沢批判の大事な問題、八月革命説についてここで触れておきたいと思います。

八月革命説は、出たときから反対論がありました。特に佐々木先生は、これは直接宮沢先生を批判したわけではないのですが、鵜飼先生による、佐々木先生の『日本国憲法論』についての書評に対して答えることで、間接的に八月革命説を批判しています。あと、河村又介先生は真っ向から宮沢批判をし、宮沢先生はそれに答えています。

［小針］河村先生は、最高裁判所の裁判官になった方で、東北大学の国法学の講座を担当し、後に九州大学の憲法講座担当に転じ、憲法問題調査会の委員をなさった方ですね。

【菅野】 そうです。河村先生は新憲法体系の『新憲法と民主主義』（憲法普及会編、昭和二三年）の中で八月革命説を批判しています。

ところがだいぶ前のことですが、長尾さんが八月革命説は、主権が天皇から国民ではなくてマッカーサーに移ったのに、国民に移ったといっているのはおかしいという批判をしました。そのあと、今度は江藤淳氏が八月革命説を取り上げて問題にしました。江藤淳氏の場合は比較的、宮沢先生に対し好意的で、あれは占領軍の圧力に屈して、心ならずも唱えたのだろうと推測しています。ところが小堀桂一郎氏になると悪意むき出しで、占領軍に迎合して、自分の憲法学界の第一人者としての地位を守るために宮沢は八月革命説を唱えたのだと非難しています。

そんなことがあったあと、樋口陽一さんが、一九八一年の日本法哲学会で「日本憲法学における『科学』と『思想』」と題する研究報告を行いました。その中で、彼は八月革命説の擁護論を展開しています。ただ、これは奇妙な研究報告で、八月革命説の問題と、彼のいわゆる批判的峻別論とを一括して論じているのですが、この二つがどういう風に結びつくのか今以て私は全然わからないから、樋口さんの八月革命説の擁護論と、彼の批判的峻別論を別々の論稿で検討・批判しました。これらは見ようによっては樋口批判の形を取っての宮沢批判です。

樋口さんによると、八月革命説は、日本国憲法の条約優位説に依拠しているとのことです。樋口さんの文章は実は良く理解できないのです。まるでウナギをつかまえるような感じで、しっぽをつかませまい、なにか批判されたらスルリと逃げようとしているところが多分にあると思いました。一文を引用してみましょう。

「私はなにより、宮沢教授は占領による国の主権の喪失という問題を決して単純に見すごしたのではない、ということにご注意を促したいと考えます。例えばコンメンタール『日本国憲法』は、日本は降伏の結果、ここにいう意味の〈主権〉(独立)を失い、非主権国となり、その統治権は連合国最高司令官の権力に従属させられた、と明記しております。少なくともこの点では、認識者としての立場は徹底しております。

ところで、宮沢教授は、国際法と国内法の関係についての解釈学説としてはいわゆる一元論をとり、国家主権ないし国家の立法権（いわゆる憲法制定権をも含めて）を国家法秩序の最終的根拠とみるのは正しくないとし、憲法と条約の関係についても日本国憲法の基本にしている徹底した国際主義の立場から条約優位説をとることがおそらく正当と述べております。

このようにみてくると、宮沢教授が理念的、原理的に政治の権力の源泉が国民に由来するとする建前をもって国民主権という場合にも、意識的に常に国際法上の制約を初めからかぶったものとしての国民主権を考えていたとみることができましょう。

そうだとすると、八月革命説が国家主権が失われた状況のもとでも国民主権の成立が可能と考えた。だから、天皇主権から国民主権（マッカーサー主権ではなく）への転換があったとしたからといって、それはただちに実践的必要のために認識それ自体をゆがめたことにはならないといえるはずでありましょう」(「日本憲法学における『科学』と『思想』」一九八一年法哲学年報五頁)。

何をいおうとしているのかよく分かりませんが、要するに八月革命説を宮沢先生が首唱したときに、日本国憲法の解釈学説としての条約優位説を踏まえているのだから、ポツダム宣言を受諾することによって天皇主権から国民主権に移ったと説くのは、認識をゆがめたことにはならないという趣旨のようです。

■科学学説と解釈学説

【小針】 八月革命説が認識をゆがめたことにならないというのであれば、八月革命説を科学学説としてとらえていることになりますね。

【菅野】 私もそう思った。ところが彼は、八月革命説というのは科学学説であると同時に解釈学説でもあるというのです（参照「『八月革命説』理解の視点」国家学会雑誌九七巻五＝六号一〇三頁、一〇四頁）。

【小針】 それは成り立たないでしょう。

【菅野】 それが成り立たないということは私にとって余りに自明だったので、初めは、まさかそこまでは主張していないと想定して「八月革命説覚書」を書いたのです。

【小針】 科学学説と解釈学説をきちっと分けるといったのは、当の宮沢先生なんですよ。

【菅野】 私は彼の主張を好意的に理解したのです。ポツダム宣言の受諾が天皇主権の否定を意味したという点では科学学説だけど、ポツダム宣言の受諾が国民主権主義を確立したという点では解釈学説だというのが、樋口さんのいいたいことだと思ったのです。但し、その辺は曖昧なので、もし私の理解が間違っていたら、改めて筆をとって再批判すると断って、「八月革命説覚書」を書きました（『続・国権』所収）。

「八月革命説覚書」で第一に指摘したのは、樋口さんは、八月革命説を正当化するために、日本国憲法の解釈学説の条約優位説を持ち出しているのはおかしいのではないか、八月革命説が提唱された時点では日本国憲法は成立していないのだから、まして昭和二〇年八月の段階では影も形もないのだから、日本国憲法の解釈学説によって「八月革命」を理論的に根拠づけられるはずはないということです。私は八月革命説は、いかなる国の憲法の解釈学説でもない、ラジカル（radical）な国際法優位一元論を理論的な前提としてもっていると考えます。

■国際法優位一元論と憲法改正限界論

［小針］　その点は重要ですので、もう少し詳しく説明をお願いします。

［菅野］　ラジカルな国際法優位の一元論というのは何かというと、国際法と国内法の関係は、硬性憲法とそのもとに成立する法律の関係に等しいという学説です。硬性憲法に反する法律は無効となるように、国際法に反する国内法は無効だ、という説です。こうした学説を、フェアドロス（A. Verdroß）はラジカルな国際法優位一元論と呼んだのですが、ラジカルな国際法優位一元論を宮沢先生は八月革命説の根底に据えたのではないかと考えました。

つまり、ポツダム宣言は国際法である。そして宮沢先生の解釈によると、ポツダム宣言は日本に対して国民主権主義の採用を要求した。ところが、日本の国内法である明治憲法の根本建前は天皇主権主義です。そこでポツダム宣言を受諾したとたんに、天皇主権主義が効力を失って、国民主権主義が確立したというのが八月革命説です。だから、八月革命説はラジカルな国際法優位の一元論を理論的前提としてもっていると私は見たわけです。

八月革命説のもう一つの前提、それは、宮沢先生自身が認めているように、憲法改正限界論です。国体規定、明治憲法第一条と第四条は、たとえ明治憲法七三条の定める憲法改正手続によるも変更不可能という学説が戦前の日本の学界の通説です。天皇主権から国民主権主義に変わるということは明治憲法の改正の限界を超えての憲法改変、明治憲法が予想もしなかったような国家体制の変革なのだから、法的意味での革命だというわけです。しかし、ラジカルな国際法優位の一元論と憲法改正限界論というのは、はたして両立できるかどうか、それ自体疑問ですが、私の見るところでは、宮沢先生の八月革命説は、ラジカルな国際法優位の一元論と、明治憲法の改正限界論を踏まえてのポツダム宣言及びバーンズ回答の解釈学説だということを、樋口さんの八月革命説擁護論を批判しながら論述したのが「八月革命説覚書」です。

これに対して、彼は国家学会雑誌で、「『八月革命説』理解の視点――学説の『両面機能性』・補説」という論文で反論しました。その中で、自分はポツダム宣言が天皇主権を否定したという側面においても、また国民主権主義を確立したという側面においても、どちらの側面においても科学学説であると同時に解釈学説だと主張しているのであって、これが学説の両面機能性という自分の考えなのだと述べているのです（参照、「『八月革命説』理解の視点」前掲誌一〇四頁）。

これには私も驚いて、だいぶ長い再批判をしました。樋口さんの文章は曖昧なので、そのまま引用しましょう。

「私は、科学学説と解釈学説の二分論を前提したうえで、法的概念ないしそれを用いた命題が科学学説の場面と同時に解釈学説の場面でも働きを演ずるという意味での両面機能性をもつという見地に立つ」、「これを八月革命説にあてはめると、両面機能性は八月革命によって天皇主権が否定されたと説く側面と、国民主権が成立したと説く側面と、それぞれについて問題になるのである」（前掲論文・前掲誌一〇三頁、一〇四頁）。

つまり、どちらの「側面」も科学学説であると同時に解釈学説だと主張しているのです。

■学説の「両面機能性」とは

【小針】私には全く、理解できない主張ですが、先生はどう応じられたのですか。

【菅野】そこで私は、まず「機能する」とはどういう意味なのかということを問題にしました。「機能する」というのは「である」というのと違うのか、それとも同じなのか。八月革命説はその「二側面」、

「二側面」というのは、天皇主権否定の「側面」と国民主権の確立という「側面」を指します。「側面」という言葉は嫌いですが、彼が使っているからここでそのまま使うのです。八月革命説はその「二側面」とも科学学説であると同時に解釈学説でもあるという趣旨なのか、それを裏づけるような彼の文章もありますが、そう解していいのかと反問しました。そう解して良いとすると、八月革命説は科学学説であると同時に解釈学説でもあるということになり、彼の主張は宮沢先生の「二分論」と真向から衝突します

この再批判に対して樋口教授は、「自分ははたらきを演ずる」とか「機能をする」と述べたので、「である」といった覚えはないという風に反論するかもしれないと思い、彼の反論を先取りして、「よろしい、では次に科学学説の機能、解釈学説の機能がなんであるかを検討してみよう」と追求しました。

命題として見るならば、科学学説は言明・認識命題です。解釈学説というのは、法の意味はこうあるべきだという当為命題・価値命題ですね。言明の「機能」というのは、他者の知に働きかけて何かを知らせることです。それに対して当為命題・価値命題の「機能」というのは、他者の意思に働きかけてその他者の意思を規定することです。

とするならば、学説の両面機能性というのは、法律学の学説は実定法に関して何かを人びとに知らしめると同時に、法権威に働きかけて新しい法の成立を促すという主張ということになります。そこで、法律学の学説は、法に関する認識であると同時に、新たな法の創設への働きかけでもあるという主張なのかと私は反問し、これでは樋口説は科学学説と解釈学説の二分論を前提しているどころか、似て非なるものではないのかと再批判しました（参照、『続・国権』一六八―一七三頁）。

それに対して、彼はガラッと論点を変えました。彼は『名古屋大学法政理論』一〇九号に「戦後憲法学と戦後批判の憲法学」という論文を寄稿しましたが、その中で私の批判に対して答えているといえるかど

うか分かりませんが、それに触れているのです。

公正を期し、そのまま引用しましょう。

「私がいおうとしたのは、つぎのようなごく簡単なことである。科学学説の場合、その命題は菅野教授のいうとおり、『言明、認識命題』であるが、その際、因果的説明を示すものと、規範記述を内容とするものが区別されなければならない。『国家学会雑誌』論文（一〇五頁）で明示的に述べておいたように、八月革命説が主権の所在をめぐる議論である以上、そこで問題としているのは規範の認識と記述の方であることはいうまでもない」と前置きしておいて、

「さて、私はひとつの法規範――成文であれ、不文であれ――が認識の対象となると同時に解釈の対象ともなる、と考える」（前掲誌三一六頁）。

そうすると、今度は学説ではなくて、一つの法規範が認識の対象となると同時に、解釈の対象にもなる、それが自分のいう学説の両面機能性論だというわけです。

［小針］　全然違うものではないですか。

［菅野］　全然違う。例えば、憲法第九条に関して、その制定過程とかいろいろなことについて科学学説を立てることは可能だ。それとまた同時に第九条の解釈学説も立てることが可能です、これはいうまでもない当たり前なことであって、これと、一つの法律学の学説が科学学説であると同時に解釈学説でもあるというのは、全然性質が違う。論点変更（metabasis eis allo genos）の好例といえるでしょう。

［小針］　だから、ケルゼンは概念の転換は論争の終わりだといっていたはずです。変わってしまったら、そこで論争は尽きるわけだから。

［菅野］　そこで私は『東北大学教養部紀要四五号』に「『学説の両面機能性』ということ」を寄稿し、

この新学説両面機能論を批判しましたが、論文の末尾に佐藤信夫『レトリック感覚』（講談社文庫）の一文を引用しました。

「文化とは記号の体系であり、記号を支えるものは約束と信用である。その点にかんする限り、言語のように心細いけれど大切な記号、貨幣のように頼もしいけれど味気ない記号もちがいはしない。行くたびにすっかり態度の豹変する床屋や、使うたびにすっかり意味の変わってしまうことばや、預けた金をおろさせてくれない銀行は、私たちの文化をおびやかすであろう」（前掲書二〇七—八頁）。

一九九四年に日本評論社から出た『近代憲法学にとっての論理と価値』八四頁で、彼は私の批判を全く無視して同じ主張をくりかえしています（参照、同書八四頁）。論点変更など平気なようです。その点小林直樹さんは知的廉直で好感がもてます。樋口さんは、自分で知的廉直を唱えながら知的廉直から最も遠くに位置していると思いました。

［小針］ もう一つ指摘しておきたいのですが、国際法・国内法相互間の一元論・二元論の問題と、それから条約優位説・憲法優位説の問題とはレベルの違った問題なはずではありませんか。つまり、一元論・二元論の問題、その中の一元論における国際法優位説・国内法優位説というのは、法秩序の妥当根拠の問題である。それに対して、憲法が優位するのか条約が優位するのかの問題、それは国内法のレベルにおける解釈問題、つまり小嶋先生流にいいますと、どちらが具体的事件に優先的に適用されるのか、という問題だから、これは一元論・二元論の問題とはレベルを異にします（小嶋先生は、条約適用承認説と条約適用否認説というように表現し、あくまでも国内法としての条約の適用可否の問題ととらえています）。これが、しばしば混同されるところがあるのです。

［菅野］ 多くの日本の憲法学者は法の妥当根拠を問う優位説と日本国憲法九八条の解釈学説としての優

位説とを混同しています（参照、「高見勝利『宮沢俊義の憲法学史的研究』を読んで」日本法学六六巻四号一三八―一四〇頁）。しかも、日本国憲法がまだできもしない時点で、日本国憲法の解釈学説の条約優位説を引っ張り出して八月革命説を弁護しようというのだから、とんでもない話です。しかも樋口さんには、私の批判をきちんと受けとめて、これに答えようとする姿勢がまるでない。

［小針］　いわれてみれば、八月一五日にはまだ日本国憲法はないですよね。昭和二一年三月六日、日本政府によって発表された「憲法改正草案要綱」の弁明として八月革命説がうちだされたのでしょうから。

■「批判的峻別論」をめぐって

［菅野］　私の批判が理解できないのか、それともまた別の理由によるのか分かりませんが、私の批判に少しも答えようとしないから、再批判のとき前に書いた論文からの引用が多くなって、尾吹に笑われたことを思い出します。

樋口さんは「日本憲法学における科学と思想」（一九八一年法哲学年報）の中で、「批判的峻別論」という、これまた極めて奇妙な議論を展開しました。

［小針］　「批判的峻別論」という言葉を聞くと、私などは碧海先生の説かれる「批判的合理主義」を思い起こすのですが、何か関係あるのですかね。

碧海先生は、「批判的合理主義」の代表としてポパーなどをあげ、それと現代の「論理経験主義」とに共通する最大公約数的な立場を「現代合理主義」と名づけているわけです。また、この立場こそ自己の基本的立場だと、先生ご自身、語られているわけですね。その根本的なテネット（tenet：主義・信条）として、いくつか列挙されており、その中で「知的廉直」にも触れておられます。

「批判的合理主義」についていえば、合理主義そのものの限界と倫理的前提との自覚（一九世紀型「科学主義」との峻別）という形で説明されております。そして、「批判的合理主義」は「無批判的合理主義」ないし「全面的《コンプレヘンシヴ》合理主義」から区別されます。後者については、自らの方法の限界に対する謙虚な自覚が欠如しており、たとえば合理的・「科学」的方法のみによっては倫理的価値判断の問題は解決できないと語られております。また、批判的合理主義者は、自らの立場がそれ自体一つの基本的な倫理的決断に依存するものであること、そしてこの決断そのものの妥当性は科学的な証明を越えたものであることを率直に認容するのだそうです。

それから、人間は合理的には行動しないという明白な事実こそ現代合理主義の出発点なのだ、とも説いておられますね。この事実認識はそれで良いと私も思いますが、ただこのことから人間が論理則を無視して不合理に思考しても構わないということまで、批判的合理主義が認めているとは考えられません。「批判的」という形容詞つきではあっても、あくまで「合理主義」である以上、それは許されないことです。ところで、「批判的峻別論」に立ち戻って考えてみると、それは一体どういうことになるのでしょうか。

〔菅野〕 ぼくは結論からいうと、彼の批判的峻別論というのは自己検閲のすすめだと考えます。「諸君、本当に日本国憲法を守りたいのであるならば、憲法改正論者を勢いづけるような事実を発見したり考えついたりしても、それを公表するな、たとえ公表する場合でも、その効果を和らげるようなコメントを必ずつけ加えろ」という、学問の自由に対する余計なお節介です。

それはともかく、彼の文章は相変わらず難解で要約して紹介できないので、そのまま引用します。

「科学と思想、認識と評価を峻別すべきであるという提言——以下、簡単にこれを峻別論と申します——は、それ自身、一つの選択の結果であり、したがってそれ自身、既に一つの思想の表明である。というのは、科学と思想、認識と評価が異質の人間行動であるということがいえたとしても、方法二元論の立場に立つ限り、そして峻別論はそのような立場に立っているはずです。そのような認識命題から、『だから両者を峻別すべきだ』という価値命題が自動的に出てくることはないはずだからであります」（「日本憲法学」における『科学』と『思想』」一九八一年法哲学年報七頁）。つまり、「認識と評価は違う。だから両者を峻別すべきである」という複合命題の場合、「認識と評価は違う」というのは認識命題・言明だ。したがって峻別論の立場からすると、そこから「両者を区別すべきだ」という当為命題・価値命題は出てくるはずはないというわけです（参照、『続・国権』二一六頁）。

小針　一見当為命題とみえるのが問題です。つまり、ここに登場する「区別すべき」の「べき」とは何かです。

菅野　いかにもそうです。ここでいう「べし」というのは、思考の規範である論理の要求を表現するものとしての「べし」なので、「国に忠たるべし」といった行為規範の「べし」とは性質が違うのです。「『批判的峻別論』偶感」中の私の文章を引用してみます。

「ここにいう、『べし（sollen）』は、人間の社会的行動の規範とは異なる思考の法則、論理の要求を表現するものである。認識（Erkennen）と評価（Beurteilen）、より正しくは言明と規範・当為命題が異なる。これを一般化すれば、SとPが異なると前提される限り、正しく思考しようとするならば、SとPとを峻別しなければならないというのが、『SとPは異なる、だから両者を峻別すべきだ』、という命題の趣旨なのである……。

SとPとは異なるとしながら、両者を異なるとしたのと同一観点に立ちつつ、SとPとを峻別せず、SとPが異なるということを否定すると、『Aかつ非Aであるということはない』とする矛盾律に反することになるので、論理はSとPとを峻別することを要求するのであって、この論理の要求を表現するものとして、『べし』という語が使用されているにすぎない」（『続・国権』二一七頁）。これが「批判的峻別論」に対する私の批判の中核です。

■強調のレトリックの「べし」と社会規範の「べし」のちがい

［小針］　先生、この「べし」についてもう少し立ち入ってご説明下さい。重要なポイントですから。

［菅野］　私が問題にしたのは、「認識と評価が違う」かどうかではありません。それはそれで、哲学上の大問題です。ちなみに私自身は両者は違うという考えに与みしていますが、ここでは、それは問題でありません。

認識と評価、これを一般化すると、SとPとは異なると前提した場合、「両者を峻別すべきだ」という結論が「自動的に」・論理必然的に出てくるかどうかが問題なのです。そして先の結論が当然生ずるはずだ、というのが私の主張です。

一方で「SとPは異なる」、同じことですが、「Sは非Pである」と認めておきながら、両者を峻別しないと、「SはPであると同時に非Pである」・「SはPであると共にPでない」という結論を引き出すことも可能になってしまう。これは明らかに矛盾律に反します。

普遍妥当性を持つ思考の規範である矛盾律が両者の峻別を要求する、その要求を表現するのが「両者を峻別すべし」にいう「べし」なのですから、社会的な広がりをもつ人間の意欲を表現する行為規範・社会規範の「べし」とは性質が違うのです。前者は物を正しく考えようとするならば必ず従わねばならぬという意味で普遍妥当性をもつ思考の規範の要求の表現であるのに反し、後者は相対的な存在である人間の意欲の表現にすぎないのですから、何びとも服従しなければならない正当性をもちません。服従するかどうかは、各人が自分の責任で決定できるものです。樋口さんは、この二つの「べし」の差異を見おとしたので、先に紹介したような説を提唱したのだ、と思います。端的にいってしまうと、「両者は峻別すべきである」という言い回しは「両者は異なる」という文章を強調するレトリック（文飾）にすぎません。こうしたレトリックが可能なのは、この場合の「べし」は矛盾律の要求の表現であることに由来します。ここにいう「べし」が強調のレトリックにすぎないことは、宮沢先生の次の文章、「……理論的認識は……実践的な意欲とは区別せらるべき精神作用……〔傍点菅野〕」（『法律学における学説』有斐閣、七九頁）からも分かるでしょう。

【小針】ですから、選択のレベルとして二つあると思うのです。存在と当為が異なるというふうにみるかどうか。そこで存在と当為は異なるという具合に一度選択したら、あとは論理則の問題なのです。「両者を峻別すべし」を当為命題と見て、そこでも選択が働くのだとしたところに、大きな致命的な問題があったのではないかと思います。

存在と当為が異なるかどうか、これを異なるとするのも一つの価値判断といえば価値判断かもしれません。しかし、両者が違うのだという立場をとったら、あとの流れは論理則に従って両者は区別されなければなりません。したがって、区別すべきであるということから、区別しなくてもいいということも選択できるというふうにもっていけるかといえば、もっていけないはずだけど、それを選択可能なものであるととらえたところに、致命的な論理的矛盾があるといわざるを得ないのではないですか。

【菅野】ぼくもそのように考えます。

【小針】だから、白と黒は違うんだと一旦認めてしまったら、当然、二つを区別しなければなりませんよね。白は黒であると同時に白だとはいえないはずです。

［菅野］　もっと端的にいってしまうと、そしてSとPという記号を使うと、「SとPは異なる」という文章と「SとPを区別すべきである」という文章とは実は同じことをいっているので、SとPを区別すべきだという言い回しは、SとPは異なるという言い回しの強調のレトリックなのです。なぜそういうレトリックが可能かというと、今述べたようにSとPが異なるということを認めた以上は、論理則が両者を区別することを要求しているので、「べきである」、という言い方を、強調のレトリックとして使うことが可能になるのです。

［小針］　とすれば、「べきである（sollen）」より「ねばならぬ（müssen）」といった方がいいのでしょうけどね。

［菅野］　この批判的峻別論の問題には、色々な人が首を突っ込んできました。蓮沼啓介、中村哲也、山内敏広の諸氏もね。純理論的には、これは言い回しに眩惑されたためのコップの中の嵐です。もっとも政治的なものとしてみれば少なからぬ意味がありますがね。一部の人々がこの論争の政治的意味をどう見ていたかを知るため、次の文章、引用します。

　右奥平の問題提起には解釈のみならず広く憲法学における認識と実践という問題も潜んでいるが、そのような基本的問題については、なおも樋口陽一の『批判的峻別論』を軸に議論が推移した。ここ数年耳目を集めているこの論戦には、今年も菅野喜八郎『八月革命説覚書後記』（法学四九・一）と樋口「『批判的峻別論』批判・考」（前掲・望月他編『法と法過程』）とが公にされている（なお、樋口「戦後憲法学と戦後批判の憲法学」Ⅲは長谷川正安の「八月革命説」批判を素材に樋口の方法論と長谷川の方法論との異同を探っている）が、後者の論稿は、菅野への反批判を起点としつつも従来の批判への総括的応答であり、樋口の立論がより鮮明になっている。樋口が原則としては結合論を拒否し方法二元論＝峻別論に立ちながら、認識・実践の両面でその付随的効果に配慮する方法が、峻別論をとる面々から峻別論の逸脱と批判されている論戦と思うが、『付随的効果への配慮』は、峻別論がかつて陥った歴史的陥穽に対する自覚的警戒のゆえであろうから、議論はまったく時代の反映でもあり、これの帰趨は憲法学の今後を占うといっても過言でない。余談ながら樋口陽一＝司馬遼太郎『対談／昭和の六〇年と日本人』（読売八六年四月二三日）が『在位六〇年奉祝』の政治的文脈の中でいかなる『付随的効果』をもたらしたかは検証を要すると思われるが、ともあれ憲法学の置かれた状況は、ことほど左様に単純ではなくなってきているのである（傍点、菅野）。

法律時報一九八六年一二月号「学界回顧」
執筆者（名古屋大学法学部教授）　森　英樹

【小針】論理は思考の規範だという場合の規範は、法や道徳のような規範とは違うのでしょう。

【菅野】違います。前にも言ったように論理・思考の規範は我々が正しく考えようとすれば絶対守らなければならない普遍妥当性をもちますが、法や道徳は「かくあれかし」という人間の意欲や願望の表明で普遍妥当性をもちません。

【小針】私などは自然法則に近いのではないかと思いますがね。

【菅野】自然法則とも違うのではないでしょうか。自然法則は言明の一種でないか、と思います。論理則は、自然法則を探求する自然科学をも含めての凡ての学問が、その妥当性を前提しなければならないものです（参照、M・ウェーバー著、尾高邦雄訳『職業としての学問』岩波文庫、四三―四四頁）。

■論理法則の性格について

［小針］ たとえば、法学入門などでは、法則は「必然の法則」と「当為の法則」に二分され、論理法則は当為の法則の一つとされておりますが、考えようによっては、論理法則が当為の法則である以上、一見それに従って思考してもしなくともいいように思われます。しかしながら、論理法則はそういう性格のものではない。思考が筋道だって行われなければならないとすれば、思考にとって論理法則はさながら自然法則のような存在ではないでしょうか。そうでないと、AはBでもあるし非Bでもあるということが矛盾なく語られる、ということになってしまい、およそ矛盾は存在しなくなるのではないでしょうか。

［菅野］ 君のような考え方も成り立ちそうですね。私もなおお考えてみます。

私の批判に対して、彼はまた一応反論しています。広中還暦記念論文集で『「批判的峻別論」、批判考』という表題の論文で。自分で「批判的峻別論」という造語をしておきながら『「批判的峻別論」、批判考』とはよくいえたものだと思うけども。

［小針］ そもそも「批判的峻別論」は菅野先生が唱えたわけではないでしょう。

［菅野］ 私がそんなものを唱えるはずないよね。そして、この論文の中で「観点を変えればSとPは同じだとも言えるし異なるとも言える」、と反論している。そんなことは『「批判的峻別論」偶感』のなかにちゃんと織り込んでいます。一般にはSとP、特殊的には認識と評価が異なるというとき、何らかの観点の下でそういっているのであって、両者を異なるとした観点を変更しない限り、その観点の下でSとPが異なるとした以上、両者を区別しなければならぬのは理の当然だということ、『続・国権』二一七―二一

九頁で私は書きました。例えば、「認識と評価が異なるということを認めるならば……両者を異なるとした同一観点の下では、認識と評価を峻別するのは思考の必然、推論の必然なのである〔傍点菅野〕」（前掲書二一八頁）。一酸化炭素と酸素が、気体かどうかという観点の下では両者は異ならないが、人体に及ぼす影響如何という観点ではまるで違う、こんな自明のことを私が見落として「批判的峻別論」の批判に踏み切った、と思う方が甘い。

【小針】　あとは、科学学説は認識的な役割も果たすとか実践的な意味をもつとか、そんなことを樋口先生は主張していたのではないですか。科学学説は認識に仕えると同時に実践的役割をもっているとか、そんなことじゃなかったかな。

【菅野】　彼のいわゆる「学説の両面機能性論」ですか。

【小針】　一つの学説のもっている二つの機能とかなんとかという。

【菅野】　「学説の両面機能性論」は宮沢先生の科学学説・解釈学説の二分論を否定する主張なら、成り立つ可能性あるかも知れないが。

【小針】　その二分論によりかかっていたはずですよ。

【菅野】　よりかかっていた。宮沢先生の二分説を前提にしていると自分でいっています（参照、『国家学会雑誌』九七巻五六号一〇三頁）。

【小針】　そこから出発しているのでしょう。

■学説公表の自由と自己検閲の勧め

【菅野】　彼の「批判的峻別論」の実践的狙いは自己検閲の勧めだというように私は断定しました。拙論を次に引用します。

「『科学と思想』中で樋口教授が御推奨になった批判的峻別論なるものは、『峻別論』が価値命題であることを前提として学説公表に伴う付随的効果が『論者にとって望ましくないものであるときは、そういう効果を抑制するための評価ないし実践的な態度の表明をおこなえ』と要求するものである。いわば自己検閲の勧めである。教授御自身、自説公表に際し自己検閲されるのは私の関知するところではないが、『批判的峻別論』は自己検閲の勧めに応じない研究者への非難攻撃を正当化する論拠に使われかねない危険性をもっている。私が、学説を公表するかどうかは研究者の権利の問題であって、『この権利を行使するか否かは本人の主体的な決断の問題である』と述べたのは、そのコンテクストから明らかなように、自己検閲の勧めに応じないことを非難し——何らかの形で——学説公表妨害の挙に出るのは、『学問の自由』を侵害することになり、妨害者は自分の『学問の自由』を主張する正当な資格を喪うことになるぞとの警告を意図としてのことである」

と述べ、そのあとケルゼンとジョージ・オーウェルを引用しておきました（参照『続・国権』二六二頁）。その後、日本評論社の勧めに応じて樋口さんが出した『現代憲法学における論理と価値』（一九九四年）に、既に公表した私への反論を、若干手直しして収録しています。「あとがき」で「……その多くは大幅に書きかえており、どちらにしても、ここで述べられていることは、現時点での筆者の考えである」と述べていますが、内容に殆ど変更はないし、私の批判にまともに答えようとしていません。さらに批判するのは無意味だと思ってやめました（参照『論争』二一七—二三〇頁）。

［小針］やっても同じではないですか。ご本人自身が前の主張とあとの主張にズレが出てきているわけだから。

要するに、現行憲法の擁護論なのですよ。つまり、主権の活性化を極度に樋口さんは嫌うのです。だから主権（憲法制定権力）を一旦使ってしまって、うまいことに明治憲法に比べれば自分にとってシンパシーを感じる憲法ができてしまった。だから、憲法制定権力は凍結しなければいけない。したがって、憲法制定権力という意味での主権の再構築ということは、樋口さんから言わせるときわめて否定的な消極的なスタンスで見ざるを得ないところがあるのではないでしょうか。

［菅野］　それと同工異曲なのは、芦部さんの『憲法制定権力』（有斐閣、一九八三年所収）の「憲法制定権力」という論文です。これは明らかに宮沢先生の「憲法名分論」の延長線上にあるのです。日本国憲法を絶対的道徳に仕立て上げようというのが見え見えなのです。その原型は宮沢先生の「憲法名分論」です。ところが面白いことに、『憲法制定権力』の中では、宮沢先生の「憲法名分論」も引用していなければ、先生が引用している戦後ラートブルフの文章も引用していない。しかし、タネはそこにあるのですね。芦部さんの『憲法制定権力』によると、根本規範は憲法改正権だけでなくて憲法制定権力も拘束する。それは宮沢先生の「憲法名分論」と同じです。基本的人権尊重の原理は、憲法の客観的に妥当する「名」であってその「名」に反する憲法は効力がない、芦部さんの憲法制定権力論はあの考えの変形です。樋口さんは憲法制定権力を凍結することで、同一事を達成しようとしたのでしょう。

宮沢先生の場合は、日本国憲法無効論をつぶすためという、まだ確信犯的なところがあるのではないかな。ところが、芦部さんの場合は正直に、あれは真理だと思い込んでいるのではないかという感じがします。宮沢先生は、何を書く場合でも体外離脱して一生懸命書いている自分を冷やかに見ているようなところがある。

■時が経てば私のやったことに興味を持つ人が出てくると信じています

［小針］もう一人の宮沢先生がですか、それがむしろ宮沢先生の本体なのではないでしょうか。

［菅野］そうかも知れません。芦部さんなどは正直者の方なのでしょうね。

法律学の将来の問題は先にいったようなことですね。暫くの間は仕様がないでしょう。前にも引きましたが私の好きな言葉に、「人間的なことは何事も自分に無縁とは思わない」というのがあります。時を経ればまた私がやったようなことに興味をもつ人が出てくると信じています。

［小針］出てくるかもしれないですよね。

［菅野］出てきますよ。私がカール・シュミットを読んだり、ケルゼンに熱中していたころは、私の同世代の殆どの憲法学者はやっていなかった。特にカール・シュミットはナチに協力したというので、死んだ犬同然の扱いで、ドイツ人でさえも、「ああ、あれはもう過去の人だよ」といって相手にしなかった。だけどその後、カール・シュミット研究がずいぶん世に出ている。そんなものです。

［小針］ルドルフ・スメントの流れがヘッセあたりによく出ているのですね。しかし、フォルストホーフとかマウンツといった人たちは、たしかシュミット派ではなかったかと思うのです。

［菅野］ベッケンフェルデは、はっきりそうですね。彼の『国民の憲法制定権力』という本、読んでみましたが、シュミットを超えたところは一つもない（参照、『論争』二三四―二四〇頁）。アリストテレス以来、われわれの学問は進歩しているのか退歩しているのか分かりません。

［小針］進歩しているかどうか、もちろん分からないですよ。

［菅野］美濃部先生や佐々木先生ほどの学者が今いるかといったら、おそらくいないと思うね。これはしかたがない。いずれは天才が現れて、総合的にまた体系を創ってくれるかもしれないけれども、

今の段階では、区分けして自分の肌に合った部分を良心的にやる、それしかないのではないかと思っています。自分自身を省みて、それしかできなかったから、自己弁護かもしれませんが、そんな感じがします。

【小針】　なんでこういうふうになってしまっているんですかね。美濃部先生が書かれた『日本行政法』などは大変分厚い本です。忘れてしまったけれど、上巻を私は読みましたよ。あんなのよく書けるなと私は思っているんです。

【菅野】　それは皆思っているでしょう。柳瀬先生がいってたもの。美濃部先生は弟子が多いけれども、先生の小指にも当たるのが一人もいないと。柳瀬先生はそのときの気分次第で色々なことを言うけれど、その弟子の中には宮沢先生も入っていたはずです。

【小針】　これは私の書いた教科書なのですが、「一般に近代的憲法典にあっては、その立脚する個人主義的世界観からして、『個人権宣言（保障）』の部と『統治機構』の部との二つの部から憲法典が構成され、さらにこの順序で編纂されるのが、通例である。これは、国家統治の組織規範という実質憲法理解からすれば順序が逆の感がしないでもないが、個人ないし個人権保障のために国家は存在する、との個人主義的世界観からすれば得心のいく合理的な編纂ということになろう」（『憲法講義（全）』〔改訂新版〕二一四頁）と書きました。

【菅野】　ぼくは賛成だ。

【小針】　「賛成」ではなくて、これは実をいうと菅野先生からもってきたのです。先生のお名前は出していませんが。そして、そのテキストの「改訂新版　はしがき」のところで、「自然状態において人間は自由かつ平等である」という命題、これはどういうことを意味するのか、放棄した自由と放棄せざる自由とはなんなのか、といったことを菅野先生のものされた『論争　憲法・法哲学』を引用しながら述べているわけです。これは学生に教えるには難しいのですけど。そしてまた、個人としての尊重を謳う一三条のところで取り上げ、個人としての尊重を最も手短に表現しようとすればいったい何だ、それは「初めに個人ありき」ということに尽きる。つまり、個人主義という世界観の表明だということを話はするのですが、どこまで学生が分かってくれるか。

あとは、「自由」についてですが、社会契約によって全面的に放棄されたとみるべき自由は、「他人の支配に服従する義務の不存在という意味での自由、自然的自由」なのであって、もう一つの自由、「自然法違反の拘束や暴力を受けることがないという意味での自由」、「自然法に反して拘束や暴力を加えてはならないという他者の義務を随伴する自由」、すなわち「(意訳して自然権と訳される) property としての自由」は社会契約による放棄の対象ではない。こんな具合に、菅野先生の見解を一応私になりにはまとめているのです。これも、「はしがき」に入れております。

【菅野】 見事にまとめてありますよ。

【小針】 あちこち読みながらでしたが、一応こういうふうに取りまとめて、菅野先生からのメッセージを、どこまで彼らがわかってくれるかはひとまず措き、まだ一八、九歳の学生にも伝えているのです。ただ、学生の中には、ルソー (J. J. Rousseau)『社会契約 (Contrat social)』を勉強したいというのがいて、「コントラ・ソシアルについて先生に教えてもらえるのか」と尋ねられ、ぼくだって分からないけど、やれるところまでやってみるかと応えておきました。こんな具合に、憲法学の基礎的なところを勉強したいという学生については、一人でも二人でも、とにかく少しずつ私なりに学問的興味のタネをまいているんです。いわば、ある意味で「文化の伝承」ですから。菅野先生のこれまでの研究成果はこのような形で生きていることにもなります。

【菅野】興味をもつ人が出てくれれば有難いですね。

【小針】そういうことなんですよ。これだけのものをどうやったら今の若い人たちに伝えられるのか、ほんとうに必死の覚悟でやっているのです。

ザインとゾレンの峻別論、これも、それだけいったら、みんな分からないんです。「ここに教壇があるだろう。教壇がここに現にあるということと、あるべしということとは話は違うでしょう。なくたって、あるべしということはいえるではないか。現になかったら、あるとはいえないでしょう。だから、ちょっと違うことでしょう」。ここらあたりで止めざるを得ないのですけど。「ふーん、そういうものか」といった顔をして学生は聴いています。そこをもっとくわしく、どうやって若い世代に伝えていくかです。

あるいはまた、私は授業で、ただ一個人の意欲・願望にとどまらなくて、それなりの人の広がりが出てきて、そうあるべきだと受けとめられたときに、そこに社会の約束、ルール、規範というものが出てくる、こういう話もいたします。

【菅野】君のいうことは正しいよ（参照『論争』二六頁）。

【小針】先生がいったのを語っているだけですよ……。

【菅野】私がいったって、ちゃんと自分の言葉でいえれば、君のものです。ケルゼンの考えを私の言葉でいえるとき、それが私のものになるのと同じです。

【小針】そういうのを何かの折りに講義でいうんですよ。少しずつ伝えていく。これは文化の伝承だとぼくは思っています。

【菅野】伝統（tradition）の語源は tradere（伝える）、人手から人手へと渡してゆくということのようです。

［小針］　それの蓄積のある国と無い国では、法の表層と底流といいますか、要するに法伝統の厚みの違いは大きいと思います。だから、文書に書かれていなければ何も分からないというのでは、ほんとうのところ、法伝統は薄いですね。書かれなくても、これは法伝統としてそういうものだろうといえるところまで日本はいっているかどうか。

［菅野］　技術の話だけど、たとえば江戸城の石組み、あの技術はもう伝わっていないらしいものね。

［小針］　あれはどうやってつくるのですかね。

［菅野］　それよりももっと不思議なのはインカの石組みだ。

［小針］　あれ、剃刀（カミソリ）も入らないそうですよ。では、今の大手のゼネコンでもいいから、カネを出してやるから同じものを、コンクリートじゃなく、当時の道具を使って石を削ってやれと、いってできるんですかね。

［菅野］　おそらくできないだろう。ギゼーのピラミッドなども、できそうなことをいっているけれど、あんなの絶対できないよ。

［小針］　だから、宇宙人がきてどうのこうのとかという話。

［菅野］　コロンブス以前につくられた地図に南極大陸が出ているのだ。それも、氷に覆われる以前の南極大陸だよ。

［小針］　では、氷河以前のもの。

［菅野］　しかも二つの陸塊に分かれている南極大陸、このことは一九四九年、イギリスとスウェーデンの調査団が地震波測定で初めて分かったそうだ。

［小針］　それから、天空からしか見えない鳥の図とか、あれはなんで地上にいる連中が必要だったんで

すかね。

［菅野］　全くわからない。コロンブス以前に、南米大陸の西側の地図がちゃんとできている。不思議です。人間、分からないことはいくらでもあるけど、ひとたび技術でも文化でも絶えてしまうと、あと、捜し出すのは大変なのです。

［小針］　だから、へたばりそうになりながらも、なんとか必死に今回の対談に食いついてきたのは、そういう失われてはならない法的なものの考え方があって、それを後世に伝えていかねばという私なりの思いが働いてのことでした。

［菅野］　なんとか伝えていってほしいと思うね。全く、世の中は分からないことが多い。このあいだ、産経新聞の「正論」という欄に、筑波大学の名誉教授かな、名前を忘れたけど、生物学者が「サムシング・グレートの不思議」というのを書いていました。それによると、最先端の科学技術を使い、地球の富の限りを尽くしても、大腸菌一つ、元からつくり出すことはできないそうです。生命の原理というのが分からないためらしい。大腸菌があればいくらでも増やすことはできるけど、元からは全然つくれないとのことです。

ところが、一人の成人の体というのは地球上の人口の一万倍の六〇兆個の細胞からできていて、その細胞が協力し合って生命を維持しているというのは、とても人知の及ぶところでないというのです。

［小針］　人間は生まれる過程で進化の過程を全部辿るのだそうですね。胎内でエラなどを持つ時期もあるそうで、それが退化して、魚類から両生類、は虫類、みんな辿ってきているのだそうですよね。

［菅野］　本当に不思議なことは幾らでもあります。

［小針］　今日も昼すぎから始めて、もう、すっかり暗くなってしまいました。

今まで四回にわたって菅野先生からお話を伺うことが出来、これからの若い人たちに伝える仕事のお手伝いになったとしたらとても嬉しい限りです。私にとっても刺激に満ちた楽しい仕事でした。菅野先生がさらにご研究をお進め下さって、またこのような機会を持たせていただけることを心から期待しております。有り難うございました。

あとがき

このような対談を企画し様々の労を執られた信山社の村岡侖衛さんと、私と対談してくださった小針司教授に深甚の謝意を表します。

憲法学を看板に掲げながら法哲学と政治思想史に接点をもつ、ごく限られた領域のみを研究の対象とし、加えて、相当数の人々の説を論難することで対人関係を悪くしている私の対談相手になるのを承諾するのは、小針教授にとって容易なことでなかったと思います。新設の岩手県立大学総合政策学部での重い講義負担、学校行政への関与等で多忙を極め、また、その専攻分野の防衛法制研究の第一人者である教授が、畑違いの研究をしている私との対談の労を引きうけられたのは、偏に私への並々ならぬ御厚意の賜物としか思えません。厚く御礼申し上げます。

いま日本は大変な危機に面しています。空理空論に徹している私ですら、このことをひしひしと感じています。小針教授に至っては、なおさらでしょう。しかし、この対談では、そのことについては殆ど触れていません。太平洋戦争が始まったとき旧制中学の一年生だった私が「憲法学者」になるための準備期間、とくに昭和二〇年代の「古き良き時代」の東北大法学部での学生生活、院生生活、当時の法学部の錚々たる諸教授のプロフィール、新潟大学人文学部に法学科が設立された経緯、東北大の大学紛争、日本大学法学部の教員生活の想い出、そして私のささやかな研究実績の要点の解説が、この本の主な内容です。

職業人としての私の「告白」が含まれています。「告白」は本人に都合の悪いことには言及しないのが常です。私のそれも例外ではありません。しかし、記憶違いはあるでしょうが、意図的に記憶を枉《マ》げたり、事実を誇張した覚えはありません。一〇のことを七か八にいう謙虚さはもちあわせませんが、一〇のことを一二、一三にいう度胸もありません。

私の論文は内外の著書、論文の分析・検討・批判をすることで自説を展開する形式を採っているので、他目《ヨソ》からすると喧嘩好きに見えるのでしょうか、東京にいって初めて知ったのですが一部の憲法学者は、私のことを「喧嘩の喜八郎」と呼んでいるそうです。その所為《セイ》もあってか、交際の範囲甚だ狭く、個人的に親しくしている同業者はごく少数です。私の理解者の一人で畏敬する小嶋和司博士は昭和六二年、東北大定年退官の直前に逝去され、唯一心を許した友の尾吹善人は日大法学部在職中に平成七年末、他界しました。身辺粛条たるものがあります。平成一一年四月以降、職務から解放され「自由」の身となりましたが、「自由は山巓の空気に似ている。どちらも弱い者には堪へることが出来ない」という芥川の言葉、折にふれて想い出される昨今です。もともと好学の徒でないためでしょう。平均寿命までいくらか年数あるので、天が赦すならば、ホッブズとロックに関する内外の文献精読し、あと一つか二つ、小論を作製公表したいと念じています。

最後に、私の求めに応じて新潟大学人文学部法学科設立に関する資料を送っていただいた、私の数少ない知己の一人、山下威士教授に衷心から御礼申し上げます。

なお本書は対談のテープから起こしたゲラ刷りに、私と小針教授が加筆削除などを行い再構成したものであることを、お断りしておきます。

平成一五年四月

菅野喜八郎

憲法思想研究回想

メタユリストに見えたもの

菅野喜八郎（かんの きはちろう）
昭和3年仙台生れ　東北大学名誉教授　法学博士
主　著　『国権の限界問題』（木鐸社，昭和53年），『続・国権の限界問題』（木鐸社，昭和63年），『論争憲法‐法哲学』（木鐸社，平成6年）ほか。

小針　司（こばり つかさ）
昭和24年宮城県気仙沼生れ　東北大学法学部卒業
現　在　岩手県立大学総合政策学部教授
主　著　『憲法講義』（全，改訂新版，平成10年，信山社），『防衛法制研究』（平成7年，信山社），『続・防衛法制研究』（平成12年，信山社），『防衛法概観』（平成14年，信山社）ほか

初版第1刷発行　2003年11月30日

対談者
菅野喜八郎　小針　司
発行者
袖山　貴＝村岡侖衛
発行所
信山社出版株式会社
〒113-0033　東京都文京区本郷6-2-9-102
TEL 03-3818-1019　FAX 03-3818-0344

印刷・製本　エーヴィスシステムズ

ISBN4-7972-5276-6 C3032